D1849354

AtV

NETTY REILING, die sich später ANNA SEGHERS nannte, wurde 1900 in Mainz geboren. 1920–1924 Studium in Heidelberg und Köln: Kunst- und Kulturgeschichte, Geschichte und Sinologie. Erste Veröffentlichung 1924: »Die Toten auf der Insel Djal«. 1925 Heirat mit dem Ungarn Laszlo Radvanyi. Umzug nach Berlin. 1928 »Aufstand der Fischer von St. Barbara«; Kleist-Preis; Eintritt in die KPD und in den Bund proletarisch- revolutionärer Schriftsteller. 1933 Flucht über die Schweiz nach Paris, 1941 von Marseille nach Mexiko. 1943 schwerer Verkehrsunfall. 1947 Rückkehr nach Berlin. Georg-Büchner-Preis. 1950 Mitglied des Weltfriedensrates. Von 1952 bis 1978 Vorsitzende des Schriftstellerverbandes der DDR. Ehrenbürgerin von Berlin und Mainz. 1983 in Berlin gestorben.

Neben einem umfangreichen Erzählwerk und zahlreichen Essays entstanden die Romane: Die Gefährten (1932); Der Kopflohn (1933); Der Weg durch den Februar (1935); Die Rettung (1937); Das siebte Kreuz (1942); Transit (1944); Die Toten bleiben jung (1949); Die Entscheidung (1959); Das Vertrauen (1968).

Die Herausgeberin: CHRISTEL BERGER, geboren 1942 in Gera/ Thüringen, Studium der Germanistik und Kunstgeschichte in Rostock, 1972 Promotion, von 1967 bis 1981 wissenschaftliche Mitarbeiterin an der Akademie für Gesellschaftswissenschaften und von 1981 bis 1992 an der Akademie der Künste. Ehrenamtliche Vorsitzende der Anna-Seghers-Gesellschaft von 1991 bis 1993.

Veröffentlichungen: »Gewissensfrage Antifaschismus. Traditionen der DDR-Literatur«, Berlin 1990; Aufsätze und Literaturkritiken zur deutschen Gegenwartsliteratur.

Anna Seghers

# Hier im Volk der kalten Herzen

## Briefwechsel 1947

Herausgegeben von Christel Berger

Aufbau Taschenbuch Verlag

Mit 12 Fotos

ISBN 3-7466-5172-7

1. Auflage 2000
© Aufbau Taschenbuch Verlag GmbH, Berlin 2000
Umschlaggestaltung Torsten Lemme
unter Verwendung einer zeitgenössischen Fotografie
vom Nollendorfplatz in Berlin
Satz LVD GmbH, Berlin
Druck Clausen & Bosse, Leck
Printed in Germany

www.aufbau-taschenbuch.de

Die Ruinenstadt verschmolz mit dem Abendhimmel, als ob sie noch immer schwele und rauche. Leer, düster und hoffnungslos sahen die Menschen aus, die uns auf den Straßen begegnet waren. Erbittert von ihrem Unglück. Am meisten von dem Gedanken, sie könnten es selber verschuldet haben. Wir hatten uns nach unserer Sprache gesehnt – es war eine harte, kahle Sprache geworden. In der Fremde hatten wir Wort an Wort gesetzt, damit uns ihr Klang nie verloren gehe. Sie hatte unser Heimweh beruhigt – jetzt war es Nahweh. Die Heimat war in unserer Erinnerung aufgeblüht, und jetzt in der Wirklichkeit war sie rauh und grau.

Aus: Anna Seghers: »*Der Besuch*«, 1956.

Folgende Abkürzungen werden in den Briefen benutzt:

| | |
|---|---|
| DFD | Demokratischer Frauenbund Deutschlands |
| DEFA | Deutsche Film AG |
| FDJ | Freie Deutsche Jugend |
| MASCH | Marxistische Arbeiterschule |
| OdF | Opfer des Faschismus |
| SBZ | Sowjetische Besatzungszone |
| SED | Sozialistische Einheitspartei Deutschlands |
| SMAD | Sowjetische Militäradministration |
| Gen. | Genosse |

Zu den Namen:
Anna Seghers, eigentlich Netty Reiling, verheiratet Radvanyi, unterzeichnete ihre Briefe sowohl mit Anna als auch mit Netty, in einigen Briefen nennt sie sich gleichzeitig Netty und Anna. Ihr Kosename Tschibi (ungarisch: Küken) war nicht nur innerhalb der Familie, sondern auch im Freundeskreis gebräuchlich. Als Kind wurde sie in der Familie auch Tiffel genannt. Da von vielen der hier abgedruckten Briefe lediglich die Durchschläge vorhanden sind, war oft nicht zu ermitteln, mit welchem Namen Anna Seghers handschriftlich unterschrieben hat.

Der Kosename von Laszlo Radvanyi, dem Mann von Anna Seghers, war Rodi. Es ist die Abkürzung von Radvanyi, dessen akzentloses a in der ersten Silbe des Namens wie o ausgesprochen wird.

## 1 Anna Seghers an Lenelore Wolf

[Mexiko,] Freitag, 6. Dezember [1946]

Liebe Lore Lene, ich hoffe, Du hast das care Paket bekommen, das wir Dir schickten und dieser Brief kommt auch zum neuen Jahr an.

Ich habe die feste Absicht, im Januar nach Europa zu fahren. Darunter verstehe ich, dass es in keiner Weise an mir liegen wird, wenn sich irgend etwas verzögert. Wie Du weisst, falls Du inzwischen meinen Brief bekamst, wollte ich unbedingt zuerst meine Kinder und dann meine engere Heimat wiedersehen. Ich hoffte bei dieser Gelegenheit auch Dich bald zu sehen und manche Menschen, die ich lieb habe. Aber, obwohl schon alles geregelt schien, gab es im letzten Moment ganz blöde Unannehmlichkeiten, und ich musste die Reise anders ordnen. Ich denke, Du wirst jetzt aber bald wieder von mir hören, wenn nicht von mir, dann vom Rodi, der noch ein paar Monate hier bleibt. Ich glaube, dann können wir uns doch so oder so sehen. Ich werde jedenfalls etwas warmes Zeug für Dich mitnehmen.

Liebste Lene, ich habe das Land hier sehr lieb gewonnen. Du weisst, erst vor hundert Jahren hat es sich von den Spaniern befreit. Hat seitdem ununterbrochen um seine äussere und innere Freiheit gekämpft. Mit Rückschlägen, mit Enttäuschungen, mit Betrug, mit Verrat, mit Unwissenheit. Und manchmal fühlst Du an einzelnen Menschen all diese Widersprüche. Manches ist wie im Mittelalter, manches wie in der vorgeschichtlichen Zeit und manches weit voraus. Ich war kürzlich in verlassenen Dörfern an der pazifischen Küste. Vielleicht schrieb ich Dir schon darüber, ich kann mich nicht erinnern. Ich machte die Reise zusammen mit einer belgischen Freundin, die dort in der resistance eine Rolle spielte. Sie war schon früher oft hier gewesen. Da liefen in ihr und in uns die beiden Eindrücke zusammen. Die Menschen im wirklichen Urwald und die Menschen in dem Urwald der Nazi, der Anfang und das Ende unsrer Zeit.

Jetzt habe ich aufs Geradewohl geschrieben, was mir durch den Kopf ging. Es geht aber auch so. Bitte schreib mir auf jeden Fall, ob Du noch auf Deiner alten Adresse bist und wie es Dir und den Deinen und der Arbeit geht. Bitte schreib an die Adresse meiner Freundin Frau Clara Porset (pour Netty) [...]

Sie wird alle Post gut besorgen, an mich oder Rodi

Deine Anna

## 2 Fritz Landshoff an Anna Seghers

Amsterdam, 3. Januar 1947

Liebe Anna Seghers;
Dank für Ihren Brief und den Brief Ihres Mannes. Ich bin froh, daß der »Zwischenfall« beigelegt ist. Ich habe soeben die kleine Korrektur in dem Vertrag gemacht und ihn an Lieber gleichzeitig mit dem Scheck geschickt.

Vergessen Sie also bestimmt nicht, mir, sobald Sie in Europa sind, zu schreiben oder zu telegrafieren, damit ich weiß, wo ich Sie erreichen kann, ohne den Weg über Mexiko zu machen.

Sie erreichen mich vom 18. Januar an ständig unter der Adresse des Querido Verlags, Singel 262, Amsterdam.

Ich fahre am 8. Januar auf einem Boot der Holland-Amerika Linie. Leider versäume ich gerade Ihren Mann, der, wie mir Lieber mitteilte, am 9. hier eintrifft.

Sehr herzliche Grüße
Ihres F. H. Landshoff

## 3 Lene Thiele und Anna Seghers an F. C. Weiskopf und Alex Wedding

Stockholm, 2. Februar 1947

Lieber F. C., als ich Deinen Brief bekam, ahnte mir gleich, dass etwas Besonderes los sein müsse. Ich war sehr aufgeregt beim Lesen und sehr erfreut, denn Du weisst ja, daß ich »derartige« Leute sehr liebe, ich erinnere mich immer mit Vergnügen an den Schriftstellerkongress damals, wo ich so oft mit Euch frühstückte.

Ich schrieb gleich einen Brief und lieferte ihn bei Bonniers ab. Und richtig langte die »Gripsholm« hier pünktlich am 27. 1. an und am 28. rief mich Netty abends schon an. Wir trafen uns dann am nächsten Abend. Ich war sehr angenehm enttäuscht, denn ich hatte sie mir, warum weiß ich nicht, viel älter vorgestellt. Sie hat sehr viel Charme, spricht mindestens so viel wie ich und ist überhaupt sehr sympathisch. Ich habe getreulich das Incognito gewahrt, doch gestern erschien ein Artikel mit Bild und sämtlichen Daten sowie liebenswürdigen Schmönzchen im »Dagens Nyheter« und so ist es jetzt vorbei mit dem Incognito. Heute, eben jetzt ist Netty bei uns zum Essen, zusammen mit einem unserer Freunde, der auch vom Fach ist. Wir haben gut gegessen und getrunken und wälzen jetzt neben anderen Problemen die Frage der Weiterreise. Netty hat sehr große Sorgen wegen des kleinen und großen Gepäcks und ächzt über den märchenhaften Kochtopf, den ihr Grete gekauft hat. Ich bin natürlich dafür, ihn mitzunehmen! Nun, daran wird es nicht scheitern, hoffe ich! Sie ist etwas kribblig und möchte gern wieder abreisen, doch vorläufig ist es noch nicht sicher, wann dies geschehen wird. Netty ist ein sehr liebes Wesen und behauptet, es wäre in unserer ärmlichen Hütte mindestens so schön wie bei Euch und ich war nahe daran, meine Illusionen zu verlieren, hatte ich Dich doch für einen geradezu »vermögenden Mann« gehalten, lach nicht! So, jetzt kommt Netty dran:

Lieber Franz, liebe Grete, ich sitze sonntags in der Familie Thiele, wo man mich mit ganz wunderbaren Sachen gefüttert hat und ich viel zu viele Zigaretten rauche, während ich mir alle Ratschläge anhöre. Lieber Franz, mit der Zimmersache war es so: Da ich zuerst nichts hörte, schickte ich auf Rat meiner Schiffsgesellschaft an das hiesige Büro eine Bestellung und landete in einem guten Zimmer, nachdem ich abends nach 8 Stunden Fahrt von Göteborg–Stockholm hier ankam und zu müd war und auch wegen meinem Gepäck unfähig auch noch zu telefonieren. Ich wusste nicht einmal, ob das Zimmer durch mein Telegramm, durch Bonnier oder durch Hans Richter zustandekam. Es hat sich auch nie ganz herausgestellt. Einer der Bonniers (es sind ihrer sage und schreibe 5!) hat mir wohl noch etwas anderes zugedacht. Auf seinen Anruf hält mich der Wirt noch etwas länger, es ist sonst mit den Mieten schwierig wie in N. Y. Bitte lieber Franz, mach, dass alle nicht bös auf mich sind, weil ich noch nicht zum Schreiben gekommen bin. Ich habe Laufereien wegen Papieren usw., da Verschiedenes noch nicht ganz so geregelt war wie ich es hoffte. Ich weiss auch noch nicht ganz genau, ob die Weiterfahrt mit Flugzeug oder mit Schiff und Bahn weitergeht, wozu mir Thieles und andere Freunde besonders jetzt im Winter abraten. Liebe Grete, der graue Mantel weicht nicht von meinem Leibe, es war ein Glück, daß wir ihn kauften! Jetzt habe ich Angst, das Flugzeug nimmt den Kochtopf nicht mit. Die Lene sagt eben mit Recht, der Kochtopf scheint sich zu einer Wahnsinnsidee ausgewachsen zu haben. Dagegen findet sie den Schlafsack goldrichtig, die Überschuhe und Wollstrümpfe auch goldrichtig. Ich will Euch gestehen, dass ich morgen früh noch gleich ein Buch dazukaufen werde: Viva Villa! das ich neben dem Hotel in einem Schaufenster sah. Der Ljungdal (ich fand ihn lange nicht, weil ihm Gott aus erfindlichen Gründen den Anfangsbuchstaben »L« gab) scheint ein lieber anständiger Mensch zu sein, er erinnert auf schwedisch sehr an Nikoros, wenn Ihr den kennt? Euren Dr. Sulzbacher kann ich Euch erst übermorgen beschreiben. Die Bonniers kann ich nie beschreiben, es sind ihrer zu viele. Ein normaler Mensch kann sie nicht voneinander unterscheiden. Ljungdal kennt zwar in Finnland noch andere Männer als den General Mannerheim, ich werde aber allgemein gewarnt, wenn ich nicht muss, über seine Linie zu fahren, da mein Gepäck dann genauso gefährdet ist, als wenn es die Spedition schickt.

Bitte lieber Franz, sag dem Maxim Lieber, er bekäme einen wunderbaren Brief auf Englisch, in Mexiko haben mich meine Freunde immer getröstet, mein Spanisch sei besser als das von Shakespeare und mein Englisch in diesem Brief wird besser als das von Calderon. Lieber Franz, heute morgens hat bei mir ein unbekanntes Mädchen angerufen, ob ich wüsste, ob ihr Freund im Camp de Vernet-Mexiko gelandet sei. Weil ich mich in der Kälte durchaus nicht auf die Adresse der »Demokratischen Post« besinnen konnte, riet ich ihr, über die Adresse von Wieland zu schreiben, er soll sich also nicht wundern, wenn er 10 Kronen für eine Offerte mit Namen geschickt bekommt. Was möchtest Du von hier noch wissen? Ich bin durchgedreht, wie Du merkst, von der langweiligen Konsulats- und Gepäckblödelei. Unser

Dr. Landshoff ist plötzlich in Oslo aufgetaucht, wie ich gerade bei Bonnier sass. Ich telegrafierte ihm mein Hiersein. Dass die Stadt sehr schön ist, wusste ich schon früher. Sonne ist nicht mehr da, auch der Himmel ist nicht mehr da. Über den Köpfen der Menschen ist irgendein graues Durcheinander. Ich habe eine Munchausstellung gesehen und ein Denkmal von Karl XII., die Hand nach Osten, wie man mir erklärt hat, um sein Volk ewig vor dem wahren Feind zu warnen. Ich kann Euch heute nichts Kluges und nichts Dummes schreiben, ich hatte heute Morgen beschlossen, mich ganz vom Sonntag durchdrehen zu lassen, bevor ich wieder zu den irdischen Instanzen pilgern muss.

Bis zum nächsten Werktagsbrief viele liebe Grüße
Eure Netty

[Nachsatz von Lene Thiele:]
Den Brief habe ich nach Diktat geschrieben, diesmal sehr schlecht, und ausserdem mit »Schwedizismen«, wie Netty behauptet. Servus!

Nächstens mehr

## 4 Anna Seghers an Johannes R. Becher

Stockholm, 11. Februar 1947

Lieber Hans,
Ihr wisst sicher durch Kurt, dass ich jetzt hier oben sitze. Man hat mir in Mexiko gesagt, ich soll ruhig schnell herfahren, mein Visum sei schon vor mir da. Es war aber noch nicht da, und ich warte immer noch darauf. Die Freunde sagen, dass man hier immer lange warten muss, wenn nicht gehörig von außen nachgedrückt wird. Rodi schreibt mir, (er muß noch einige Monate länger dortbleiben), dass man bereits zweimal von dort telegraphiert hat, dass das Visum nach Stockholm übertragen

wird. Ich bitte Dich herzlich, tu alles Erdenkliche, damit ich das letzte Stück Weg hinter mich bringe.

Ich habe Jeanne Stern gebeten, das deutsche Manuskript von dem Roman »Transit«, das sie für Aragon übersetzt hat, an Euch zu schicken. Ich habe es auch bei mir. Auch eine Novelle, die »Sabotage« heißt, die ich gut fände, herauszubringen, wenn man etwas von den Novellen herausbringen will, die im »Aurora« erscheinen. Denn sie hat eine Beziehung zu der Geschichte »Ende«, ist in gewisser Hinsicht der Gegenpunkt, das Helle und Starke.

Man hat mir erzählt und geschrieben, was Ihr anzeigt. Ich möchte den Roman, an dem ich zuletzt arbeitete, bei Euch fertig machen. Ob der Roman »Rettung« jetzt richtig ist? Ob er die Menschen jetzt auf den dritten Winter zu aufrichtigen Reaktionen bringt? Das kann ich natürlich alles von draussen noch nicht sehen. Wir werden über die Sachen sprechen, die ich bei mir habe, besonders über den letzten Roman.

Lieber Hans, ich schrieb letzte Woche nicht gleich, weil ich immer hoffe, dass ich vor meinem Brief da bin. Ich bitte Dich jetzt nochmal, mach alles, daß Ihr mich so rasch wie möglich von hier zu Euch holt.

Viele Grüsse Deine Netty

## 5 Fritz H. Landshoff an Anna Seghers

[Amsterdam], 25. Februar 1947

Liebe Anna Seghers,
hätte ich geahnt, daß Sie in Stockholm waren, wäre ich von Kopenhagen aus einen Tag herübergekommen. Ich habe jedoch erst vor 8 Tagen durch ein Telegramm von Lieber und vor ein paar Tagen erneut durch Ake Bonnier von Ihrem Verbleib in Stockholm gehört.

Ich komme zwar bestimmt in absehbarer Zeit nach Stockholm, weiß aber nicht, ob Sie dann noch dort sein werden. Lassen Sie mich doch etwas über Ihre Pläne wissen! Ich habe eine vage Vorstellung, als ob Sie über Rußland nach Deutschland gehen wollen. Das ist aber nichts als eine vage Vorstellung von mir und ich würde gern wissen, ob sie richtig und was das endgültige Ziel Ihrer Reise ist. Da ich selber auch eine ganze Menge herumreisen muß, wäre ich Ihnen wirklich sehr dankbar für eine Nachricht, um zu verhüten, daß ich wieder einmal in Ihrer Nähe bin ohne es zu wissen.

Inliegend schicke ich Ihnen [die] Kopie eines Briefes, den ich heute an Ihren Mann schickte.

Die Büchergilde-Angelegenheit ist also auf eine komische Weise, aber wie mir scheint, gut geregelt. Mit Mohrenwitz verbrachte ich einen Tag in der Schweiz. Er ist mit allem einverstanden.

Am letzten Tag vor meiner Abreise von Zürich traf ich Weller, mit dem ich die letzten Wochen korrespondiert hatte. Er will durchaus »Transit« unverzüglich in Druck geben und hat Papier und Licence für eine Auflage von, wenn ich mich gut erinnre, 15 000 oder 20 000 Exemplaren. Wir haben die Möglichkeit besprochen, daß er ein paar tausend Exemplare für uns mitdruckt, die wir in der Schweiz etc. unter dem Querido Imprint verkaufen. Eine solche Vereinbarung hängt aber weder von Weller noch von uns sondern von der Zustimmung einer Anzahl Behörden sowohl in Holland wie in Deutschland ab. Irgendwelche Vereinbarungen konnten wir daher vorläufig nicht treffen. Wir müssen unbedingt mit der Möglichkeit rechnen, daß die verschiedenen Zustimmungen nicht erteilt werden. Andererseits ist es sehr gut möglich, daß der Querido-Verlag im Laufe des Jahres in die Lage versetzt wird zum mindesten eine gewisse Anzahl Bücher nach Österreich und auch nach Deutschland zu liefern auf Grund irgendwelcher Clearingsabkommen, über die teils schon verhandelt wird, teils in Kürze verhandelt werden wird.

Ich möchte nun dringend und so schnell wie möglich von Ihnen oder Ihrem Manne, dem ich [den] Durchschlag dieses Briefes schicke, hören, was Ihre Wünsche sind. Ich kann unmöglich auf der einen Seite eine Garantie von $ 2000,– zahlen und auf der anderen Seite nicht transferierbare Reichsmark in Deutschland in Empfang nehmen. Für den Fall, daß sich Vereinbarungen über den Druck treffen lassen, mag es vielleicht noch gehen. Falls diese Vereinbarungen sich nicht treffen lassen, ist es vollständig ausgeschlossen. Weller dagegen scheint, auf Grund seiner Korrespondenz mit Ihnen, die ich nicht kenne, entschlossen, »Transit« zu drucken unabhängig von der Querido-Zustimmung und unabhängig davon, ob eine Vereinbarung für den gemeinsamen Druck zustande kommt. Ich muß sogleich wissen, wie Sie dazu stehen.

Übrigens höre ich von verschiedenen Seiten, daß Kiepenheuer in Weimar den »Aufstand der Fischer« ankündigt. Ist das im Einverständnis mit Ihnen? Meiner Meinung nach verfügen Sie und nur Sie über diese Rechte. Zudem hat Kiepenheuer die Rechte schon vor 1933 an die Deutsche Verlagsanstalt abgegeben, die meiner Meinung nach jedoch ebenfalls keine Rechte an dem Buch mehr besitzen.

Über all diese Fragen hätte ich gern mit Ihnen gesprochen. Wenn ich aber nach Stockholm komme, werden Sie gerade abgereist sein. Schreiben Sie mir also bald!

Herzlichst Ihr
F. H. Landshoff

## 6 Johannes R. Becher an Anna Seghers

Berlin, 7. März 1947

Liebe Netty!
Mit großer Freude habe ich Dein erstes Lebenszeichen aus Europa erhalten. Wir werden natürlich alles Mögliche tun, um Dich so rasch wie möglich nach hier zu holen. Aber das ist eine gar nicht so einfache Sache, denn vielleicht verzögern gerade *unsere* Bemühungen die Angelegenheit. Jedenfalls werde ich sehen, wie man Dir helfen kann. Ich brauche Dir nicht zu sagen, wie wir uns alle auf Deine Rückkehr freuen. Du wirst viel Arbeit haben. Nun habe ich auch eine Bitte an Dich. Vielleicht kannst Du Dir Deine Zeit etwas damit vertreiben. Im früheren »Neuen Verlag«, der jetzt dem »Esselte Aktiebolag« (Stockholm) angegliedert ist, ist ein Gedichtbuch von mir erschienen »Deutschland ruft«. Dafür habe ich nie einen Pfennig Honorar erhalten. Nun wäre es mir außerordentlich wichtig, dieses einzukassieren, und zwar in der Form, daß man mir dafür Sachen schickt, die ich dringend nötig habe. Zwei solcher Sachen lägen mir besonders am Herzen: 1 Paar Halbschuhe, mit starken Sohlen, Größe 43, und ein Anzugstoff (Pfeffer und Salz), englischer Stoff, touristenartig, stark, strapazierfähig, wenn möglich ausreichend für zwei Hosen. Entschuldige bitte, daß ich Dich dafür in Anspruch nehme, aber ich wäre Dir sehr dankbar, wenn Du Dich dieser Angelegenheit einmal annehmen könntest. Ich habe vor einiger Zeit bereits an den Aktiebolag Esselte geschrieben, jedoch erfolglos. Solltest Du die Adresse nicht kennen, so wird Dir sicher Bermann-Fischer darüber Auskunft geben können. Auf jeden Fall füge ich eine Vollmacht für Dich bei, damit die Sache nicht daran scheitert.

Ich hoffe sehr, liebe Netty, Dich bald wiederzusehen

und freue mich schon auf die Zeit, wo wir uns ausführlich sprechen können.

Mit besten Grüßen
Dein

## 7 Anna Seghers an F. C. Weiskopf

Stockholm, 9. März 1947

Lieber Franz, ich hoffe zu Gott, dass ich die wunderbaren Sachen bei Deiner Schwester Lene heute zum letzten Male gegessen habe, was sich nicht auf ihre Kochkunst bezieht, sondern auf eine komplette Sammlung von Visen, die bald die Kapazität meines Reisepasses übersteigen wird. Jedenfalls siehst Du daran, dass ich hier unnötig und unsinnig lang auf längst erledigte Sachen noch einmal gewartet habe, die, glaube ich, jetzt ziemlich in Ordnung sind. Stockholm ist freilich so schön, wie man es sich für einen Zwangsaufenthalt wünschen kann. Ich habe den Schnee viel lieber als die Tropen. Es gibt liebe und anständige Menschen hier. Ich bin vom vielen Herumlaufen ein wenig zu sehr durchgedreht, um mich ganz normal auf Arbeit zu konzentrieren. Sag Grete, dass ich den grauen Mantel, den sie mir gekauft hat, immer noch nicht vom Leibe gelassen habe (Deine Schwester behauptet eben, wir hätten das schon mal geschrieben; jedenfalls hängt er noch immer an mir.)

Landshoff ist irgendwo aufgetaucht, ich glaube dazwischen einmal in Zürich, er hat die Sachen mit der Büchergilde und dem »Siebten Kreuz« wieder geregelt. Ich kriege von Zeit zu Zeit, malariaartig, solche Anfälle von Neuigkeiten. Ich glaube, Du weisst alles viel besser als ich und verstehst dich besser als ich auf Briefe. Wenn Du wüsstest, wie gut die Lene kocht, würdest Du bestimmt über Stockholm nach Europa kommen. Man könnte, wie Balzac es mit einzelnen Gruppen von Themen gemacht hat, eine ganze Serie von Transitbüchern schreiben – Abfahrt und Rückfahrt usw. Das denke ich manchmal, und manchmal denke ich, überhaupt nichts mehr schreiben, sondern ganz etwas anderes tun. Das kommt vielleicht auch. Lene unterbricht die Schreibmaschine und murmelt »Defaitismus«, es war aber anders herum gemeint, wobei sie noch einmal die Schreibmaschine unterbricht, um mir mitzuteilen, dass »Schreibmaschine unterbrechen« eines Schriftstellers unwürdig sei.

Noch etwas Ernstes. So abgelegen sich die Menschen hier fühlen, Du bist natürlich auch hier immer noch am Rande von Europa. All das Dunkle ist viel dichter auf dir. In meinem Zimmer liegen viele viele Zeitschriften, viel mehr und andere als in Amerika, alle in einem sehr quälenden Deutsch, als sei überall eine Schraube los. Es kommen Tag und Nacht Geschichten an mich heran, wo Dir die Spucke weg bleibt, soviel Du auch glaubst gehört zu haben. Doch das alles entzieht sich jetzt einem Brief.

Dir und Grete viele Grüsse,
grüsse die Freunde und seid umarmt
Netty

## 8 F. C. Weiskopf an Anna Seghers

New York, 22. März 1947

Liebe Netty,
vielen Dank für Deinen Brief vom 10. d. M. Ich nehme an, Deine Weiterreise trifft auf keinerlei Schwierigkeiten mehr. Abusch schrieb mir dieser Tage, daß sie Dich »jeden Augenblick« erwarten.

Es sieht so aus, als ob ich auch in absehbarer Zeit nach Europa fahren würde, im Sommer oder Herbst. Ich hab einen sehr schönen offiziellen Paß von Prag gekriegt, sowas Ähnliches wie Rodi es hat. Und ich soll auf zwei Monate nach Prag kommen. Wenn ich erst mal dort bin, will ich versuchen, paar Abstecher zu machen. So mag es kommen, daß wir uns früher wiedersehen, als wir dachten.

Aus Mexiko rüsten sich die letzten literarischen Schwalben zum Abflug. Bodo hat schnell noch ein Stück geschrieben, und das soll in diesen Tagen als Abschiedsvorstellung aufgeführt werden. Dann will auch er in See stechen. Er weiß nur noch nicht, in welche.

Landshoff saust weiter in Europa herum. Ich hatte Nachricht von ihm aus Kopenhagen, Zürich, Amsterdam und London. Seine Druckerpressen waren im Winter buchstäblich eingefroren, jetzt tauen sie langsam auf.

Ich habe in letzter Zeit das Geld für eine ganze Menge von Paketen mit Esswaren zusammengekriegt und an eine Anzahl von unseren literarischen Freunden geschickt. Die Nachrichten sprachen alle von Kälte, Hunger, aber eigentlich waren sie im Grunde optimistischer, als ichs gedacht hatte.

Grete und ich wünschen Dir eine recht gute Reise und alles Gute. Schreib bitte, wenn Du in Berlin angelangt bist. Ich möchte gern wissen, wo man Dich im Lauf des Sommers eventuell erreichen kann.

Herzlichst,

## 9 Otto Neumann an Aufbau-Verlag

Naumburg, Saale, 31. März 1947

Sehr geehrte Herren!
Ich bitte um freundliche Adressenangabe der deutschen Schriftstellerin Anna Seghers, z. Zt. in Frankreich, Verfasserin des Buches »Das siebte Kreuz« usw.

Vor einigen Wochen wurde durch den Rundfunk auf

ihr Buch hingewiesen, leider konnte ich deren Adresse nicht erhalten.

Da ich selbst über lange Jahre als politischer Schutzhäftling in den KZ Lagern Buchenwald, Dachau, SS Arbeitslagern Allach und Bleichach interniert war und große persönliche Erlebnisse, Schreckenstaten usw. erlebte, mußte ich auf Befehl des amerikanischen Generalgovernors Matton in München im amerikanischen Lazarett meine Erlebnisse niederschreiben, die einen ansehnlichen Umfang annahmen. Unter zahlreicher Beweiserhebung, Zeugenangaben, eidesstattlicher Erklärungen von den mit mir in den KZLagern gewesenen Kameraden usw., die heute an den Spitzen der Regierungen, Verwaltungen usw. stehen, wurde dieses Manuskript dem damaligen Herrn Präsidenten Dr. Hübner in Halle zu Kenntnisnahme übersandt mit der Bitte um Herausgabe. Nachdem ein Jahr verstrichen ist und der Herr Präsident selbst sich für die Herausgabe eingesetzt hat, – jedoch dieselbe nur aus Gründen von Materialmangel nicht stattfinden kann, derselbe Grund besteht auch bei den anderen größeren Verlegern, will ich mich an diese bekannte Schriftstellerin wenden. Unter der Anbietung, ein großes Geschäft zu machen, soll sie mein Manuskript in Gestalt eines Buches als Erlebnisbericht usw. herausgeben.

Wenn ich hinzufüge, daß ich früher 1927 selbst amerikanischer Bürger war, dort studiert habe und staatsamtlich zum Dr. D. P. (Physician) promovierte, so wird meiner Bitte eher entsprochen werden.

Meine erneute Anerkennung der amerikanischen Staatsbürgerschaft durch den amerikanischen Präsidenten Truman ist im Gange. In seinem Auftrag erhielt ich von der Chefin Miss A. Mayerson, [....] 3rd March 1947 ein Schreiben über denselben Inhalt und dem Versprechen, daß man mir alle Hilfe zuteil werden wird.

In der Erwartung, daß Sie mir umgehend meiner Bitte Gehör schenken werden, danke ich Ihnen im Voraus bestens und empfehle mich Ihnen. Freiumschlag liegt bei.

Mit vorzüglicher Hochachtung!
[Unterschrift verblichen]

## 10 Anna Seghers an Erika Friedländer

[Paris, ohne Datum]

Liebe Erika,
ich danke Dir für Deine Post. Ich muss Dich gleich um etwas bitten. Man wird an Dich c/o für Branting die französische Übersetzung eines Buches schicken, das für Branting bestimmt ist. Sei bitte so lieb und sende es per Post an seine richtige Adresse. Ich meine den Branting, neben dem ich bei dem Russenchor saß.

Ich werde Sonntag Mitternacht von hier abfahren und mit direktem Zugdienst früh in Tegel ankommen. Französische Zone, das »camp de presse« ist in Frohnau. Ich hoffe, dass alles vernünftig geht, und Jeanne und ihr Mann, wie wir es ausmachten, mich an der Bahn abholen werden.

Ich habe hier eine sehr gute Zeit erlebt. Das »gut« ist etwas ganz anderes wie Stockholm. Du hast Recht, wenn Du sagst, es ist ein besserer Übergang. Ein kleines Schneeparadies – das ist der Übergang nicht. Hier ist jeden Tag eine neue brennende Tagesfrage, hier ist erbitterter Kampf und ausserdem hat das Volk den Krieg zu schmecken bekommen, Faschismus, resistance – Mord und Vergewaltigung, Verrat und Betrug.

Gewiss, für Dich wäre es hier sehr fremd. Mit Einsamkeit hat diese überbewegte Stadt nur das gemeinsam: Du kannst tun, was Du willst. Du kannst nackt herumlaufen, kein Mensch wird sich wundern. Wie grossartig ist die Erziehung der Kinder! Peter erzählt, wenn z. B. in seiner Privatschule der alte angesehne Direktor einen Vortrag hält und niemand meldet sich zu Wort, dann heisst es: Es ist doch unmöglich, dass alle im Saal meine Meinung haben. Aus dieser Freimütigkeit werden wunderbare gemeinsame Aktionen. Ich glaube, man schimpft daheim auf den »Chauvinismus« der Linken. Ich glaube, es ist unsere Sache, uns von den Symbolen des Faschismus abzuheben. Ich stehe mit den Menschen gut, obwohl ich kein Blatt vor den Mund nehme. Ich glaube aber, dabei müssen sie auch Anerkennung und Liebe spüren. Für den Mann, um den sich Hilde Neumann (und wir alle) sorgten, kamen Artikel heraus. Ich redete mir die Zunge aus dem Maul. Mal sehn, was noch geschieht.

Liebste Erika. Du bist Winter-krank. Du musst Vitamin schlucken. Hier ist es aber beinah heiss und nicht nur warm. Stehst du mit dem Rodi in Korrespondenz? Mit ihm kannst Du ruhig, falls er mal antrudelt, noch

[Schluß des Briefes fehlt]

## 11 Redaktion »Die neue Schule« an Anna Seghers

Berlin, 20. April 1947

Sehr geehrte Anna Seghers,
Eine Stelle in dem Interview, das Sie der Täglichen Rundschau gaben, veranlaßt mich, mit einer Bitte an Sie heranzutreten. Es handelt sich um die Stelle, in der Sie von der Erziehung unserer Jugend sprechen, die Sie für die wichtigste Aufgabe halten.

Wie Sie wissen werden, stehen wir in der sowjetischen Besatzungszone inmitten der großen Anstrengungen der Schulreform. Dieses Werk wird von Neulehrern getragen, deren Anteil 60 bis 80 % der gesamten Lehrerschaft ausmacht. Sie haben gegen alle nur denkbaren materiellen Widrigkeiten anzugehen. Sie haben sich die handwerklichen Kenntnisse des Berufs anzueignen. Sie haben aber vor allem mit sich selbst zu ringen; denn es geht dabei ja um die Erziehung der Erzieher. Die Kinder gleich richtig zu erziehen – wie Sie sagen – bedeutet doch: gleichzeitig den Lehrer mit dem richtigen Geist zu erfüllen und mit den notwendigen Kenntnissen auszurüsten.

Darf ich Sie bitten, in unserer Zeitschrift »die neue schule« Ihre Gedanken über den neuen Lehrer und seine Aufgaben vorzutragen. (»die neue schule« erscheint in einer Auflage von 78 000 Stück, wird in der sowjetischen Besatzungszone praktisch von jedem Lehrer gelesen und hat auch in den westlichen Zonen eine gewisse Verbreitung.) Ich weiß natürlich, wie wenig Zeit Ihnen zur Verfügung steht. Aber vielleicht sind Sie mit mir der Meinung, daß die Wirkung Ihrer Worte die aufgewendete Mühe lohnt.

In ausgezeichneter Hochachtung
Ichenhäuser

## 12 Angelika und Theodor Bartram an Anna Seghers

Neumünster i. Holstein, [30. April 1947]

Sehr geehrte Frau Seghers
In der Berliner Zeitung vom Donnerstag den 24. April finde ich einen Aufsatz über Ihr Schaffen und Ihre Pläne hier in Deutschland.

Es interessiert meinen Mann und mich ungemein, Sie in Ihren Werken und, wenn es möglich ist, persönlich kennenzulernen. Falls Sie die Absicht haben, Hamburg zu besuchen, würden wir Sie herzlich bitten, uns Ihre

Anschrift mitzuteilen, daß wir Sie dort persönlich aufsuchen.

Wir sind an einem deutschen und europäischen Wieder-Aufbau innerlichst interessiert. Unser Lebens-Ziel ist von Anfang unserer Ehe an: Die Wahrheit – die unserer Erfahrung und Überzeugung nur die christliche Wahrheit sein kann, als Fundament für ein friedliches Leben und jeder wahren Kultur.

Wir hatten in Berlin seit 1927 einen größeren Freundes-Kreis, in welchem wir durch Vorträge und Aussprachen über die verschiedensten Lebensgebiete ein geistiges Leben pflegten. Mein Mann hat zu dem gleichen Zwecke hier in Neumünster den »Bund der Gegenseitigen Hilfe« begründet, der regelmäßige, wöchentliche abendliche Zusammenkünfte unterhält mit Vorträgen über alle Wissens- und Lebens-Gebiete und Aussprachen hierüber.

Die Frage der deutschen Jugend ist uns Eltern eines 19jährigen Sohnes und einer 11jährigen Tochter eine Herzens-Frage geworden, die wir mit aller Liebe bewegen. Ich lege Ihnen drei Karten bei, in der Hoffnung, Ihnen damit eine Freude zu machen.

In Erwartung Ihres freundlichen Bescheids grüßt Sie herzlichst

Ihre Angelika Bartram

Neumünster, 30. April 1947

Sehr geehrte Frau Seghers! In Anschluß an den Brief meiner Frau teile ich Ihnen mit, daß Sie hier sehr gut einen Vortrag halten könnten im Rahmen des Bundes d. G. H. e. V. entweder vor 50 oder vor 300–400 Gästen. Thema nach Ihrer Wahl! Für Quartier würde gesorgt!

Mit freundl. Gruß!
Ihr ergebener Theodor Bartram

## 13 Christfriede Gebhardt an Anna Seghers

Staßfurt, 30. April 1947

Sehr geehrte gnädige Frau!

Jugend ist egoistisch, so sagt man. Und vielleicht etwas aus jugendlichem Egoismus heraus, wage ich es, Ihnen zu schreiben.

Ich las heute im »Neuen Deutschland« einen Artikel über Ihre Rückkehr aus Mexiko, über Ihre Arbeiten und Ihre Aufgaben in der Zukunft. Als ich von Ihrem Auftrage las, über die Jugend in den vom Krieg betroffenen Ländern zu schreiben, sagte ich mir, daß Sie dann sehr viel Verständnis und Herz für diese Jugend haben müssen. Und darum komme ich heute zu Ihnen.

Ich gehöre zur Freien Deutschen Jugend. Hier spüre ich das heiße Bemühen, wieder aufzubauen, auch die seelischen Zerstörungen wieder zu beseitigen. Aber ich sehe auch, daß so viele abseits stehen – mißtrauisch, verächtlich. Nun heißt es, sie zu gewinnen, sie wachzurütteln, anzusprechen, wo sie zu packen sind. Das aber ist so unendlich schwer, denn über dieser Aufgabe dürfen wir ja unsere weiteren Ziele (z. B. den Anschluß an die Weltjugend!) nicht vergessen. Und Jugend kommt so schnell vom Wege ab, weil ihr der Überblick und die Geduld fehlt. Vielleicht könnten Sie uns ein wenig raten, helfen! Verzeihen Sie diese Unbescheidenheit! Doch ich dachte an Sie, weil Sie die Welt kennen und damit vielfach über den Dingen stehen, die uns so quälen, weil wir kaum bis zu ihren Horizont blicken können.

Die FDJ in einer so kleinen Stadt wie Staßfurt hat es, glaube ich, oft schwerer als die FDJ in großen Städten. Es fehlt die Toleranz, das Verständnis für jede Lage. Denn sind wir auch durch die Zeitumstände eine ziemlich buntgewürfelte »Gesellschaft« geworden – der Stempel der Kleinstadt gibt uns allen doch immer wieder das Gepräge. Da hilft auch ein Ortsleiter aus Berlin nicht viel!

Ich aber möchte so gern helfen, daß wir aus der Engstirnigkeit und Engherzigkeit herauskommen und weitersehen lernen. – Mit dem Eindringen in die Lehren Marx' allein ist das längst nicht getan!

Aber ich beginne mich nur zu wiederholen und bleibe vielleicht unklar. Ich weiß, in meinem Bemühen, meine Bitte um Ihre Hilfe zu formulieren, verliere ich die Klarheit. Ich möchte Ihnen so vieles sagen, möchte das Herz sprechen lassen – aber das geht ja nicht an!

Darf ich zum Schluß noch sagen, wer ich bin? Mein Name ist Christfriede Gebhardt; ich bin 20 Jahre und Lehrerin. Augenblicklich besuche ich einen Geschichtskursus, der hier in Staßfurt läuft.

In der FDJ bekam ich die Funktion »Presse/Film/Funk« übertragen, die mir viel Freude macht, mich aber oft und oft zu ähnlichen Problemen wie heute abend führt.

Darf ich auf Ihren Rat und Ihre Hilfe hoffen?

Bitte entschuldigen Sie meine Unbescheidenheit!

Ihre ergebene Christfriede Gebhardt

## 14 Elisabeth Klonki an Anna Seghers

Berlin, 2. Mai 1947

Sehr verehrte gnädige Frau,
ich kann mir denken, daß Sie in den letzten Tagen von Reportern überlaufen worden sind, die um ein Interview mit Ihnen baten. Aus verschiedenen Pressenotizen ersah ich, daß Sie »sich nicht gern verhören lassen«, wie man sich ausdrückte. Dennoch erlaube ich mir die Bitte um eine Besprechung mit Ihnen.

Ich beabsichtige die Veröffentlichung eines Buches

über Berliner Künstlerinnen mit internationalem Ruf und wäre Ihnen daher herzlich dankbar, wenn Sie mir zu diesem Zwecke doch ein Interview gewähren würden. Die weiteren für das Buch vorgesehenen Namen sind auf anliegender Liste verzeichnet.

Darf ich Sie daher bitten, mir den Ort und die Zeit anzugeben, zu der mein Besuch Ihnen genehm wäre. In der Hoffnung, daß Sie meiner Bitte Gehör schenken, worüber ich sehr erfreut sein würde, verbleibe ich in Erwartung Ihrer Benachrichtigung.

Ihre sehr ergebene Elisabeth Klonki

Folgende Künstlerinnen sind für das Buch vorgesehen:
Erna Berger, Margarete Klose, Emmy Leisner, Clara Viebig, Anna Seghers, Hilde Körber, Renée Sintenis, Elly Nay, Lotte Heiniger, Dora Meyer, Ursula Deinert, Eva Schwimmer, Cornelia Ruthenberg, Käthe Dorsch, Hermine Körner, Lil Dagover, Henny Porten, Lucie Höflich.

## 15 Hilma Thal an Anna Seghers

Dresden, 2. Mai 1947

Sehr geehrte Frau Seghers!
Die Erkenntnisse aus Ihrem reichen literarischen Schaffen, welche von den ewigen Werten der Menschlichkeit künden, lassen mich schließen, eine Bitte an Sie zu richten, die mir eigentlich sehr schwer fällt, aber die erbarmungslose Härte dieser Zeit zwingt mich dazu, dies zu tun.

Ich habe durch diesen fürchterlichen Krieg alles verloren, was mein Heim barg, und möchte gern mich wieder einmal menschenwürdig kleiden können. Ich möchte eine Bitte an einen guten Menschen richten, um mir ein abgelegtes Kleidungsstück zu spenden.

Da Sie aus dem Ausland kommen, und dort hilfsbereite Menschen kennengelernt haben, wollte ich Sie bitten, ob Sie mir eine Anschrift bekannt geben könnten, wohin ich mich zu einer Bitte um ein abgelegtes Kleidungs- oder Wäschestück wenden könnte.

Ich bin Vegetarierin aus ethischen, wie biologischen Gründen, demokratisch-fortschrittlich eingestellt, Freund von Natur, Kunst und Wissen, 46 Jahre.

Dankbar wäre ich schon für eine Vermittlung eines Austausches von Gedanken über allgegenwärtige Probleme mit gütigen Menschen gleicher Gesinnung (Vegetarier). Vielleicht wüßten Sie Rat und Hilfe. Sprachkenntnisse besitze ich leider keine. Ich danke Ihnen schon jetzt für Ihre Antwort herzlichst!

Hilma Thal

## 16 Lenelore Wolf an Anna Seghers

Frankfurt am Main, 3. Mai 1947

Liebe Anna Seghers!
Aus der Zeitung muß ich erfahren, daß Du in Berlin eingetroffen bist. Das hat mich etwas erschüttert. Glaubte ich doch immer, daß ich eine der ersten sein werde, die von Dir auf Heimatboden eine Nachricht erhält, damit ich Dich zumindest telegrafisch hätte begrüßen können. Ich schrieb schon einige Male an Bodo Uhse, ob Du abgereist seiest, oder was mit Dir ist. Nun bist Du schon daheim!

Nun bist Du daheim! Nimm nun auf diesem Wege meinen herzlichsten Willkommgruß in der Heimat entgegen. Ganz fest drücke ich Dich in Gedanken ans Herz und wünsche Dir das Beste, das Allerbeste.

Nun bist Du wieder daheim! Anna, ich weiß es, was dies für Dich bedeutet. Nach all den Jahren grenzenlosen Leides, nach all den Jahren des Gehetztseins, nun wieder daheim-sein-können, daheim-sein-dürfen, wieder den Mutterboden unter den Füßen, wieder Heimatluft atmen zu können, gleichgesinnte Menschen um sich und das Bewußtsein gebraucht zu werden, so bitter nötig zu sein für die Heimat und ihre Menschen! Wie das alles auf Dich einwirken mag.

Du bist wieder bei uns, unter uns, mit uns! Ganz heiß steigt es mir aus den tiefsten Tiefen herauf. Ich bin überwältigt, ich kann nur noch heulen, heulen wie'n Schloßhund. Ich kann nicht mehr weiterschreiben. Nimm vorlieb mit diesen Zeilen, Anna, sie sind mit dem Herzen geschrieben.

Komm zu uns nach Frankfurt! Ich muß Dich sehen, Dich sprechen. Wir brauchen Dich überall. Schreibe mir sofort oder schicke ein Telegramm.

Innigst Deine Lore

## 17 Münchner Volkshochschule an Anna Seghers

München, 6. Mai 1947

Sehr geehrte gnädige Frau!
Seit der Zeit, da die Blätter von Ihrer bevorstehenden oder verwirklichten Rückkehr nach Deutschland berichtet haben, bin ich auf der Suche nach Ihrer Anschrift, um Ihnen Gruß und Einladung der Münchner Volkshochschule zu übermitteln.

Erst heute hat mir die Süddeutsche Zeitung in einer Unterredung, die Sie Herrn Hans-Joachim Schreiber gewährt haben, die nötigen Anhaltspunkte geliefert, um Ihnen sofort unsere drahtliche Einladung zu übermitteln. Ich hoffe, daß die Depesche in Ihre Hände gekommen ist und daß Sie sich dazu entschließen können, unserer Aufforderung möglichst bald nachzukommen.

Sollten Sie außer in München auch noch in anderen bayrischen Städten sprechen wollen, würde ich mich bemühen, in verschiedenen Volkshochschulen, mit denen wir in Arbeitsgemeinschaft stehen, Anschlußvorträge einzurichten und zu vermitteln.

Ich würde mich sehr freuen, Ihre näheren Themen- und Terminvorschläge recht bald zu erhalten und bin

mit den verbindlichsten Empfehlungen
Dr. Karl Witthalm

## 18 DEFA an Anna Seghers

Berlin, 6. Mai 1947

Sehr verehrte Frau Seghers!
Nachdem Sie wieder zu uns nach Deutschland zurückgekehrt sind, möchte sich auch der deutsche Film sofort bei Ihnen melden. Die DEFA möchte gern einen Film der deutschen Mutter widmen und hat dazu einen Tatsachenbericht aus der Studentenzeitschrift »Der Ruf«, gezeichnet von Dietrich Warnesius, den wir als Anlage beifügen, gewählt, der einen uns tief erschütternden Fall zur allgemeinen Kenntnis brachte. In ihm wird die Tragik der deutschen Mutter so aufgezeigt, wie bisher noch in keinem anderen Fall.

Ich würde mich sehr freuen, wenn Sie sich entschließen könnten, die Ausarbeitung dieses Stoffes für die DEFA zu übernehmen. Für eine möglichst baldige Antwort wäre ich Ihnen dankbar.

Mit den besten Empfehlungen bin ich Ihr
Lüne [?]

## 19 Juda Ari Wohlgemuth an Anna Seghers

Berlin-Wittenau, 7. Mai 1947
UNRRA-Lager

Verehrte Frau Seghers,
gestatten Sie, daß ein Berliner Jude, der seit 1933 seiner Heimat ferngeblieben, als Emigrant in Riga, als Kriegs-Internierter in Kasachstan gelebt hat und sich zur Zeit als Fremdling in seinem Heimatort aufhält, um so bald wie möglich das Land zu verlassen, dessen Volk das seine in grauenerregender Weise dezimiert hat – gestatten Sie, verehrte Frau, daß ein solcher, streng religiöser und dennoch durch und durch sozialistisch empfindender Europäer sich an Sie als einer allgemein anerkannten Schriftstellerin und aufrechten Kämpferin für das Recht wendet, ihm bei seinem Eingang in die literarische Öffentlichkeit behilflich zu sein. Als jahrelanger Mitarbeiter an jüdischen Zeitschriften in deutscher, jiddischer und hebräischer Sprache, als Herausgeber eines umfassenden Handbuchs der Pädagogik in Hebräisch bin ich zwar kein Neuling auf literarischem Gebiete, aber das Bekanntwerden ist dennoch eine Angelegenheit, die unter besonderen Sternen steht und eine geschickte Steuerung erheischt.

Wollen Sie also den beigegebenen Schriftstücken Ihre Aufmerksamkeit widmen! Aus dem Brief an Herrn Fadejew ersehen Sie alles Wichtige hinsichtlich der Genre des Werkes. Ich gebe mich der Hoffnung hin, daß Sie nach der Lektüre des Ganzen es nicht ablehnen werden, mit mir eine Besprechung abzuhalten, da Ihnen die hier behandelte Sache ebenso teuer ist wie mir, und es uns doch immer um die Sache, nicht um die Person geht.

Darf ich Sie bitten, in Anbetracht der betrieblichen Postverhältnisse mich im Lager (Telefon-Nr. siehe umstehend) anzurufen und auf eine schriftliche Beantwortung zu verzichten. Sollte ich nicht erreichbar sein, so sollten Sie gütigst hinterlassen, wo ich Sie erreichen kann.

Mit bestem Dank im Voraus begrüße ich Sie
in Verehrung
Juda Ari Wohlgemuth

Ps.: Die drei auf dem Block niedergeschriebenen Balladen (Die Kinderkreiselscheibe; Der Herzenmeister; Der Lichtfluthüter) sollen als Vorabdruck (nebst Vorbemerkung und Anmerkungen) so Gott will in einem Schweizer Verlag erscheinen; die auf dem Blatt 3 und 4 (in der Anlage zum Brief an Herrn Fadejew) befindlichen Auszüge aus ihnen sollen naturgemäß ohne Zusendung des Blocks, der für den Verlag bestimmt ist, an den Adressaten abgehen. Alles Nähere mündlich. s. o.

## 20 Anna Seghers an Lenelore Wolf

[Berlin], 8. Mai [1947]

Liebe Lene, ich bekomme gerade eben Deinen Brief. Ich hätte Dich lieber als andere zuerst gesprochen. Ich habe eine ziemlich verrückte Reise hinter mir, von der ich Dir erzählen werde. Sag mir jetzt, wo, wann, wie? Kannst Du nicht kurz her kommen? Man hat mich zur Zeit so wunderbar in einem Hotel einlogiert (über dem Wannsee), dass ich Dich endlich ein bisschen pflegen könnte, wenigstens mit Luft und Baum. Schick ein Telegramm. Ich brauch Dir garnichts zu erklären, glaub es, wie froh ich wär, auf dem dunklen Balkon mit Dir zu sitzen, und wir könnten drauflos erzählen. Ich muss und möchte zunächst mal hierbleiben. Erstens, weil ich später sowieso noch viel fahren muss, zweitens, weil ich ein Buch fertig mache, was ich nur hier kann. Sag nicht, dass Du zuviel Arbeit hast oder sowas. Sondern komm. Vielleicht können wir wieder was zusammen machen, eine schöne Novelle.

Gib bald Nachricht
Deine Anna

## 21 Doris Schreiber an Anna Seghers

Leipzig, 8. Mai 1947

Sehr geehrte gnädige Frau!
Durch die verschiedenen Zeitungen erfuhr ich, dass Sie in Berlin weilen. Zuerst möchte ich mich Ihnen bekannt machen:

Frau Doris Schreiber ist mein jetziger Name. Sie werden sich vielleicht meiner erinnern, wenn ich Ihnen mitteile, dass ich 8 Jahre die Gefährtin Ihres Schwagers in Wien war, also des Georg Thomas Radvanyi, Wien IX Liechtensteinstr. 157. Ausserdem werden Sie von mir in Paris durch Frau Lily Szondi gehört haben. – Ich freue mich, dass Sie die grauenvollen Jahre gut überstanden haben. Ich erinnere mich noch heute genau an den Tag, als ich am Bahnhof in Wien zur Abreise meines lieben Freundes »Gyuri« weilte. Bis Ende 1941 bekam ich auch noch Post aus Buenos Aires, – ebenso Post aus Budapest. Plötzlich brachen alle Verbindungen ab. Mit Einverständnis meines lieben Gyuris damals heiratete ich einen alten Bekannten und wohnte bis Kriegsende dort. Dann bin ich per Transport nach Leipzig mit meiner alten Mutter gekommen. Mein Mann ist geborener Leipziger, altes SPD-Mitglied und hat hier seine Position, so gab es für mich keinen anderen Weg, zumal wir in Wien eh alles verloren hatten. Der Zweck meines Schreibens ist: Wie geht es meinem Freund G. Th. R.? Wie geht es Frau Lily?

Ich will nichts weiter hören, als dass es ihnen gut gehen möge. Vor allem die süssen Kinder Veronika und Peter Szondi.

Über verschiedene Stellen versuchte ich nach Buenos Aires zu schreiben, leider keine Antwort. Gnädige Frau, ich hoffe, Ihre Zeit nicht zu sehr in Anspruch zu nehmen, wenn Sie mir kurz meine Bitte erfüllen, oder wenn ich Sie bitte, von mir Grüsse weiterzuleiten.

Ich lebe sehr einfach, denke viel an vergangene Zeiten und die Menschen, welche unendlich lieb zu mir waren, und das waren Radvanyis wirklich.

Herzliche Grüsse erlaubt sich Ihnen zu senden.
Frau Doris Schreiber

## 22 Kulturliga an Anna Seghers

München, 8. Mai 1947

Sehr verehrte Frau Seghers!
Wie wir den hiesigen Zeitungen entnehmen, haben Sie den Wunsch oder die Absicht, demnächst auch München einen Besuch abzustatten. Ich möchte Ihnen deshalb im Namen des Vorstandes der Kulturliga eine herzliche Einladung übermitteln, auch einen Abend im Kreise der Mitglieder der Kulturliga zuzubringen. Die meisten der in Bayern lebenden oder hierhin verschlagenen Dichter und Künstler sind unsere Mitglieder, und ich glaube, Sie würden eine ganze Reihe von Bekannten in unserem Kreise wiedersehen. Wir verfügen über eigene Räume, in denen wir kleinere Veranstaltungen – etwa zu 100 Personen – jederzeit gut abhalten können. Auch würden wir gerne Wünsche von Ihnen entgegennehmen, wen wir zu einem solchen Zusammensein weiterhin noch einladen sollen.

Ich weiß nicht, inwieweit offizielle Stellen wegen dieses Besuches und etwaiger Veranstaltungen weiterhin auch wegen Ihrer Unterbringung an Sie herangetreten sind oder noch an Sie herantreten werden. Die Kulturliga ist jedenfalls sehr gerne bereit, Ihnen in allen diesen Dingen zu helfen und Unbequemlichkeiten abzunehmen.

Mit den besten Grüßen und in der Hoffnung, Sie recht bald hier bei uns zu sehen, bin ich

Ihr sehr ergebener Niehaus
(Regierungsrat)

## 23 Dolf Sternberger an Anna Seghers

Berlin, 9. Mai 1947

Sehr verehrte Frau Seghers!
Mit großer Freude haben wir hier den Zeitungen entnommen, daß Sie kürzlich nach Berlin zurückgekehrt sind, nachdem wir Ihnen schon im vorigen Jahr literarisch wieder begegnen konnten. »Das siebte Kreuz« war für mich, und nicht nur für mich, eine unvergeßliche Lektüre und, wenn ich es geradeheraus sagen darf, so etwas wie eine Erlösung, ein Ausgang aus den Klemmen und Krämpfen der deutschen Innerlichkeit (im Roman) in der Freiheit nüchtern-herzlicher, menschlicher Aussage. Ihr Buch ist so meisterhaft, weil es so wahr ist. Sie werden meinen Namen früher wohl kaum noch wahrgenommen haben. Ich aber habe als junger, anfangender Mitarbeiter der Frankfurter Zeitung um 1930 Ihre Beiträge mit Begierde gelesen und habe manche Figur und Situation aus Ihren Erzählungen von damals heute noch frisch und ergreifend vor Augen. Herzlich würde ich wünschen, daß Sie künftighin der Zeitschrift, die ich nun herausgebe, dann und wann einen Beitrag geben möchten. Die erzählende Literatur ist bisher in der »Wandlung« nur spärlich vorgekommen – nicht deswegen, weil es am Interesse, sondern vielmehr, weil es an gültigen Manuskripten fehlt. Nun bitten wir Sie, hierin zu helfen und Beispiele zu geben. Wir erlauben uns, Ihnen mit gleicher Post paar ältere Hefte der Zeitschrift

zu Ihrer Unterrichtung zu übersenden, von denen wir glauben, daß sie einigermaßen geglückt sind und Ihr Interesse finden werden.

Indem wir auf Ihr Wohlwollen und Ihre Mitwirkung hoffen, bin ich mit den besten Empfehlungen

Ihr ganz ergebener Dolf Sternberger

## 24 Kulturbund Magdeburg an Anna Seghers

Magdeburg, 9. Mai 1947

Sehr geehrte Frau Seghers.
Die Magdeburger Mitglieder und Freunde des Kulturbundes sind an Ihren Werken außerordentlich interessiert und würden sich freuen, wenn Sie im Laufe des Monats Juni zu ihnen sprechen würden. Da an Sonntag-Vormittagen die Straßenbahnen nicht verkehren, kommt leider ein Sonntag für die Veranstaltungen nicht in Frage. Ich würde aber dafür sorgen, daß Ihnen an einem Abend ein großer Saal zu Verfügung gestellt wird; auch für Quartier würde ich Sorge tragen. Bitte teilen Sie uns Ihre Honoraransprüche mit und geben Sie uns den Termin Ihres Kommens möglichst vier Wochen vorher bekannt.

Mit freundlichen Grüßen
Ihr [unleserlich]

## 25 Lisa Tetzner-Kläber an Anna Seghers

Köln am Rhein, 9. Mai [1947]

Liebe Netty,
an dem Tag, an dem Du Deutschland betratest, war ich in Mannheim, Frankfurt und kam nach Mainz und von hier

heiße ich Dich herzlich willkommen! Ich bin auch wieder da und wollte längst in Berlin sein, muß aber nochmal zu Arbeitszwecken in die Schweiz. Am 27. Mai hoffe ich zurück zu sein. Morgen fahre ich nach Stuttgart und München. Schreib mir einmal, wo ich Dich erreiche in Berlin und nimm alle meine guten Wünsche zur Heimkehr.

Alle Post erreicht mich zunächst über den Verlag Herbert Stuffer Baden-Baden oder Lavona.

Also auf guten weiteren Weg und gutes Gelingen
Deine Lisa

München, 10. Mai [1947]

Liebe Anna Seghers,
der Brief blieb leider liegen, weil ich hoffte, doch noch bis zu Euch vorzudringen. David Luschnat ist in Baden-Baden einen ganzen Tag umhergelaufen und hat alles versucht, damit ich mit seiner Frau reisen könnte. Es klappte leider nicht.

Nun bin ich in München zu einer Verlagsbesprechung mit Müller und Kiepenheuer. Ich habe für den Verlag die Herausgabe einer 30bändigen Märchenreihe übernommen, Lesehefte für Schüler Taschenbuch edition Format 32 Seiten. Darf ich Dir den Band *Mexiko* übergeben. Sicher kennst Du von dort oder kannst sie beschaffen *alte Volksmärchen* und Mythen oder Sagen, die für die deutsche Jugend geeignet sind, ihr ein Bild von der Welt zu geben, speziell von Mexiko. Bitte schreib mir recht bald, ob Du das übernimmst. Geschäftliches später. Ich bin vom 27. Mai – 1. Juni bei Minna Sperle Odenwaldschule oder Hambach, Heppenheim Berg [unleserlich]. Wann kommst Du nach Mainz?? Neues Visum für Berlin beantrage ich für mich.

Herzlich Lisa

## 26 FDJ Prenzlauer Berg Berlin an Anna Seghers

[ohne Datum]

Liebe Anna Seghers!
Mit unserer Schreibmaschine, die während der finsteren Jahre des Ungeistes und der Unfreiheit nicht geruht hatte, sondern ein guter Helfer im Kampf gegen Nazideutschland war, wollen wir diesesmal den Willkommensgruß an Sie schreiben.

Neben den unzähligen illegalen Kämpfern gegen den Faschismus in Deutschland haben Sie in der Fremde den Glauben an das andere Deutschland wachgehalten. Durch Ihre Heimkehr haben Sie einen Teil der Mühe und Arbeit des Wiederaufbaus unserer Heimat auf Ihre Schultern geladen; damit aber auch zugleich neue Hoffnung in die Herzen der deutschen Menschen gelegt.

Es ist bisher üblich gewesen, daß der Schriftsteller den Leser durch sein Schaffen beschenkte. Gestatten Sie uns, daß wir diesesmal den umgekehrten Weg wählen und nehmen Sie als unsere Gabe eines Ihrer Werke, das dem Scheiterhaufen vor 14 Jahren entgangen ist.

Freie Deutsche Jugend
Organisationskomitee Kreis Prenzlauer Berg
i. A. P. Hoffmann

## 27 Anna Seghers an Unbekannt

[ohne Datum]

Ich bin genau vor drei Wochen in B. angekommen. Die erste Woche geriet ich immerfort in Verlegenheit bei der Frage: wie finden Sie Berlin? Weil diese Frage die Antwort vorausnahm, ich fände es bestürzend verändert. Ich schämte mich zu gestehen, dass ich durch zahllose Bilder und Zeitungsberichte vorbereitet, mir ungefähr das vorgestellt hatte, was ich jetzt sah. Wenn auf unvorhergesehene Eindrücke der Ausdruck passt, »Was sich die kühnste Phantasie nicht träumen läßt«, dann passte auf mich wohl: »Was sich eine mässige Phantasie ausmalen kann. Zertrümmert die äussere Stadt – zertrümmert die innere Vorstellungswelt der Bewohner – das haben kluge Zeugen früher und besser beschrieben – der Tiergarten Brachland rechts und links der Chaussee, die Schrebergärtchen geschmückt mit einzelnen Resten von Prachtmonumenten, gekrönten Häuptern und einzelne marmorne schwertumklammernde Gäste und all den Bruchstücken, die so hässlich sind wie die unversehrten Statuen waren, – die einzelnen normalen Wohnungen von Freunden, die in den Ruinen zauberhaft wirken, doch mühselig, zäh und fleißig in monatelanger Arbeit aus den Trümmern entrungen wurden mit Bad und Heizung – ich glaube, man nennt diese Eigenschaft »Arbeitsmoral« – sie ist von Hitler entweiht, aber nicht vertilgt worden, man trifft sie in Stadt und Land, wo aus dem Nichts eine Werkstatt, eine ganze Fabrik neu entsteht, – das neu zu entdecken bedarf es keiner ganz kühnen Phantasie; verzweifelte ausgehungerte Menschen, die ein letztes Bettuch verkaufen, weil ein Brot auf dem schwarzen Markt einen Wochenlohn kostet und niemand nur durch Brotkarten satt wird, einzelne privilegierte Menschen, die offenbar satt und gut gekleidet sind – meine mässige Phantasie hatte sich immer die Welt so vorgestellt, daß es darin Hungrige und Satte gibt – warum es sie hier und jetzt gibt, erfuhr ich viel später.

Überhaupt erfuhr ich das meiste, und auch nur zum Teil viel später. Ich wusste im Voraus wie jeder es weiss, dass diese Stadt in vier Sektoren eingeteilt ist wie das ganze Land in vier Besatzungszonen. Man nennt in Berlin das vierblättrige Kleeblatt von Stadt »Shanghai« – nach den verschiedenen Konzessionen. Sich vorzustellen, dass die vier Alliierten verschiedene Staatsformen, Gewohnheiten und Ansprüche haben, dazu bedarf es auch keiner kühnen Phantasie. All ihre Symbole, all ihre Werbungen, all ihre Ideologien prasseln in geistiger und substanzieller Form auf die ohnedies verstörte Berliner Bevölkerung nieder, die an den kargen Sand der Mark Brandenburg gewöhnt ist.

Ich schämte mich also die erste Woche, weil ich nicht überrascht war. Die zweite Woche war ich sehr überrascht. Aber jetzt fragte mich niemand warum? Ich hatte z. B. immer geglaubt, ich wüsste genau, was ein Nazi ist, was ein Dieb ist, was ein ehrlicher Mann ist. Das war aber nur meine Einbildung. Z. B. mein Hauswirt. Ist er ein Nazi? Ist er ein Demokrat? Ist er ein Dieb? Ist er ehrlich? Ich weiss es noch immer nicht. Ich weiss nur, dass die vier Alliierten wenigstens in einem Punkt alle vier seinem Bedürfnis entgegen kommen: Sich oft nach allen vier Himmelsrichtungen zu verbeugen.

Sonst kann er die Unordnung durch die Besatzung nicht leiden, was verständlich ist. Die Russen sind am äußersten Rand der Erschöpfung angekommen, wie eben Soldaten ankommen, die sich von Stalingrad bis Berlin durchkämpften, ihre eigenen Dörfer unterwegs verwüstet, ihre Familien erschlagen fanden, und noch um das letzte Haus in der Stadt kämpfen mussten. Um meinem Hauswirt gerecht zu sein, er ist auch nicht besonders von den Amerikanern begeistert, die, auch nicht als Luxusreisende, von New York nach Berlin kamen. »In meiner Einheit«, sagt er, »war immer bessere Ordnung.« Er hat sie als Offizier nach Holland geführt, durch Belgien nach Frankreich. – Ob nicht ein gewisser Unterschied sei zwischen der Besetzung von Amsterdam und Berlin? Der berühmte Viehstand von Holland sei auf Generationen vernichtet. Ich frage schüchtern, ob es wohl wahr sei, der Viehstand von Holland sei auf Generationen vernichtet. – Das sei wohl wahr. Man bräuchte wohl Vieh daheim. Man bräuchte Vieh, um eine Truppe zu verpflegen. Dadurch seien private Beutezüge und

Plünderungen verhütet. – Es gebe doch schliesslich aus diesen und jenen Gründen einen Unterschied zwischen der Besetzung von Amsterdam und der von Berlin. – Ich bin auf Achselzucken gefasst, auf spöttische Antwort, auf Naziargumente, auf »Krieg ist Krieg« oder dergl. – Die Anwort ist aber viel sonderbarer: »Sie meinen also, das wären zwei verschiedene Besetzungen? Der Gedanke ist mir noch nie gekommen. Darüber muss ich erst nachdenken.«

Wann wird denn der Bäcker anfangen nachzudenken, der zehn Jahre lang vor seiner Bäckerei ein Schild hängen liess, das ihn vor seinen Kunden als Mitglied der NSDAP auswies, und nach dem Einmarsch der Russen ein neues mit Blumen umranktes Schild anbrachte: »Es lebe der Bolschewismus«. Ich hörte in dieser Woche zu prahlen auf, dass ich mir alles ungefähr vorgestellt hatte. Ich hatte mir garnichts vorgestellt und ich war traurig. Ich war traurig, weil meine Sprache deutsch ist. Weil ich in dieser Kultur und Sprache gross wurde. Ich war auch traurig vor allem, weil der Friede, den wir alle heiss wünschen, durch solche Bäcker empfindlicher bedroht wird als [ein Wort unleserlich] die leidenschaftlichsten Parteinehmer.

Nur [ein Wort unleserlich] Ladenschilder stechen dem Passanten ins Auge. Er nimmt ihren Eindruck mit. Inzwischen ging meine zweite Woche zu Ende. Ich war schon längst nicht mehr so fest davon überzeugt, dass mein erster und zweiter Eindruck richtig war. Ich war schon nicht mehr darauf erpicht, alles Sichtbare und Hörbare und Lesbare auf eine Formel zu bringen. Ich fing langsam an zu unterscheiden, unter welcher »Lizenz« welche Zeitung erschien. Ob man jammerte über die weiter dauernde Vorzensur im russischen Sektor, ob man froh war, dass die Vorzensur im amerikanischen wegfiel, im Grunde haben alle Sektoren die selbe Art Vorzensur: die Bewilligung der Lizenz. Sie sagt schon von vornherein ziemlich viel über das Blatt aus. Die Berliner haben durchaus ihren Spass an den vielen Zeitungen. Für sie ist ja neu, was für uns ein altes Vergnügen ist: Das Vorhandensein von Zeitungen verschiedener politischer Meinung. – Ich hatte auch, als die zweite Woche zu Ende ging, zahlreiche öffentliche und private Empfänge, Zusammensein mit alten und neuen Freunden in allen Sektoren passiert. Sie unterscheiden sich für das Auge im selben Grad, wie die Mutterländer vom Krieg berührt wurden. Ein gedeckter Tisch muss etwas andres für eine Majorsfrau aus dem Westen bedeuten als für eine russische Majorsfrau, die bei der Belagerung von Leningrad ihr eignes Kind langsam vor Hunger sterben sah.

Ich war inzwischen so eingemeindet, dass ich [in] all dem Wirrwar wie alle Menschen nach einem festen Punkt suchte. Denn Wirrwar ist es, nicht Widerspruch, was am meisten beunruhigt. Man weiss, wie man einem Nazi begegnen soll. Wie soll man aber einem Demokraten begegnen, der eine Stunde lang in einer Frage brav seinen demokratischen Standpunkt vertreten hat, und wenn man allein mit ihm heimgeht, plötzlich von Lebensraum faselt, von verjudeter Gesinnung, von vernegerten Franzosen? Und wenn man ihn zur Rede stellt, sich entschuldigt, man sei so lange mit diesen Begriffen gefüttert worden, man könne sie nicht so schnell abstreifen.

Ich suchte nach Menschen, die sich erst gar nicht hatten füttern lassen; die diese Nahrung von vornherein verweigert hatten. Ich stiess auf Freunde, die ich vor vielen und vor wenigen Jahren gekannt hatte. In ihren Augen das alte Licht. Wenn ihre Gesichter auch sonst zerrüttet waren von langer Emigration, von Zuchthäusern und Konzentrationslager, von bereits empfangenen, durch den Einmarsch der Alliierten vereitelten Todesurteilen: Ich las das Todesurteil gegen einen bekannten

Chemiker, in dem man Sätze wie den folgenden findet: D. Angeklagte nennt s. intellektuell. Dass er [längere unleserliche Passage] Provokateure zurückgewiesen. Das hatte ihm nichts genützt. Er konnte vor dem Gericht nicht ableugnen, dass er durch die Provokation von der Existenz der Widerstandsgruppe gehört hatte. Da er am Anfang des Hitlerregimes im KZ gewesen war, konnte man Todesstrafe beantragen, weil er, obgleich vorbestraft, die ihm bekannte Existenz einer Widerstandsgruppe nicht angezeigt hatte.

Ich stosse auf meine Freundin N., deren Mann, ein Berliner Arbeiter, in einer völlig zertrümmerten Strasse, in einem ausgebrannten Haus, für sich und seine Familie ein Loch gefunden und in eine komfortable Wohnung verwandelt hat, die hoffentlich nicht eines Tages über ihnen zusammenbricht, mit ihren Lampen aus Eisenresten, mit ihren Heizröhren aus 100 Metallteilchen. Er hat aus der Not eine Tugend gemacht und sich als Beruf auf »Verwertung von Trümmern« verlegt. Das könnte auch etwas von »deutscher Arbeitsmoral« sein, dieser Tugend im Dienst von Engel und Teufel. Er aber, er hat seine Arbeitskraft nie in den Dienst von beliebigen Herrn gestellt. Er hat ganze jüdische Familien vor dem Abtransport gerettet und in dieser Wohnung versteckt, sogar Kranke, sogar Sterbende. So war es ein Glück geworden, dass er diese vier Wände den Trümmern abgerungen hatte. Es war auch ein Glück geworden, dass er sich durch Arbeitseifer und Zähigkeit das Ansehen der Nachbarn verschafft hatte, – sie waren dadurch weniger [Passage unleserlich].

Die letzten Tage kamen Menschen aus ganz verschiedenen Widerstandsgruppen in mein Zimmer. Ich hatte in der ganzen kurzen Zeit die einzelnen kennengelernt. Sie kannten sich unter sich nicht. Ein Arzt traf einen jungen Arbeiter wieder, der vor vier fünf Jahren in seiner Sprechstunde aufgetaucht war. Er hatte damals sogar geahnt, wer der andere war. Er fragte ihn jetzt erst in meinem Zimmer: »Warum sind Sie nie mehr zu mir gekommen?« – »Weil wir damals, nach so viel schlechten Erfahrungen niemand trauten.« – »Ich sagte Ihnen beim Abschied: Lassen Sie sich doch noch einmal sehn, auch wenn Sie gesund sind.« – »Ich wusste aber nichts über Sie. Ich fühlte mich nicht sicher.«

Warum die Vorsicht während der Hitlerzeit geboten war, ist oft erklärt worden. Das enge, schon vor Hitlers Machtantritt vorbereitete Polizeinetz hatte Provokateure, Spitzel bis in die Leitungen von Widerstandsgruppen geschoben und Heere von Angebern abgerichtet. Eine Erklärung bedeutet keine Rechtfertigung. Um ein solches Netz fertig zu bringen, dazu war die Mithilfe, dazu war die direkte oder indirekte Hilfe eines grossen Teils der Bevölkerung nötig. Es kommt mir ebenso falsch vor, daran zu zweifeln, dass es Widerstand in Deutschland gegeben hat, wie es falsch wäre, daran zu zweifeln, dass dieser Widerstand grausam zersplittert, grausam isoliert war. Seine Kraft reichte weder dazu aus, die Massenabschlachtungen noch Hinrichtungen zu verhindern. Auch nicht eine Resonanz in den Volksmassen zu erwecken, sodass immer wieder neue Widerstandselemente an Stelle der Vernichteten traten, wie das in Spanien und anderswo nicht nur in der jüngsten Zeit sondern seit 150 Jahren geschieht.

Wenn man sich also nicht zu erstaunen braucht, dass die Widerstandsgruppen zur Hitlerzeit keinen Kontakt fanden, erstaunt man sich doch, dass einzelne Vertreter dieser Gruppen so kurz nach dem Sturz Hitlers sich zum ersten Mal nur durch Zufall kennenlernen. Der Freund, den ich verzweifelt suchte, um seine letzte Spur schliesslich auf einem Todesurteil zu finden, kam dadurch zu Fall, dass er kurz nach dem Machtantritt Hitlers auf Jahre ins Zuchthaus geriet. Der andere Freund entging dem Schlimmsten durch Schlauheit und glückliche Zufälle, obwohl er die Judenverfolgung sofort mit Verstecken von Flüchtlingen, mit allen möglichen individuellen [...] Hilfeleistungen, im Anschluß an Gruppen und allein, beantwortete. Das war ein wichtiger Punkt im Programm aller Widerstandsgruppen. Es gibt aber Abstufungen in dem zeitlichen Einsatz des Widerstands, der den Beteiligten wahrscheinlich oft nicht bewusst ist. Viele haben vom ersten bis zum letzten Tag Hitler geheim und offen bekämpft. Andre traten zögernd mit allerhand Für und Wider auf, sie wurden entschieden, als der Hitlerfaschismus krasse und sichtbare Formen annahm. Sie bekämpften ihn entschlossen, als es ihnen ganz klar war, dass er zu einem verlorenen Krieg führte. Das Komplott vom 20. Juli war isoliert vom Volk, weil es sich, wenn es gelungen wäre, gar nicht auf das Volk hätte stützen wollen. Dieser Widerstand gegen Hitler spiegelt trotz seiner Isoliertheit ein breites Gefühl wieder: Was man Hitler vor allem nicht verzeiht, dass er den Krieg verloren hat.

Wenn man mich jetzt, nach der dritten Woche noch einmal fragen würde, wie finden Sie Berlin?, ich müsste mit noch tieferer Beschämung gestehen, dass ich es nicht so tief verändert finde, wie ich hoffte und fürchtete. Was vor und durch Hitler zu keiner kompakten Einheit wurde, das fällt bestürzend in seine einzelnen Bestandteile auseinander. Ich finde die unversehrte Kraft in den alten Freunden wieder, die Konzentrationslagern und allen Verfolgungen entkommen sind. Den festen Willen alles zu tun, dass dieses unglückselige Land nicht noch einmal ein Schlachtfeld in Europa wird. Ich finde die Torheit wieder von Männern und Frauen, deren Möbel und Kleider von Bombardements verschont blieben und nicht aber nichts dazu gelernt haben. Ich finde die Vögel in Mauerresten wieder und Flieder und lange entbehrte Maikäfer. Ich passe auf, ob die Kinder noch das uralte Lied singen, das gestern gedichtet sein könnte:

Maikäfer flieg
Der Vater ist im Krieg
Die Mutter ist im Pommerland
Pommerland ist abgebrannt
Maikäfer flieg

## 28 Anna Seghers an Katharina Schulz

Berlin, 17. Mai 1947

Liebe Gaya:
Du weisst vielleicht schon, dass ich im Augenblick hier in Berlin bin. Lieb Kind, Du weisst, wie es jetzt mit der blöden Reiserei ist; ich konnte nicht aussteigen, sondern musste durchfahren und mir das Wiedersehen aufheben. Ich muss für Zeitungen und Verlage noch an viele Orte fahren, auch aus Deutschland heraus. Denn ich will verschiedene Schulen ansehen, wie sie und die Kinder nach dem Krieg in Europa aussehen. Ich komme gerade von Paris und ich war glücklich, dort mit unseren zwei zusammen zu sein. Sie haben gerade im Augenblick schwer zu schaffen, denn sie stehen vor Examen. Ach, liebe Gaya, ich bekam Deinen Brief nachgeschickt. Die gute Madame Bohl, unsere süsse Patronne, die Du damals gekannt hast, lebt natürlich längst nicht mehr in dem Haus. Der Alte ist tot. Die beiden hatten sich nicht, wie Du anzunehmen scheinst, reizend benommen, sondern ziemlich widerwärtig. Zum Glück, die meisten Leute rundum im der Nachbarschaft konnten sie nicht mehr ausstehen. Sie ist jetzt entweder auch tot, oder noch in ziemlich reduziertem Zustand in dem Altersheim, für das sie emsig Renten bezahlte, seit ich sie kannte. Falls es Dich tröstet, kann ich Dir mitteilen, dass der Wohnungsvermittler ein Glanzpunkt der dortigen Widerstandsbewegung war. Ich war nämlich dort, weil ich Bekannte am gleichen Ort habe. Wir hatten ja bei der Evakuation

alles, aber auch alles, dort lassen müssen, als wir damals nicht mehr ins Unbesetzte zunächst konnten, wohnte ich noch eine Zeitlang mit den Kindern in einem Hotelzimmer im Stadtzentrum. Das war mein Glück, denn ich würde Dir ja sonst diesen Brief nicht schreiben können. Wenn nicht meine Siebensachen heillos verstreut und demoliert sind, und ich je noch einmal etwas zu Gesicht bekomme, was unwahrscheinlich ist, dann kannst Du Dir gern aussuchen, wenn Du nach Besonderem Lust hast. Ich kann Dir aber nicht das Geringste darüber sagen und ich kann auch nicht mehr in dieser Sache machen. Es wäre nur falsch und schädlich. Ich habe soviel an teuren Menschen verloren, dass mein hausfraulicher Eifer, der nie toll war, noch ein bisschen mehr nachgelassen hat.

Der Rodi ist noch nicht hier, weil er vor den dortigen Ferien seinen Kurs nicht abbrechen konnte. Er hängt auch furchtbar an seiner Arbeit. Ich brauche Dir nicht zu sagen, dass es mir lieber wäre, mit meinen lieben Leutchen zusammen zu sein, aber wir sind im Augenblick alle getrennt, und ich kann nichts machen. Es ist schwierig geworden wie bei den meisten von uns. Darum ist auch Deine Idee, dass wir irgendwann wieder in einem Haushalt gemeinsam wirtschaften, ein Traum. Ich weiss nicht einmal, wann und wo und wie so ein Haushalt zustande kommt. Ich bin von Herzen dankbar, dass ich nach vielen vielen schwierigen Reisen meine zwei Kinder wiedersehen konnte und jetzt hoffe ich von ganzem Herzen, auch meinen Rodi bald wiederzusehen. Ich habe große Bewunderung für Deinen Bruder, der eine solche Energie entwickelt und auf eignen Beinen steht. Ich glaube, von solchen Menschen hängt viel davon ab, wie sich unser aller Leben gestalten wird. Ich werde jetzt hier rundherum sagen, dass man Euch zwei Bücher schickt. Das Gescheiteste ist, liebe, gute Gaya, Du schreibst immer weiter an den Rodi, denn er weiss, wo ich stecke und kann mir am besten und schnellsten Post schicken. So komisch es klingt, ich habe herausgefunden, dass es doch noch schneller geht, als wenn es an ein paar Grenzen in Europa hängen bleibt. Hier bei Euch ist ja ein furchtbares Gewurschtel. Sei nicht erstaunt, wenn ich trotzdem ganz plötzlich einmal auftauche. Nicht zu schnell, aber doch irgendwann.

Viele, viele Grüsse
Deine Netty

## 29 Anna Seghers an FDJ Prenzlauer Berg

Berlin, den 17. Mai 1947

Liebe Freunde:
Ich habe Euch schon selbst gesagt, was für Freude mir gerade Euer Geschenk gemacht hat. Ich habe inzwischen aus den »Gefährten« einen Abschnitt an eine Zeitung gegeben. Ich habe auch hinzufügen lassen, dass ich Euch die wiederentdeckten »Gefährten« zu verdanken habe.

Jetzt habe ich aber noch eine Bitte an Euch: Ich würde sehr gerne einmal ganz unfeierlich zu Euch kommen. Ich weiss nicht, ob ich mich irre, ich kann mir aber vorstellen, dass wir uns gegenseitig einen Haufen zu fragen und zu erzählen haben. Wenn Ihr glaubt, dass so etwas bei Euch Spass macht, bringe ich Bilder und Fotografien mit. Ihr könntet mir manches erzählen, woraus ich allein nicht ganz schlau werde. Bitte schreibt mir ein Wort an den Kulturklub, Jägerstr. 2/2. Teilt mir auch mit, wann Ihr Eure Zusammensein habt und wann es Euch passen würde, nicht zu schnell, bitte, denn ich habe bis in die Woche nach Pfingsten einen Haufen zu tun.

Es grüsst Euch herzlich

## 30 Anna Seghers an den Berliner Rundfunk

Berlin, 17. Mai 1947

Ich habe mich sehr mit dem Arbeitshonorar gefreut, das heisst noch mehr über den Zusatz als über das Honorar selbst. Daraus können Sie sehen, wie man mit ein paar Worten Freude machen kann. Wir hatten alle, denen ich den Zettel zeigte, das gleiche Gefühl: Es war das erste und einzige Mal, dass an einer kleinen Arbeit klargemacht wurde, was passiert ist.

Ich wäre Ihnen noch sehr verbunden, wenn Sie die 400 Mark an meine jetzige Wohnung direkt schicken könnten: Casino Hotel am Wannsee, Berlin-Wannsee, Am Sandwerder 5.

Es grüsst Sie bestens.

## 31 Aenne Lekisch an Anna Seghers

Bad Nauheim, 17. Mai 1947

Sehr geehrte Frau Seghers!
Bevor ich diese wenigen Zeilen an Sie richte, verehrte Frau Seghers, bitte ich Sie, dieselben nicht ungelesen, mit vielen anderen Zuschriften, welche Sie sicher jetzt erhalten, in den Papierkorb wandern zu lassen. Zwar kennen wir uns nicht, doch als Kind kannte ich Sie von Ansehen, denn wir wohnten ja in Mainz nur 2 Häuser auseinander (Kaiserstr. 42). So weit ich mich entsinne, gingen Sie mit meiner Tochter »Milly« in die Parallelklasse oder eine höher!? Ihren lb. Vater kannte ich durch meinen Mann, wir trafen uns öfter bei Adlon in Berlin. Ihre lb. Mutter kannte ich nur per distance, hörte aber in den letzten Jahren vor ihrer Verschleppung öfters von ihr durch meine Schwägerin Frau May geb. Lekisch, welche im Hause Kaiserstr. 35 bei Herrn Roch, in derselben Wohnung mit Ihrer Mutter zusammen wohnte. Leider konn-

ten beide vor dem grausigen Schicksal nicht gerettet werden, ein halbes Jahr später fielen auch meine Lieben dem Naziterror zum Opfer, meine jüngere Tochter Lotte, ihr Mann Hans Scheuer vom Flachsmarkt und ihre beide Buben von 11 und 7 Jahren, ich habe seit September 42 nie mehr etwas von ihnen gehört! –

Verzeihen Sie, wenn ich Ihnen das alles schreibe, da wir uns ja ganz fremd sind, aber ich glaube, Sie haben doch immer noch Interesse für unser liebes altes Mainz, was ich aus 2 Sachen entnehme, die ich von Ihnen las; zwischen den Zeilen stand so viel Liebe und Sehnsucht, wie man sie nur für seine Vaterstadt empfinden kann. In dem »Schulausflug« glaubte ich in der Lehrerin »Hanna Sichel« zu erkennen, welche meinen Enkel bis zum Schluß unterrichtete, die ich sehr liebte, sie kam mit demselben Transport im März 42 wie Ihre lb. Mutter fort, ebenso meine Schwägerin.

Viel könnte ich Ihnen erzählen, doch weiß ich nicht, ob Sie dies wünschen, möchte Sie nicht langweilen. Zweck meines Schreibens ist die Bitte, mir doch, wenn möglich, Ihr Buch »Das siebte Kreuz« unter Nachnahme von Ihrem Verlag senden zu lassen, da ich mich natürlich sehr dafür interessiere, dasselbe jedoch bis jetzt, trotz aller Bemühungen nicht bekommen konnte. Meine Schwägerin Nanny Lekisch geb. Fulda, schrieb mir aus [ein Wort unleserlich] (Midland-Texas), daß sie es mit großem Interesse gelesen hätte, auch den Film gesehen. Dr. Lekisch's wanderten schon vor dem Krieg dorthin aus, sind die Einzigen, welche von der Familie meines lb. Mannes noch übrig sind. Mein Mann starb schon im Jahre 35 aus Kummer. Walter Scheuer mit seiner Frau Trudel Lebrecht, 2 Kindern lebt in Mexiko, es geht ihnen gut. Mit allen Verwandten stehe ich in regem Briefwechsel, schreiben wir uns immer gegenseitig von unserer Sehnsucht und unserem Herzeleid, doch Hoffnung, uns wieder zu sehen, haben wir nicht. Mein Neffe Kurt war zum Kriegsschluß bei dem Vormarsch dabei als Truppenarzt, besuchte meine Tochter in Mainz und mich in Bad Nauheim oft. Nun ist er wieder in Texas bei Frau und 2 Kindern und hat eine gute Praxis. Wenn Sie auf Ihrer Deutschlandreise nach Mainz kommen, werden Sie wenig alte Bekannte finden, Ihr Herz wird zittern und weinen, wenn Sie das Elend und Unglück dort sehen. Sollten Sie meine Tochter sprechen wollen, so wird sie sich sehr freuen. Adresse beiliegend! Sie sowohl, als auch ich hier in Nauheim, wir leben sehr einfach und bescheiden, denn wir haben alles verloren. Der Brief wurde länger, als ich beabsichtigte, verzeihen Sie! Es würde mich sehr freuen, etwas von Ihnen zu hören und bin mit besten Mainzer Grüßen

Ihre Aenne Lekisch

## 32 Otto Rannefeld an Anna Seghers

Berlin Zehlendorf, 18. Mai 1947

Sehr verehrte Frau Anna Segher!
Vor allen Dingen möchten auch wir nicht versäumen, Sie in der alten Heimat zu begrüßen. Wir sagten in der Nazizeit nur »unsere Anna Segher« und lauschten jeden Abend am Auslandsrundfunk, ob Ihr Name genannt wurde und erfuhren eines Abends, Sie seien in Paris. Dann hörten wir leider bis zum Zusammenbruch nichts mehr von Ihnen. Ich denke noch an die Worte, die Sie mir bei Ihrer Verhaftung in Ihrer Wohnung Am Fischthal 56 sagten. Können Sie sich noch an uns entsinnen? Unser Name ist Rannefeld, ihr damaliger Hausmeister und Heizer vom Fischthal 56 und würde ich mich besonders freuen, wenn ich Sie, Ihren Gatten und Kinder begrüßen könnte, denn wir sind unserer Überzeugung treu geblieben, obwohl es uns während der Nazizeit

schlecht ergangen ist und auch jetzt haben wir Böses erlebt, haben durch die Besatzungsmacht unsere Wohnung und alles, was wir hatten, verloren, sind sozusagen bettelarm geworden. Ich will Ihre Zeit nun nicht länger in Anspruch nehmen und erwarte, wenn es nicht unbescheiden ist, ein paar Zeilen als Antwort von Ihnen.

Inzwischen seien Sie und Ihre liebe Familie vielmals recht herzlich gegrüßt von Ihrem ehemaligen Heizer vom Fischthal.

Otto Rannefeld & Frau

## 33 Radio Bremen an Anna Seghers

Bremen, 20. Mai 1947

Sehr geehrte gnädige Frau!
Radio Bremen plant eine Sendereihe, in der bekannte Dichter und Schriftsteller über die Zeit sprechen sollen.

»So sehe ich unsere Zeit!« – das ist der ungefähre Arbeitstitel dieser Sendereihe. Selbstverständlich wollen wir es Ihnen, verehrte gnädige Frau, gern überlassen, auch einen anderen Titel, der dem Sinn unseres Vorschlags gerecht wird, einzusetzen. Was wir uns wünschen, ist eine Betrachtung zu unserer Zeit, wie sie der Dichter und wie sie der Schriftsteller sieht. Eine Betrachtung, die fern jeder parteipolitischen oder wirtschaftspolitischen Auslegung steht, und die mit der Kraft des Wortes ein Bild malt, das unsere Zeit in den für sie typischen Farben erstehen läßt. Es mag sein, daß es das Leben in einer kleinen Stadt, auf dem Lande oder in einer Großstadt ist. In den Trümmern und Ruinen. Es mag sein, daß es die wenigen Freuden unserer Zeit sind, und daß es doch noch etwas Positives in all der furchtbaren heutigen Schwarzmalerei geben kann. – Wir möchten die Dichter und Schriftsteller unseres Landes bitten, in ihrer Art unserem Volke etwas zu sagen, in ihren Worten unsere Zeit zu schildern, und all den Menschen, die nur die Schattenseiten sehen, zu zeigen, wie man dieses Leben der heutigen Zeit auch anders, schöner und positiver betrachten kann.

Wir hoffen sehr, verehrte gnädige Frau, nicht vergeblich mit unserer Bitte an Sie herangetreten zu sein und sehen Ihren Worten mit großer Freude entgegen. – Wir bitten Sie, uns auch im Ablehnungsfalle eine kurze Nachricht zukommen zu lassen, da wir geplant haben, diese Sendung über alle Sender der U. S.-Zone und Berlin gehen zu lassen. Eine Honorierung Ihrer Einsendung erfolgt sogleich nach der Sendung.

In der Hoffnung, recht bald auch von Ihnen, verehrte gnädige Frau, etwas zu hören, verbleiben wir

hochachtungsvoll
Claus Werner Caro
Leiter der Abteilung Wort

## 34 Anna Seghers an Doris Schreiber

Berlin, 22. Mai 1947

Liebe Frau Doris Schreiber:
Ich erhielt Ihren Brief aus Leipzig. Ich kann mich noch erinnern, wie wir »im Auge Gottes« – ich glaube mit einigen Mitgliedern der Familie – zusammen assen. Mein Schwiegervater ist längst gestorben. Wenn man das »glücklich« nennen kann, einen schweren aber normalen Tod, bevor der Krieg ganz furchtbar wurde. Georg Thomas ist in Buenos Aires verheiratet. Es geht ihm, glaube ich, ganz gut, mit allerlei Sorgen. Seine Jungens waren noch vor meiner Abreise in Wien, ich glaube, einer wird zu ihm fahren. Lili und ihr Mann und ihre zwei Kinder wurden, als sie Europa verlassen wollten,

nach Belsenbergen transportiert. Sie erlebten dort eine schlimme Zeit und wurden, wie durch ein Wunder, ich glaube durch die Universität Zürich, gerettet. Menschen, die mit ihnen interniert waren, erzählen Wunderdinge von dem menschlichen und kameradschaftlichen Verhalten, besonders von Szondi, der mitten in der Hölle Kurse über Humanismus abhielt. Immer wieder schreiben ihm Landsleute, dass sie nur durch seine unermüdliche Zuversicht und Hilfe bei Moral gehalten wurden und vor vollständiger seelischer und körperlicher Depression bewahrt blieben. Die älteste so sehr geliebte Tochter, die auch Medizin studieren will, hat als Folge irgendeine blöde Lungengeschichte gehabt; sie war in einem Sanatorium. Ich hoffe, es geht ihr jetzt besser. Der Junge soll auch gut entwickelt sein und viel lernen. Ich habe zum letzten Mal vor einem Vierteljahr oder vor noch längerer Zeit von allen gehört, denn ich bin selbst schon sehr lange unterwegs, weil ich für meinen Verlag ein Buch schreibe und für Zeitungen arbeite in Nord- und Lateinamerika. Deshalb schreibe ich auch so oft »ich glaube«, weil ich das Letzte selbst nicht weiß. Lilis jetzige Adresse ist: Zürich Jupiterstr. 4. Mein Mann ist Universitätsprofessor in Mexiko; er spricht vollkommen spanisch; er wird hoffentlich bald für einige Monate kommen. Was weiter geschehen wird, kann ich Ihnen selbst nicht genau erzählen. Ich werde wahrscheinlich nicht lange hierbleiben. Sie schreiben am besten für uns alle an Lili.

Es grüsst Sie herzlich

## 35 Anna Seghers an Lisa Tetzner-Kläber

Berlin, 22. Mai 1947

Liebe Lisa:
Ich habe mich sehr mit Deinem Brief gefreut. Wie gut, dass wir wieder in Kontakt sind. Hoffentlich kommst Du bald her. Ich hoffe, Rodi braucht nicht so lange wie ich, bis er im Sommer eintrudelt. Er wird nach mehreren Monaten wohl wieder zurückfahren, weil er seine Schüler, seine Arbeit, seine Universität und vieles andere noch nicht kurz abbrechen will. Wo und wie lange ich bleiben werde, kann ich Dir selbst nicht genau sagen. Ich will auch jetzt nichts über hier erzählen. Nur ganz kurz: Deine Märchensammlung interessiert mich sehr. Ich habe das Gefühl, dass ich vielleicht eine kurze Einleitung oder dergleichen für eine mexikanische Märchensammlung schreiben könnte. Das »Vielleicht« bedeutet, dass ich genauer wissen müßte, was Du willst und das Material brauchte. Ist es die alte Ausgabe mexikanischer Märchen von Eugen Dietrichs? Kannst Du sie mir auf jeden Fall mitbringen? Denn meine Kenntnisse sind dürftig. Ich erinnre mich, darin waren viele Angaben, die mich schon vor Jahren interessierten. Heute nur kurz.

Viele herzliche Grüsse
Deine

## 36 Anna Seghers an Dolf Sternberger

Berlin, 22. Mai 1947

Lieber Herr Sternberger:
Ich danke Ihnen für Ihren Brief und für die zugesandten Hefte. Ich war hier in dieser Stadt froh, eine Seite Kafka plötzlich in einer überfüllten Untergrundbahn zu lesen. Am selben Ort war ich nicht ganz einverstanden mit dem

Artikel über Kafka. Vieles darin gefiel mir sehr und manches nicht ganz, aber lassen wir jetzt diese Sachen!

Ich werde Ihnen sicher Beiträge schicken. Sie müssen nur warten, bis diese Woche mein Koffer eintrudelt.

Seien Sie nicht bös, wenn ich den Brief sofort zu einer praktischen Bitte benutze: Mein Mann, Radvanyi (er ist Universitätsprofessor in Mexiko, spricht völlig spanisch und hängt an seiner Arbeit und seinen Schülern so sehr, dass er nicht ganz abbricht, sondern nur bis auf längere Zeit herkommt) braucht sein Doktor-Diplom von Heidelberg. Sie würden mir einen Haufen Mühe und zweckloser Arbeit ersparen, wenn Sie mir ein ordentliches Duplikat dort gestempelt oder legalisiert oder weiss der Teufel was, an Ort und Stelle beschaffen könnten. Für die allernächste Zeit ist meine Privatadresse: Casino-Hotel am Wannsee, Berlin-Wannsee. Sie sind ein lieber Dolf Sternberger, wenn Sie das für mich machen können.

Ich schicke Ihnen ganz bestimmt, was ich versprochen habe.

Es grüsst Sie
Ihre Anna Seghers

P. S. Laszlo Radvanyi, geboren 13. Dezember 1900, in Budapest, doktoriert im Jahre 1923 in Heidelberg unter dem Rektorat von Gerhart Anschütz. (Soviel ich mich erinnre, studierte und doktorierte er bei Jaspers. Seine Doktorarbeit hiess: »Der Chiliasmus.«)

Ich nehme an, das ist ziemlich richtig und genügend. Es muss wahrscheinlich einen schönen Stempel haben, nicht bloss eine Fotokopie sein.

Radvanyi kommt u. a. auch, um einige Vorträge über lateinamerikanische Soziologie an europäischen Universitäten zu halten und für seine Zeitschrift und sein Institut (zum Studium der öffentlichen Meinung) zu arbeiten und zu recherchieren. Falls Sie mit ihm vor seiner Abreise lieber persönlich Kontakt haben wollen und dazu einen direkteren Weg haben als über mich, ist seine Adresse: Radvanyi, Mexiko-City, donato Guerra 1, Desp. 207

## 37 Anna Seghers an Otto Rannefeld

Berlin, 23. Mai 1947

Lieber Herr Rannefeld:
Ich habe mich sehr gefreut, durch Ihren Brief zu erfahren, dass Sie gesund und lebendig sind. Die verflossenen Zeiten sind uns allen in keinem angenehmen Gedächtnis. Ich bin zur Zeit noch allein hier in Berlin und da ich dieser Tage für kurze Zeit weg muss, werde ich mich bei Ihnen melden, sobald ich wieder hier bin und etwas mehr Ruhe habe.

Seien Sie bis dahin bestens gegrüsst
von Ihrer

P. S. Sie erreichen mich am besten über: »Aufbau-Verlag«, Französische Str. 32

## 38 Hanna Wohlgemuth an Anna Seghers

Berlin-Wittenau, 28. Mai 1947
Durchgangsheim UNRRA

Sehr verehrte Frau Seghers!
Im Auftrage meines Mannes, der leider völlig erschöpft ist und dringend der Abgeschlossenheit und der Ruhe bedarf, bitte ich Sie höflichst, sich an ihn mit keiner Angelegenheit zu wenden. Falls etwas Dringendes vorliegen sollte, wollen Sie freundlichst bei mir anfragen, ob und wann und wo es möglich ist, mit meinem lb. Mann in Verbindung zu treten.

Hochachtungsvoll
Hanna Wohlgemuth

## 39 Sella Hasse an Anna Seghers

[Berlin,] 30. Mai 1947

Sehr geehrte Frau Seghers!
So sehr gern möchte ich einen Holzschnitt von Ihnen machen. Bitte, geben Sie mir doch bald Nachricht, wann Sie mir eine kurze Zeit für eine kl. Zeichnung dazu sitzen können. Event. in der Jägerstr. 1–2? Oder besser draußen? Sie haben vielleicht meinen Artikel über K. K. in der Nr. 8 in der »Frau von heute«? Oder in der Nr. 1 und 2 »Bildende Kunst« Abbildungen meiner Arbeiten gesehen. Vom 14. Juni habe ich eine Ausstellung von ca. 90 Arbeiten.

In Verehrung grüßt
Sella Hasse

[Am Rand:]Gern nähme ich ein paar Fotos Ihres Antlitzes.

## 40 Anna Seghers an Christfriede Gebhardt

Berlin, 5. Juni 1947

Liebe Christfriede Gebhardt:
Ich danke Ihnen sehr für Ihren Brief vom 30. 4. Ihr Brief hat mir sehr gefallen. Warum? Nicht weil etwas besonders Aufregendes darin steht oder weil er besonders schön oder sonderbar ist, sondern gerade weil er das nicht ist. Weil Sie einfach schreiben, was Sie auf dem Herzen haben und was los ist. Ich glaube, ich irre mich nicht, wenn ich das so empfunden habe.

Für jemand, der von ausserhalb kommt, wirkt Deutschland oft fremder als die fremden Länder. Die Jugend gefällt mir am besten. Nicht, weil ich gerade einen Brief von Ihnen aus der Freien Deutschen Jugend in der Hand habe; das ist dabei nur ein Zufall. Weil man das Gefühl hat, dass die Jugend noch fragt, dass sie noch nicht so verkrustet ist wie die älteren Leute (wie wir älteren Leute) in alle möglichen Vorurteile und Ängste und Gehässigkeiten. Natürlich gibt es eine Menge junger Menschen, die auch misstrauisch oder verächtlich auf die FDJ sieht. Aber davon braucht man sich nicht verrückt machen zu lassen. Die Leute in Deutschland sind ja genug irregeführt worden; da haben sie allen Grund zum Misstrauen. Wenn man, ohne sich irre machen zu lassen, immer das tut, was man für richtig hält, dann wird man schon dann und wann und nach und nach das Misstrauen um sich herum eindämmen.

Natürlich, helfen kann man auf grosse Entfernung nicht viel. Eine Kleinstadt – finde ich – das schadet gar nichts. Ich bin selbst Kleinstädterin und habe dort für mein ganzes Leben mehr gelernt als in dem grossen Berlin. In Berlin sind die Menschen oft viel schnoddriger und abgestumpfter, in den kleinen Städten nehmen sie noch die wichtigen Dinge wichtig. Ihr müsst versuchen, Euch ein paar anständige Bücher zu verschaffen, nicht das blödsinnige Gewäsch, das man oft in die Finger bekommt. Und unterscheiden zwischen gutem und schlechtem Deutsch, das heisst zwischen Sonntagsdeutsch und einem normalen anständigen Deutsch; grosse starke Ideen und Gestalten haben es gar nicht nötig, auf Stelzen gesetzt zu werden, mit besonderen umständlichen Worten und Sätzen ausgedrückt zu werden. Eine kleine Gruppe von Euch kann etwas lesen und Ihr könnt darüber diskutieren. Versucht Euch Bücher und Bilder aus dem Ausland zu verschaffen und Euch einen Begriff von der Jugend anderer Länder zu machen, nicht mit dem Hintergedanken: Wie denkt die Jugend im Ausland über uns? (Das ist eine Frage, die ich beängstigend oft höre.) Sondern mit dem Wunsch, selbst einmal über die Jugend in fremden Ländern nachzudenken. Vielleicht verschafft Ihr Euch einen Briefaustausch mit ihnen; das ist jetzt langwierig, aber keineswegs unmöglich. Packt immer die Widerspenstigen da an, wo sie sich gern anpacken lassen. Macht Sport und Ausflüge und sprecht offen und ehrlich, um Gottes willen offen und ehrlich, über die Fragen, die Euch am meisten interessieren. Ich weiss genau, dass diese paar Sätze Ihnen gar nichts nützen, ich hatte aber Lust, Ihnen nicht nur in einem kurzen geläufigen Satz auf Ihren Brief zu antworten.

Wollen Sie, dass ich versuche, Euch durch den Aufbau-Verlag und andere Verlage ein paar Bücher schicken zu lassen? Oder, was schwieriger ist, Euch in irgend eine Verbindung mit irgend welchen mir zufällig bekannten Jugendlichen in fremden Ländern zu bringen? Dann müsstet Ihr einen Brief zusammenstellen, erstens mit den Fragen, die Euch überhaupt am meisten bedrängen, zweitens mit speziellen Fragen, die Ihr an fremde Jugendliche habt.

Viele Grüsse
Ihre

## 41 Anna Seghers an Juda Ari Wohlgemuth

Berlin, 5. Juni 1947

Lieber Herr Wohlgemuth:
Ich bitte Sie zuerst, mir in die Jägerstraße in den Kulturbund mitzuteilen, ob ich Ihre Arbeiten dort im Sekretariat für Sie hinterlegen soll, damit Sie sie abholen lassen, was wohl am ratsamsten ist oder sie Ihnen per Post zustellen.

Als ich Ihre Arbeiten las, wohnte gerade meine Freundin bei mir, die noch unter Hitler in Heidelberg doktoriert hat und dort miterlebte, wie man die Inschrift »Dem lebendigen Geist« auswechselte. Wir fragten uns, ob Jaspers inzwischen wieder die ursprüngliche Inschrift angebracht hat.

Aus diesem Gespräch sehen Sie schon, dass Ihr Artikel in »Der Weg« uns sehr interessiert hat. Ich habe dann mit grossem Interesse Ihre handschriftlichen Aufzeichnungen gelesen (die nicht immer ganz einfach zu entziffern waren). Ich habe den Eindruck, – kann mich aber bei diesem Eindruck sehr irren und bitte Sie deshalb im Voraus um Entschuldigung, – dass Sie sich vielleicht oft quälen, einen Ausdruck für Ihre Weltanschauung zu finden. Für das, was wir »Erbe« nennen, alles was Sie als Jude wissen und spüren und dem, was heute, sofort, von Ihnen verlangt wird, was Sie auch stark spüren. Ich weiss, dass in Mexiko ein Freund, der sich weniger quälte als Sie und vielleicht dadurch glücklicher war, sehr gute Arbeiten machte und uns vieles erklärte und zeigte, was wir noch nicht wussten oder verstanden. Es kann ja nie etwas verloren sein, was ein Volk oder ein einzelner Mensch gedacht oder gearbeitet hat. Das ist alles für Sie jetzt vage und wahrscheinlich zwecklos. Ich muss für einige Zeit weggehen; ich wollte Sie nicht ohne Antwort lassen. Ich stellte deshalb auch diese Frage eingangs des Briefes.

Ich habe nur den Brief an Fadejew noch zurückbehalten, weil ich ihn noch einmal ruhig durchlesen wollte.

Ihre

## 42 Anna Seghers an Angelika Bartram

Berlin, 5. Juni 1947

Sehr geehrte Frau Angelika Bartram:
Ich danke Ihnen sehr für Ihren Brief und für die beigefügten Karten. Die »gegenseitige Hilfe« ist gut, vor allem, wenn sich die Anständigen gegenseitig helfen. Ich habe auch zwei fast erwachsene Kinder. Die Frage

Jugend ist sicher die wichtigste, die es gibt, aber nicht nur für uns Eltern und nicht nur für heute und nicht nur für Deutschland.

Es grüsst Sie und Ihre Angehörigen herzlich

## 43 Anna Seghers an Hilma Thal

Berlin, 5. Juni 1947

Sehr geehrtes Fräulein Thal:
Ich erhielt Ihren Brief vom 2. Mai. Leider kann ich Ihre Bitte nicht erfüllen, da ich meine Sachen teils an persönliche Freunde, teils an die »Opfer des Faschismus« übermitteln lasse.

Seien Sie bitte deshalb nicht ungehalten, wenn ich Ihnen nahelege, sich an eine Hilfsorganisation zu wenden, die Ihnen nahesteht (vielleicht die Quäker).

Es grüsst Sie

## 44 Anna Seghers an Aenne Lekisch

Berlin, 5. Juni 1947

Sehr geehrte Frau Lekisch:
Ich habe natürlich Ihren Brief nicht weggelegt, sondern aufmerksam gelesen. Ich hatte flüchtig von dem Schicksal Ihrer Lieben durch die Familie Scheuer in Mexiko gehört, die ich zuweilen getroffen habe. Wann ich nach Mainz komme, weiss ich noch nicht genau, weil ich erst seit kurzem hier bin und noch viel Arbeit vor mir habe. Ich weiss auch noch nicht, wie lange ich hier bleiben werde. Trotz all dieser Ungewissheit will ich Ihren lieben Brief durchaus nicht unbeantwortet lassen.

Ich werde morgen dem Verlag telefonieren, dass er Ihnen »Das siebte Kreuz« schickt. Ich weiss freilich nicht, ob das von Berlin in die Zone möglich ist; ich hoffe ja.

Seien Sie einstweilen herzlichst gegrüsst
Ihre

P. S. Meine Adresse ist: Verlag Aufbau, Französische Str. 32, Berlin

## 45 Anna Seghers an Otto Neumann

Berlin, 6. Juni 1947

Sehr geehrter Herr Neumann:
Ich danke Ihnen für Ihren Brief vom 31. März. Ich habe zuviel Arbeit, um Ihnen früher zu antworten.

Ich fürchte, Sie irren sich in der Annahme, dass ich fremde Berichte in irgendeiner Form herausbringen kann, oder Ihnen sonstwie praktisch bei der Herausgabe behilflich sein kann. Sie wenden sich am klügsten an den Aufbau-Verlag, [...], wenn Sie glauben, ein für den Verlag geeignetes Manuskript zu haben.

Es grüsst Sie bestens
Ihre

## 46 Volkshochschule Zehlendorf an Anna Seghers

Zehlendorf, 6. 6. 1947

Sehr verehrte Frau Seghers!
Wenn ich heute mich mit einer Bitte an Sie wende, so geschieht das unter Berufung auf gemeinsame Freunde, auf Alfred und Friedel Kantorowicz. Durch Friedel Kantorowicz erfuhr ich auch Ihre Adresse.

Die Volkshochschule Zehlendorf plant für den Herbst eine Vortragsreihe »Schaffende Frauen in Berlin«. Da

Sie nun in Berlin anwesend sind, so würde es mir nicht gefallen, wenn nicht Sie auch vor allen Dingen in dieser Reihe vorgestellt würden. Das Volkshochschulpublikum ist, wie Sie wissen, sehr gemischt, sehr aufgeschlossen und weiß sicherlich von Ihnen bisher noch nichts. Umso dringlicher ist es, daß es von Ihnen und Ihrem Werk etwas erfährt.

Gedacht ist daran, daß jede Autorin aus Eigenem etwas vorliest und kurze biographische Notizen zum eigenen Leben vorher selbst gibt. Das ist vielleicht für manchen schwieriger, es ist aber anspruchsloser, als wenn eine Einführung von dritter Seite stattfinden müßte. Die von mir weiterhin gebetenen schaffenden Frauen sind: Hertha von Gebhardt, Elisabeth Langgässer, Traud Gravenhorst, Ruth Hoffmann und Ilse Langner. Ich habe bereits eine Zusage von Frau von Gebhardt und Frau Hoffmann erhalten und hoffe, daß auch die anderen sich bereitfinden werden.

Ich wäre Ihnen sehr dankbar, wenn Sie mich bald wissen lassen würden, ob Sie für dieses Unternehmen, das im Herbst stattfinden soll, Ja sagen.

Mit ergebensten Empfehlungen
i. A. Dr. Edith Nowak

## 47 Anna Seghers und Magda Stern an Kurt Stavenhagen

Berlin, 12. Juni 1947

Lieber Kurt Stavenhagen:
Wer sitzt zusammen an der Schreibmaschine vor dem Fenster über dem Wannsee? Magda und Anna (Netty). Wer denkt an Sie und Ihre Frau? Was denken wir an Sie? Viel Gutes und ein paar Körnchen Schlechtes. Sie wollen zuerst wissen, wie es uns geht. Wie Sie aus diesem

Brief merken, falls Sie die lesbare Handschrift von Magda an der Schreibmaschine erkennen, haben wir uns inzwischen zu gemeinsamer Arbeit wiedergefunden. Magda, aus Stockholm-Ostsee-Nord-Express, Anna oder Netty, wie Sie wollen, aus Paris. Magda wohnt bei ihrer Schwester in Hermsdorf, französische Zone. Ich immer noch in einem geradezu verblüffend schönen Zimmer über dem Wannsee in der amerikanischen Zone. Magda und meine übrigen Freunde drängen darauf, dass ich die Hotelwohnung nicht so schnell aufgebe, weil eins immer in dem dazugehörigen Arbeits- und Wohnzimmer übernachten kann. Und ich lasse mich gern drängen. Magda und ich sind zum Beispiel zweieinhalb Stunden Fahrt voneinander getrennt, sodass sich das Zusammenkommen nur lohnt, wenn man längere Zeit, ohne sich zu verfeinden, zusammenbleibt. Wir können Ihnen nicht soviel, wie Sie wollen, von Berlin erzählen. Auf eine Formel lässt es sich nicht bringen und zu einem Artikel reicht die Zeit nicht. Wenn Sie noch gut mit Rodi sind, wenn sie beide sich nicht aus irgendeinem Emigrationsgrund, der von hier aus nicht mehr recht real ist, geschieden haben, dann soll er Ihnen einen Artikel zeigen, d. h. ein längerer Brief an einen Freund, den wir ihm, ebenfalls gemeinsam, vor einer Woche schickten. Er muss auf besserem Weg wie dieser längst bei ihm sein.

Berlin ist aussen wie innen so kaputt, wie man es vorher gewusst hat. In einer schwer erklärbaren und beschreibbaren Finsternis, die sich aber anders dartut als wir es uns vorstellen konnten, gibt es auch ein paar sehr helle Punkte. Zu denen gehört das Wiedersehen mit Freunden, die diese Zeit trotz KZ und Deportation, trotzdem sie sich furchtbaren Gefahren aussetzten, gesund überstanden haben. Man findet auch unter der Jugend, besonders unter denen, die jünger sind als unsere Kinder, einige kleine Menschen, die gar keinen Schaden genommen haben, aussen und innen nicht. Und das wirkt umso stärker auf einen, als die anderen oft sonderbar urteilslos und deformiert wirken. Der Hunger, der gross ist, macht die Leute auch nicht lebhafter im Denken.

Ich, die Netty, wünscht es schon, Sie würden sich einmal diese ganz verrückte Stadt ansehen. Wie Sie wissen, ist sie in vier Sektoren eingeteilt, aber was das bedeutet, kann man sich daheim auch schlecht ausmalen. Nicht, dass die äussere Trennung so scharf ist, wie man es manchmal dachte, aber Sie können überall an Zeitungen, an Theater, Kino, Uniform, Charakteren usw. finden, was Sie eben sonst auf Länder, sogar auf Erdteile verteilt finden. Und das Ganze in »Trümmern«, wie die Berliner ihre Ruinen nennen. Magda und ich bedauern immerfort, daß es keinen mexikanischen Sektor gibt.

In der ungeheuren Ruinenstadt gibt es Stücke von Strassen und einzelne Häuser, die verschont geblieben sind. Die Familien, die noch alles gerettet haben, sind so wie die Neureichen im letzten Krieg, wie soll man sie nennen? Verschonte. Sie sehen auch auf dem Kurfürstendamm und in der Friedrichstrasse einen Versuch von Cafés, in denen man etwas Grauenerregendes zu trinken bekommt und ein paar Tapeten, Möbel und dergl. findet, was ungeheuer attraktiv gestaltet sein will. Es gibt verrückte Geschäfte, Auktionen usw. An Nachlass ist ein Mangel, manchmal zeigt mir eine Amerikanerin beglückt, was sie erstanden hat: eine Barockzeichnung oder eine Kristallvase, was zufällig nicht verbrannt ist. Die Leute sind furchtbar unterernährt. Ich sah Schulen, in denen bei Regen nicht unterrichtet werden kann, die Jungens kommen von weit her mit etwas trockenem Brot. Machen aber ihr Abitur, lernen sogar ganz gut. – Die Menschen sind beängstigend fleissig und unternehmend, wie immer. Auf dem Land haben manche längst abmontierte Fabriken sozusagen aus eigenen Mitteln und eigener Geschicklichkeit wieder hergestellt, z. B. komplizierte Maschinen aus zusammengebastelten Metallresten, die sie aus den Schutthaufen zusammenklaubten. Ein Eifer, der teuflich wirkt, da er auch für den Teufel in Betrieb gesetzt wurde.

Eine Lehrerin erzählt in einer ganz ordentlichen Schule in dem Camp für displaced persons: Eine kleine Schülerin stand mit ihrer Familie auf dem Marktplatz eines polnischen Städtchens. Bombardement. Sie rennen auseinander. Sie sehen sich nie mehr im Leben wieder. Das Kind rennt tief in den Wald, es wird Nacht, ein Wolf kommt. Es weint, auf den Tod gefaßt. Der Wolf sieht es an und tut ihm nichts. Es glaubt, weil es so stark weinte und gar so schmutzig und zerfetzt war, sodass der Wolf es auch für ein Tier hielt.

Bitte, haben Sie genug von diesen Proben. Die arme Magda muss jetzt schleunigst weg, denn sie muss daheim sein, bevor die letzte Bahn geht. Das heisst, jetzt ist es noch nicht acht.

Bitte grüssen Sie alle sehr. Grüssen Sie die Lindaus und grüssen Sie die Dr. Deutsch, ich denke oft an das letzte schöne Mittagessen bei Ihnen mit einem mexikanischen Paar. Es gab irgendeine wunderbare Sache zu essen. – Wir sind gerade heute schrecklich froh mit einer aus dem Koffer gebohrten Konservenbüchse und einem furchtbaren Eierkuchen, den die Magda von ihrer Schwester mitbrachte. Ein Eierkuchen ohne Ei und in einem undefinierbaren Fett gebacken, das kolossal stinkt und viel schlechter ist als Lebertran. Es muss ein ganz obskurer Fisch gewesen sein, der ungefähr in Tampico in ein Netz gerät.

Bei dem Wort Tampico fällt mir noch ein, unter meinen zahllosen geradezu irrsinnigen Besuchern meldet sich dieser Tage ein Tropenarzt vom Robert-Koch-Institut. Wie er mir erzählte, las er, dass ich aus Mexiko kam. Er war mal Arzt in Tampico. Er wollte von mir wissen, wie er wieder hin kann. Ich erklärte ihm, dass ich kein Konsul sei und dass er zu diesem Zweck an einen schreiben müsste. Ich hoffe, wir sehen diesen ausserordentlich unangenehmen Menschen auf keinem Kontinent wieder.

Wie geht es Ihren Kindern? Wie geht es allen? Heute erzählte mir einer am Telefon, der aus Belgrad kam, wie gut und reizend die Lenka aussieht mit ihrem Kind. Bitte schreiben Sie einmal

Ihren

## 48 Anna Seghers an Karl Kleinschmidt

Berlin, 12. Juni 1947

Sehr geehrter lieber Herr Pfarrer Kleinschmidt:
Ich kann mich sicher, – Sie wahrscheinlich, – an das kurze Gespräch erinnern, das wir in der Jägerstrasse bei der letzten Klubsitzung hatten. Sie sagten mir damals, Sie wüssten für mich einen Stoff, der mir wahrscheinlich als Schriftsteller wichtig wäre. Ich glaube, ich erzählte Ihnen schon damals flüchtig, dass »Ihr Stoff« mir bereits auf dem Herzen lag. Ich kam damals gerade aus Sachsen zurück, und wie es der Zufall will, bot sich mir bei dieser Reise die glückliche und verfluchte Gelegenheit, mit einem ähnlichen »Stoff« zusammenzukommen. Sodass ich schon damals unterwegs dachte und sagte: Obwohl ich sonst ungern Dinge berühre, die etwas Reportagehaftes an sich haben (nicht aus irgend einem literarischen Prinzip, sondern weil ich ganz anders arbeite), die Mentalität eines solchen Dorfes, das an einem Massenmord mitschuldig ist, aber dicht hält, damit seine Schuld nicht herauskommt, das wäre etwas, was ich anständig schreiben könnte.

Bei dem Dorf, das ich damals streifte, hat es sich einfach, wenn man das einfach nennen kann, um einen halbmilitärischen Massenmord gehandelt. Die besondere Struktur »Ihrer« Bevölkerung, der Mord an Frauen, wenn es stimmt, was in dem Zeitungsbericht und in den bis jetzt nur sehr vagen, flüchtigen Berichten zu finden ist, kommt mir noch brennender vor.

Ich hätte sehr wahrscheinlich Gelegenheit, ungefähr in der letzten Juniwoche in die Gegend zu fahren. Ich möchte Sie unbedingt gern sprechen, bevor ich an den Ort selbst gehe. Ich bitte Sie, mit niemand über meine Arbeitsabsicht zu sprechen.

Wirklich mit niemand. Nicht aus irgendwelchem schriftstellerischen Ehrgeiz (obwohl ich nicht nur für mich selbst, sondern für uns alle glaube, es ist besser, wenn ich der ganzen Sache eine gewisse Durchschlagkraft verschaffe durch die äusseren und inneren Möglichkeiten, die mir zufällig zur Verfügung stehen), sondern weil ich vielleicht für diesen sonderbaren Besuch ganz spontan und privat und ungeschoren dorthin komme.

Ich habe keine Ahnung, wann Sie dieser Brief erreicht. Ich werde Ihnen nachher ein Telegramm schicken, das Sie hoffentlich verstehen. Ich bitte Sie auf jeden Fall, auf diesen Brief telegrafisch zu antworten, ob Sie sicher in Schwerin sind. Ich sehe eben auf meinem Kalender, dass es am 27. Juni eine Präsidialsitzung, wie das schöne Ding heisst, im Klub gibt. Vielleicht sind Sie sogar hier? Vielleicht kann ich einfach mit Ihnen zurückfahren? Hoffentlich werden Sie aus dem Telegramm klug. Ich muss mich natürlich rechtzeitig mit dem Auto sichern. Ich hoffe auch, dieser Brief ist Ihnen verständlich.

Es grüsst Sie herzlich

## 49 Anna Seghers an Sally David Cramer

Berlin, 16. Juni 1947

Lieber Honny:
Du hast sicherlich in den letzten Wochen fürchterlich auf mich geschimpft, Du wirst jetzt wieder zu schimpfen anfangen, weil ich Dir sage: schick diesen Brief sofort an den Tutz, ich weiss ja jetzt ihre Adresse garnicht, sie soll ihn Lilly, Thuri usw. zeigen; sie soll ihn sofort der Anna Seckbach schicken, ich werde Anna und Hanna noch extra schreiben, ich bin aber sogar jetzt so müd', so gründlich erschöpft, dass ich kaum diesen Brief zustande bekomme.

Nein, die Preussen haben mich auch jetzt noch nicht geschluckt, obwohl ich mitten unter ihnen bin. Sie nagen manchmal etwas, aber das geht vorbei. Zuerst: Ich wohne erstaunlich schön, so schön, wie ich selten wohnte: in einem Hotel am Wannsee mit grossartigem Balkon, mit Sonne auf der Nase, mit dem Wannsee unter mir, der nicht an Wasser eingebüsst hat. Es ist sehr schwer, einem Burschen wie Dir zu erklären, warum ich im Ganzen froh bin, hierher gekommen zu sein. Es ist schwer, weil alles, was ich Dir im Einzelnen erklären wollte, Dir schlimm oder schwer oder ziemlich widerwärtig klingt. Die Stadt ist aussen und innen ganz und gar kaputt, das heisst, die Menschen sind es auch. Engel waren sie ja nicht und durch den grossen Hunger, den sie haben, werden sie erst recht keine. Was sie denken und sagen, ist recht verworren, so wie man in einem fremden Land zuerst erstaunt ist, dass schon die kleinen Kinder so gut englisch oder französisch oder spanisch sprechen, ist man hier zuerst erstaunt, dass die kleinen Kinder sind wie alle kleinen Kinder. Dass es absolut ausgebrannte Häuser und Strassen gibt, aus denen plötzlich ein paar Kinder hervorkriechen, weil sie gerade in diesem Ruinenhof etwas besonders Attraktives zum Spielen fanden.

Man sieht Jungens in die völlig zertrümmerte Schule gehen in ein provisorisches Ruinenzimmer. Sie haben nicht mehr als ein paar Stückchen trockenes Schwarzbrot für den ganzen Tag. Es ist hier nicht die Rede von Mitleid, nicht von irgendwelchen gütigen Gefühlen, es ist eben der Tatbestand. Es ist auch eine sonderbare Situation für den einzelnen, an den einzelnen Menschen besonders aber an Jungens, die Schuld abzumessen, wie grauenhaft sie auch ist. Die grosse Mehrzahl ist womöglich etwas dümmer und schlechter als die grosse Mehrzahl in vielen anderen Ländern. Du wirst aber etwas stiller, wenn Du auch wieder Menschen triffst, die jahrelang in Zuchthäusern oder KZs sassen und dann durch den Einmarsch der Alliierten durch einen glücklichen Zufall gerettet wurden oder bei einem Bombardement fliehen konnten, wenn das Zuchthaus verbrannte. Ich weiss nicht, ob Klem sich noch an meinen Universitäts- und Jugendfreund Schaeffer erinnert. Er wurde im letzten Hitlerjahr guillotiniert. Ich fand seine Spur auf einem Gerichtsprotokoll, nachdem ich mich lange auf ihn freute und ihn suchte. Und Widerstandsgruppen – im Ausland, auch mir ganz unbekannt, – die zum Schluss noch zu hundert, zu zweihundert einfach guillotiniert wurden. Dass all diese Menschen so isoliert waren, dass keins vom anderen wusste, dass sie bespitzelt waren und angegeben, das ist grässlich, das ist die furchtbare Feigheit von den andern, die Angst, irgendeine Auszeichnung zu verlieren, sich bei einer Obrigkeit lieb Kind machen zu wollen. Dadurch ist meine Mutter, und dadurch ist auch mein Freund Schaeffer tot.

Ich habe noch keine Ahnung, wie lange ich hierbleiben werde. Ich weiss auch noch nicht, wo ich mich mit Rodi treffen werde. Nur dass ich bald auf Besuch zu den Kindern fahre. Sei so lieb und schreibe mir auf jeden Fall an Peters Adresse, denn mit den Kindern habe ich eine gute Postverbindung.

Schreib, wie es daheim geht bei Dir und in Amerika. Ich werde Dir über mich mehr schreiben, sobald ich mehr weiss. Obwohl ich jetzt schon den zweiten Monat hier bin, ist es mir immer noch nicht ganz real, wie Du Dir vorstellen kannst.

Viele Küsse

## 50 Anna Seghers an Erika Friedländer

Berlin, 16. Juni 1947

Liebe Erika:

Ja, da bin ich wieder, wenigstens im Brief. Ich sitze in einer erstaunlich schönen kleinen Hotelbehausung über dem Wannsee, die nur den Nachteil hat, dass keine Käse und keine Milch auf den Wänden wachsen. Ich kann Dir leider am allerwenigsten über das schreiben, was Du am liebsten von mir hören willst: Was sagt die Netty wohl zu Berlin? Ich müsste in einem Satz jedes Mal demselben Satz widersprechen. Die meisten Menschen sind so stumpf, so verdummt, wie man sich das vorgestellt hat, manchmal eher schlimmer. Dazwischen einige Gute, die eben dadurch noch besser wirken, als man sie sich vorgestellt hat, weil das Übrige stumpf und dunkel ist. Nein, das Ganze ist so einschneidend, so voller Widersprüche, so verwildert, dass ich keinen Augenblick Reue habe, dass ich hergekommen bin. Ich kann nicht einmal die Gefühle von einigen Menschen, die mir sonst sehr lieb sind, teilen, die es nahezu wie einen Albdruck empfinden. Eine solche Verknotung von allen möglichen durchgelebten Wahnsinnen und Leiden und Gemeinheiten und auch von Opfern und Erfahrungen, das kann nie ein Albdruck sein, das ist etwas ganz anderes, wofür ich das richtige Wort nicht weiss. Jede Fahrt in die Stadt in der S- oder Untergrundbahn bringt so viele sonderbare Erfahrungen und Gespräche, dass ich sie nicht umsonst gemacht habe, ob diese Erfahrungen nun angenehm oder schlecht sind.

Es war natürlich auch gut, dass ich nicht direkt von Eurem schönen, gar so schönen Stockholm kam, sondern von Paris, das zwar nicht weniger schön ist, aber irgendwie besser auf diese Erde passt, die nun mal so ist, wie sie ist, mit Städten, die durch Kriege irgendwie kaputt sind, mit ausgehungerten Kindern, mit Menschen aus allen Ländern der Welt, mit Mädchen, die ihre Unschuld, mit Männern, die alle möglichen Gliedmassen verloren haben. All das ist dort mehr im Lauf der Welt, weniger überraschend. Es gehört mehr zum Krieg, zu dem Zeitalter der Kriege und Bürgerkriege.

Die Ruth war vor einer Woche ein paar gute Stunden bei mir. Ich hoffe, sie war so gern mit mir zusammen wie ich mit ihr. Hier draussen ist es ja erstaunlich schön und still. Ich weiss noch nicht genau, wie lange ich hier draussen wohnen werde. Mit der Esserei ist es nicht aufregend gut, aber es geht so, so (d. h. für uns, die es besser haben.) Ich bin auch nicht aufregend geschickt.

Liebe Erika, ich danke Dir noch vielmals für die Besorgung der Pakete nach Paris. Ich hoffe bestimmt, sie sind alle angekommen. Von einigen, z. B. von den Kindern, und der Familie Antoine weiss ich es bestimmt durch die Kinder. Die andern haben ja noch keine Adressgelegenheit gehabt, mir zu schreiben, sind wahrscheinlich auch zu faul dazu. Die Kinder stecken beide in Examen, Ruth will danach nach Prag, d. h. Belgrad, d. h. in den Ferien zu dem freiwilligen Bahnbau in Jugoslawien.

Jetzt habe ich noch eine grosse Bitte an Dich: Schreib Dir bitte mal sofort folgende Adresse ab: Cordelia Hoffmann, Stureparken 4 c/o. Nilson, Stockholm. Das ist ein junges Mädchen von ungefähr 17 Jahren. Mit ihr hat es folgendes auf sich: die Mutter heisst Elisabeth Langgässer. Sie ist eine katholische Schriftstellerin aus meiner Heimatstadt, ganz begabt. Sie hat einen Roman geschrieben, »Das unauslöschliche Siegel«. Nun wirst Du gleich eine typische Geschichte hören. Die Mutter Elisabeth ist Halbjüdin, der Vater war Jude. Das erwähnte Kind, Cordelia, hatte einen jüdischen Vater, sie war also drei Viertel Jüdin. Die Mutter heiratete später einen Vollarier und bekam noch drei Kinder, also Halbschwestern der Cordelia; sie sind also ein Viertel jüdisch und drei Viertel arisch. Als das grosse Mädchen vor der Gefahr der Deportation usw. stand, gelang es mit Hilfe von Freunden, sie spanisch zu naturalisieren. Die Gestapo geriet aber in Wut, bedrohte die ganze Familie mit Davidstern, Deportation usw. Der Vater, also Stiefvater, ist ein sehr lieber, anständiger Mensch, der gerade seine Stieftochter sehr liebt. Das grosse Mädchen, um seine Familie nicht all dem auszusetzen, ging schliesslich beinahe freiwillig in ein jüdisches Heim. Von da aus wurde sie nach dem Osten deportiert. Die Mutter war monatelang ohne Nachricht und hielt sie für tot. Dann tauchte sie plötzlich bei Euch in Schweden auf. Sie war auf Munitionsarbeit aus dem Lager geschickt worden und irgendwie von den Alliierten gerettet. Sie hatte Tbc, wie sie nach Stockholm kam, soll aber inzwischen geheilt sein. Sie verdient Geld, schickt aber, was sie nur kann, an Paketen ihrer Familie. Nun hat die Mutter Angst, dass sie sich nicht richtig ernährt und nicht genug Milch trinkt. Die Leute wären ganz glücklich, wenn sich jemand in Stockholm um das Mädchen kümmern könnte und beschreiben, wie es ihm geht und wie es lebt und ob sein Gesundheitszustand wirklich gut ist. Ich dachte sofort an Dich und ich hoffe vielleicht, dass z. B. die liebe Frau Berendtsohn einmal sieht, was mit dem Mädchen los ist. Du kannst ihr, glaube ich, diesen Brief zeigen. Ich bitte Euch alle herzlich, mir bald zu schreiben. Wir sind immer froh und glücklich, wenn Post kommt.

Der Rodi macht alle möglichen Vorbereitungen für

seine Abreise. Wie Du weisst, gehen dort die Sachen nicht ganz so glatt mit den Transits, wie wir zu meiner Zeit hofften. Er hat nichts erwähnt von einem Brief von Dir. Das bedeutet aber nichts, denn auch von seinen Briefen ist nur die Hälfte angekommen, sodass er es wohl dort bekommen hat. Ich möchte sehr gerne auf den Herbst zu meine Kinder besuchen. Ich weiss nicht ganz genau, wie das mit meinen Plänen wird. Das wunderbarste wäre, ich könnte zu den Kindern und von dort zu Dir nach Stockholm fliegen, und wenn nicht bei den Kindern, dann bei Dir den Rodi treffen und mit dem Rodi her oder ähnlich oder umgekehrt. Der Rodi soll hier im Winter an der Universität Vorlesungen halten. Ich frage mich im Briefschreiben, ob man nicht irgendeine Einladung für mich dort bei Euch, geschmückt mit Visum, erlangen kann. Ich meine, solche Sachen müsste der Dr. Sulzbach, der ja auch gut den Svenson und die ganze Bonniers-Gesellschaft kennt. Du könntest wirklich mal mit ihm Kaffee trinken. Ich hoffe, dass er mich nicht inzwischen hasst. Der Ljungdal, hoffe ich, wird mich auch noch nicht hassen, aber er ist ein fauler Hund und ich fürchte, seine Einladungen wären nicht so geschmückt, wie es gut wäre für diesen Fall. Ich habe keine Ahnung, wie lange ein Brief bis nach Stockholm dauert. Jedenfalls habt Ihr die schönste Utlänningskommission auf der ganzen Welt. Das kann ich jetzt mindestens von zwei Kontinenten sagen. Sind die Tauben noch dort? Ist es immer noch so schön? Gehst Du noch in »unsere« Milkbar? Ist Frl. Arendson noch auf der Kommission?

Erika, alle Koffer und Handkoffer stehen hier friedlich zusammen. Mir fehlt kein Knopf, die Quäker oder irgendeine Kommission kann mich engagieren als Beweis für die Güte der Welt. Bis jetzt ist mir in all den Räuberhöhlen kein Taschentuch genommen worden, ich glaube, weil es mir wirklich ziemlich egal war. Ich bin schrecklich eifersüchtig, wenn ich mir vorstelle, dass

Du jetzt mit den Berendtsons Kaffee und Kuchen essen und trinken wirst. Ich bin wütend vor Eifersucht, dass die Ljungdals im »Güldenen Frieden« Schnaps trinken: ich möchte auch, das der Sulzbach reinkommt und mainzerisch mit mir schimpft und, hör mal, wie gehts denn dem Helbich? Erzähl ihm, ich hab nicht, wie sonst, viele Sachen gesehen, gleich am Anfang einiges, was gräulich war, dann nichts mehr. Sag ihm, jemand, der sehr gut zeichnen könnte, der könnte wahrscheinlich auch etwas aus den »Trümmern« zeichnen, wie man hier die Ruinen nennt. Es müsste sein wie van Gogh, denke ich mir. Bei ihm würde ich mich auch nicht genieren, einzugestehen, dass ich für einen anständigen Künstler diesen Anblick ziemlich verrückt finde. Ich würde es probieren, wenn ich zeichnen könnte, aber ich kann nicht.

Liebe Erika, ist denn noch die Inke da? Hat sie ihren Mann rausgekriegt? Wie geht es Greta Garbo und Ingrid Bergmann? Erzähl mal endlich, mach' einen langen Brief. Über alle und alles. Ich habe es Jahre vorher nicht mehr so gut gehabt wie in Stockholm und ich werde es vielleicht nie mehr so gut haben. Paris war großartig, etwas ganz, ganz anderes. Warm und gut und lieb, das war bei Euch und mit Euch.

Es umarmt Dich
Netty

## 51 Volkshochschule Schöneberg an Anna Seghers

Berlin, 17. Juni 1947

Sehr verehrte Frau Seghers,
ein Kollege im Volksbildungsamt Schöneberg, Herr Löffler, hatte Gelegenheit, Sie anläßlich der Veranstaltung »Tag des freien Buches« zu hören und schilderte seinen Eindruck in wärmsten Worten der Anerkennung.

Ich kann mir denken, wie stark Sie heute eingespannt

sein mögen, verehrte Frau Seghers, und möchte doch die herzliche Bitte an Sie richten, einmal im Rahmen der Volkshochschule Schöneberg zu uns zu sprechen.

Wir wollen mit dem neuen Trimester Mitte September beginnen und könnten einen Einzelvortrag im Oktober oder November arrangieren. Die Wahl des Themas würde ich Ihnen ganz überlassen. Vielleicht wäre es angebracht, Ihre Zustimmung zu diesem Plane vorausgesetzt, wenn wir uns gelegentlich darüber unterhalten würden!

Sicher würde sich unsere Schöneberger Gemeinde sehr freuen, Sie zu hören, und ich persönlich wäre Ihnen sehr dankbar für eine kurze Unterredung, wobei Sie Zeit und Ort bestimmen mögen.

Ihr sehr ergebener
R. Klingenberg

## 52 Anna Seghers an Clara Porset-Guerrero

Berlin, 22. Juni 1947

Liebe Clarita:
Seit langer Zeit habe ich von Dir keine Nachricht erhalten. Wie geht es Euch? Wie ist die Ausstellung von Javier verlaufen? Ich habe lediglich den Katalog gesehen, den Pedro mir aus Paris geschickt hat. Mir geht es ziemlich gut. Ich habe viel Arbeit und bekomme viel Besuch. Ich schäme mich zu sagen, dass ich entzückt bin (ästhetisch aber nur als Künstlerin) von den Ruinen der Stadt, und ich denke immerzu daran, wie van Gogh sie gemalt hätte. Ich denke immer, dass Du und Javier kommen müssten, um einige verrückte Wandbilder zu malen. Aber sag bitte niemand etwas über diese meine Dummheiten und vergiss sie, wenn Du meinen Brief gelesen hast. Ich spreche mit niemandem darüber, dass mich diese gespenstischen Strassen jeden Abend bezaubern, erstens,

weil die Russen soviel Erfolg hatten, und zweitens, weil diese Trümmer, die wie die Leiter Jakobs aus der Bibel in den Himmel ragen und die völlig leeren, d.h. ausgebrannten Fassaden, hinter denen die Gespenster die einzigen Bewohner sind, einen zutiefst perversen, irrationalen und surrealistischen Eindruck hinterlassen.

Du siehst, dass ich selbst auch schon ein völlig verrücktes Gespenst bin. Dein Foto hängt in meinem Hotelzimmerchen, das ich noch immer bewohne; ausserdem habe ich einige Kopien von Javiers Porträts und Wandgemälden sowie anderer mexikanischer Maler, unter ihnen Diego – lebt er noch und erzählt er immer noch so viel Lügen? Sehr sympathisch sein Foto mit seiner Teufelskathedrale.

Ich habe leider kein Foto mit meinem Symbol der ewigen Schönheit – wie geht es den beiden Töchtern? Der kräftigen, die in Wirklichkeit kein Symbol der ewigen Schönheit ist, und dem wahren Symbol, die meines Wissens einmal die Geliebte Diegos war?

Schöne Clarita, könntest Du mir nicht einmal einen klugen Brief mit vielen Angaben über all die interessanten Dinge schreiben, einen etwa wie den, den Du mir nach Stockholm geschickt hast? Über die Gespenster in Javiers Atelier. Ich weiss nicht, ob Rodi Dir einiges erzählt hat, was Dich interessiert? Sicher hast Du viele schöne und auch unangenehme Tage verbracht. Ich muss über alles etwas wissen.

Hier gibt es eine Reihe sehr sympathischer Menschen, einen zum Beispiel, der mich sehr an unseren toten Freund erinnert, dem Du Möbel für das ganze Haus angefertigt hast. Und ich habe Angst, dass sein Leben auf dieselbe Art vergehen wird.

Liebe Clarita, sage mir, wie die Sache mit Martin ausgegangen ist! Ich habe den Eindruck, dass Ihr nicht wagt, mir alles zu schreiben und auch den Kindern nicht, denn sie haben in ihren Briefen absolut nichts erwähnt, und das scheint mir schlimmer als einige konkrete Angaben von Deiner Hand. Rodi hat dagegen nichts erwähnt. Vielleicht hat er Angst, daß ich nichts weiss und er der erste ist, der mir etwas mitteilt.

Wir haben hier im Volk »der kalten Herzen«, wie es ein deutscher Schriftsteller einmal formulierte, Sehnsucht nach Eurer Wärme, Eurer Leidenschaft, Eurer Liebe und Eurer Menschlichkeit. Vielleicht hat Rodi Dir erzählt, dass ein alter und lieber Freund von mir im letzten Jahr dieses Krieges auf dem Schafott gestorben ist. Im Traum sehe ich alle meine toten Freunde zusammen, die sich im Leben nie kennengelernt haben.

Es ist möglich, dass mein Brief Dir ziemlich verrückt, phantastisch und traurig erscheint. Das Leben hier in Berlin ist nicht traurig, nur vollkommen unwirklich. Es wäre nicht verwunderlich, wenn Du einige dieser Stufen in den Ruinen herunterkämst, wenn Javier an einer Ecke malen würde.

Umarmungen

[Übersetzung aus dem mexikanischen Spanisch]

## 53 Oberbürgermeister Ferdinand Friedensburg an Anna Seghers

Berlin, 26. Juni 1947

Ich bescheinige Frau Anna Seghers (Netty Radvanyi), wohnhaft zur Zeit Berlin-Wannsee, Kasino-Hotel, am Sandwerder 5, daß sie als Schriftstellerin von internationalem Rang bekannt ist.

Im öffentlichen Interesse ist ihr jede Förderung zu gewähren.

I. V. Dr. F. Friedensburg

## 54 Kulturbund an Anna Seghers

Berlin, 4. Juli 1947

Sehr geehrte Frau Seghers!
Wie Sie vielleicht schon gehört haben werden, hat der Kulturbund auch in diesem Jahr wieder Gelegenheit, einigen seiner aktivsten Mitarbeiter einen Ferienaufenthalt in Ahrenshoop an der Ostsee zu ermöglichen. Bis vor kurzem wußten wir noch nicht, wie es mit der Verpflegung werden würde, aber auch diese Frage ist nun geregelt. Gegen Abgabe der Berliner Marken erhält man dort ein Essen, das ungefähr dem der Berliner Karte II entspricht. Die Kurkosten werden sich auf zirka RM 10,– einschließlich Unterbringung und Verpflegung belaufen.

Da wir schon sehr viele Anmeldungen haben, wären wir Ihnen dankbar für die Mitteilung, ob Sie Wert auf den Ferienaufenthalt in Ahrenshoop legen. Wir möchten Sie als Mitglied des Präsidialrates in erster Linie berücksichtigen.

Mit ergebenen Grüßen
Ihr H. Willmann

## 55 Der Kulturattaché Frankreichs an den Bürgermeister von Berlin-Reinickendorf

Berlin, 4. Juli 1947

Der Französische Kulturattaché befürwortet auf das wärmste den Antrag der Frau Netty Radvanyi, bekannt unter ihrem Schriftstellernamen Anna Seghers, die sich dringend nach Konstanz begeben muß, um dort mit ihrem deutschen Verleger Verhandlungen über die Herausgabe neuer Romane abschließen zu können.

Frau Seghers ist Gast in meinem Hause, Berlin-Frohnau, Fürstendamm 57.

Stempel Kulturattaché

## 56 Anna Seghers an Sally David Cramer

Berlin, 9. Juli 1947

Lieber Honny:
Dieser Tage, als ich gerade vom Land heimfuhr, war ein wunderbares Paket da. Die Adresse war nicht mehr ganz genau, aber ich glaube von Euch. Ich danke Dir sehr dafür; ich hatte mich gerade bei dem armen Rodi beklagt, dass er mir auf meine alten Tage ewig koschere Sachen schickt aus der Quelle von Clem.

Es geht mir weiter ganz gut, ich meine äusserlich ganz gut. Das Leben hier ist in mancher Beziehung ganz real. Ich habe viel herumzufahren und sehr viel zu arbeiten. Wenn ich einen Augenblick zu mir selbst komme, habe ich so ein Dornröschengefühl: ich hätte alle vergessen und alle hätten mich vergessen. Wenn Du mir wieder was schicken kannst, probier', ob Zigaretten erlaubt sind. Ich hab' mir ein Pfeifchen angewöhnt und den Satz von Papa Luz: »Mein Pfeifchen ist mir lieber als 'ne verbissene Fribirrn«. Ich weiss noch nicht, auf den Tag, wann und wie und wohin ich fahre. Eine Adresse, die mich sicher erreicht, ist: Jürgen Kuczynski, Klopstockstr. 34, Berlin-Zehlendorf-West.

Wie geht es bei Euch allen?
Viele Grüsse
Dein

## 57 Anna Seghers an Maj Bredel

Berlin, 10. Juli 1947

Liebe Bredel-Frau:
Ich hätte gern Dich und Dein Kind in Schwerin gesehen. Ich war aber viel kürzer dort, als ich es vorher dachte und viel besetzter. Wir müssen uns darum das nächste Mal kennenlernen.

Viele Grüsse an Euch alle drei

## 58 Curt Roeseler an Anna Seghers

Aalborg (Danmark), 10. Juli 1947

Sehr geehrte Frau Seghers!
Ich lese in unserer Flüchtlingszeitung »Deutsche Nachrichten« einen ausführlichen Artikel über Ihre Erlebnisse, nachdem ich durch Zufall vor einiger Zeit eine Schweizer Zeitung in die Hand bekam und auch schon von Ihrer Rückkehr aus Mexiko las. – Ich bin hier in Dänemark seit über zweieinhalb Jahren mit meiner Familie hinter Stacheldraht interniert. Seit Beginn meiner Internierung habe ich alles getan, um die ost-, westpreussische und pommersche Jugend aufzuklären. Dieses war bei der voraufgegangenen einseitigen Beeinflussung nicht einfach und ich wurde und werde noch viel angefeindet. Ich bin Hamburger. – Wenn ich den Artikel richtig verstehe, so war Egon Erwin Kisch auch in Ihrer Umgebung. Ein Schriftsteller, den ich äußerst schätze.

Wäre es Ihnen vielleicht möglich, daß Sie mir mitteilen, wo sich jetzt die »Liga für Menschenrechte« aufhält? Ich war vor 1933 Mitglied und möchte mich gern an die Liga wenden.

Ich habe leider kein Material über die nazistischen Verbrechen und kann niemals etwas beweisen. Es gibt in den Lagern nämlich weit mehr Nazis wie Nichtnazis und sie haben selbstverständlich alle besseren Posten im Lager. Sie erklären alle Berichte über die Nazischandtaten in den KZ für Lüge oder Übertreibungen. Man sollte es nicht für möglich halten, doch es ist so. Wenn ich Nazi gewesen wäre, so würde ich es in den verschiedenen Lagern sehr gut gehabt haben. Gibt es keine Stelle in Deutschland, an welche man die Namen der unverschämtesten Nazisten aufgeben könnte? Ich lese in dem Artikel von Ihren Büchern. Ich habe leider keine Möglichkeiten, einen Pfennig zu verdienen [2 Wörter unleserlich] und möchte ich Sie bitten, mir ein Buch zuzusenden.

Ich wohnte in Berlin Charlottenburg, Uhlandstr. 187 und war Fabrikarbeiter der Chem. Fabrik Kali [unleserlich] Hamburg. Ich erlaube mir, Ihnen die besten Grüße zu senden.

Curt Roeseler

## 59 Anna Seghers an die Pressestelle beim Regierungspräsidenten Darmstadt [Telegramm]

[Berlin,] 15. Juli 1947

Mit Freude gehört dass Sie mich für Georg-Büchner-Preis 1947 in Aussicht genommen. Werk dieses Dichters steht mir besonders nah. Unterstütze gern alles, was den Geist Georg Büchners hat und nehme freundliches Angebot mit Dank an. Leider jetzt nicht in der Lage aus gesundheitlichen Gründen nach Darmstadt zu kommen. Wahrscheinlich Ende August für vier bis sechs Wochen nach Süddeutschland. Würde dann gern in Darmstadt sprechen.

## 60 Kulturliga an Anna Seghers

München, 15. Juli 1947

Sehr verehrte Frau Seghers!
Auf der Tagung der süddeutschen Kulturbünde bei uns hier in München, wo ich von unserem Briefwechsel über einen Vortrag und Besuch von Ihnen hier in München berichtete, wurde von den Vertretern der Kulturbünde Frankfurt, Heidelberg, Stuttgart, Karlsruhe, Chiemgau (Prien) und Überlingen am Bodensee beschlossen, Sie auch dorthin zu einem Vortrag einzuladen. Ob Sie alles

auf einer Reise miteinander verbinden können, weiß ich nicht, aber vielleicht ist das bei den heutigen Reiseverhältnissen zweckmäßiger als die Reise von Berlin nach Süddeutschland mehrmals zu machen. Als Zeit käme in Frage Oktober, November und erste Dezemberhälfte oder zweite Februarhälfte, März und April 1948. Wir wollen uns gerne nach Ihren eigenen Wünschen dabei richten.

Gerne hätten wir gewußt, ob Sie selbst aus Ihren Werken vorlesen würden, was sicherlich am schönsten wäre, oder ob nach einleitenden Worten von Ihnen Schauspieler oder Schauspielerinnen Ihre Arbeiten vortragen sollen.

Ich wäre Ihnen sehr dankbar, wenn Sie mir bald Ihre Wünsche und Dispositionen mitteilen würden, damit ich diese an die anderen Kulturbünde weitergeben kann.

Ich freue mich außerordentlich, wenn Sie zu uns nach München kommen, schon aus dem egoistischen Grunde, die flüchtige Bekanntschaft auf der Bundeskonferenz in Berlin vertiefen zu können.

Mit den besten Grüßen und vorzüglicher Hochachtung

Ihr ergebener Niehaus
(Regierungsrat)

## 61 Kläre Scheidt an Anna Seghers

[Brief existiert nur als Abschrift, keine Anrede vorhanden]

Dresden, 15. Juli 1947

In einer der letzten Nummern der »Täglichen Rundschau«, die ich mir immer gern nebenbei kaufe, las ich den Artikel »Für Wahrheit und Verständigung«. Nachdem ich den Artikel durchgelesen hatte, war ich sprachlos vor Erstaunen über den krassen Unterschied der Auffassung, die man in Berlin gegenüber dem russischen Volk hat im Gegensatz hier zu Dresden. Wenn ich mich dabei an Sie wende, so ist es dies, weil Sie eine Frau sind und eine andere Auffassung für mein Schreiben haben werden.

Ich arbeitete mehrere Monate im vergangenen Jahr in der Kommandantur und lernte dort einen netten Menschen kennen, den ich achten und lieben lernte. Unsere Liebe blieb nicht ohne Folgen, so daß ich im Juli/August ein Kind bekomme. Der Soldat wurde Ende vergangenen Jahres nach seiner Heimat Kaukasus (Tiflis) abkommandiert. Da ich seinen Versicherungen glaubte, daß er für immer in Deutschland bleibt, so bin ich nun enttäuscht, daß das Gegenteil der Fall ist. Ich lebe mit meiner Mutter zur Untermiete und wir freuen uns riesig über mein kommendes Kind. Nun fällt in diese Freude ein bitterer Tropfen, indem man uns auf unserer Straße, wo wir wohnen, nicht mehr beachtet, weil man vermutet, daß das Kind von einem Russen wäre. Ja, man empfindet das hier in Dresden sogar als Schande, von einem Russen ein Kind zu haben. So kommt zu allem Elend, wie Geldmangel wegen Anschaffungen und Hunger, den ich während der Schwangerschaft leide, noch die Angst, daß das Kind wird russisch aussehen. Wenn man sich an eine Stelle wegen Hilfe wendet, so wird man mit Achselzucken und schiefen Ansehen abgewiesen. Nun las ich den Artikel hier in der Zeitung und habe Hoffnung, daß ich mein Kind nicht so ganz in Schande auf die Welt bringen muß, oder vielleicht können Sie mir bitte eine Stelle nennen, wo ich mich hinwenden kann.

Mit Hochachtung erwarte ich Ihre Antwort und zeichne

## 62 Lelli Vetter an Anna Seghers

Berlin, 20. Juli 1947

Sehr verehrte Frau Seghers!
Auf Veranlassung einiger amerikanischer Frauen von Omgus »Education and Religious Branch« gründete sich eine Frauengruppe. »Zehlendorfer- Gruppe«; Bürgermeister Dr. Wittgenstein stellte der Gruppe, um erstmalig an die Öffentlichkeit zu treten, das Haus am Waldsee zur Verfügung; wir sind uns klar darüber, daß es eine besondere Ehre wäre, wenn Sie die Güte hätten, den Ihnen im Programm angebotenen Ehrenplatz am Anfang der Veranstaltungen einzunehmen, zu einer Lesung aus Ihrem Werk. Wir bitten Sie, uns in unseren Bestrebungen zu unterstützen durch ihre Mitwirkung, die durch niemand wertmäßig ersetzt werden könnte.

Darf ich Sie, als Trägerin der amerikanischen Genehmigung bitten, mir gütigerweise Ihren – ich hoffe so sehr auf Zustimmung, Bescheid wissen zu lassen; wann ich Sie besuchen dürfte. Mein Mann ist Maler, wir waren hier in der Widerstandsbewegung tätig.

Bitte, verstehen Sie, wie unendlich wichtig Ihre Teilnahme für uns ist; die ausländischen Frauenverbände verfolgen mit allergrößtem Interesse die Tätigkeit der »Zehlendorfer Gruppe«, wir wollen beweisen, daß es uns Ernst ist mit der Aufbauarbeit am demokratischen Staat.

In ausgezeichneter Hochachtung
Lelli Vetter

Nb: Die nächste Dichterlesung wäre »Barlachs Frauengestalten«.

## 63 Sally David Cramer an Anna Seghers

London, 21. Juli 1947

Mein lieber Honny,
Du schriebst mir kürzlich aus Berlin, ohne Angabe einer Adresse und batest mich, mich mit Peter in Verbindung zu setzen. Leider hatte ich Peters Adresse auch nicht, weil ich seit Jahr und Tag nichts von ihm gehört habe! Ich telegrafierte deshalb sofort nach Mexiko an Rodi und ich erhielt die folgende Antwort: »The addressee has left present address unknown.«

Und stand ich da mit meinem ungewaschenen Hals. Ich hatte den Brief an Dich fertig – und wartete nur auf die Adresse. Ich schicke Dir deshalb meinen Brief vom 2. Juli ein, nachdem Du nun endlich so intelligent warst, mir eine Adresse selbst aufzugeben!

Arbeite nicht so viel. Aus aller Herren Länder werden mir Zeitschriften mit Deiner Fotografie zugeschickt und ich finde: Auch Du riechst nicht mehr nach Rosen! Ein wenig Ruhe in unserem Garten wird Dir gut tun.

Leider ist es unmöglich von hier aus Zigaretten zu schicken, (oder Tabak). Das einzige, was nun erlaubt ist von hier zu schicken sind rationierte Sachen, und damit sind wir leider Gottes selbst sehr knapp. Dass Du jetzt Pfeifchen rauchst, finde ich entzückend. Wenn Du Dir noch einen Vollbart wachsen lässt, bist Du komplett. Wann kommst Du? Ich sehne mich nach Dir! Morgen trifft Mutter in Southampton ein. Ich hole sie ab.

Einen innigen Kuss, wie immer,
Dein
SDC

[London], 2. Juli 1947

Mein lieber Hony,
Ich erhielt gestern Deinen lieben Brief vom 16. Juni. Da ich Peters Pariser Adresse nicht habe, habe ich gestern sofort an Laszlo telegrafiert und um die Adresse gebeten. Noch ist die Antwort nicht da. Ich will aber den Brief schon fix und fertig haben, um eine unnötige Verzögerung zu vermeiden. Was ich nicht alles für Dich tue!

Nein, böse bin ich auf Dich nie, schimpfen tu' ich auf Dich immer. Ich fühle mich vernachlässigt, und weiss doch auf der anderen Seite, dass Du von morgens bis abends auf den Beinen bist. Wenn man aber an jemanden so hängt wie ich an Dir, so will man zumindestens wissen, ob der Betreffende noch am Leben ist, und ob ihn die Preussen nicht gefressen haben. Jetzt bin ich beruhigt, trotzdem habe ich aber grosse Sehnsucht Dich wiederzusehen. Ich *muss* Dich wiedersehen, darüber gibt es gar keine Debatte. Wo ist mir egal. Mutter kommt ungefähr am 23. Juli hier an, und wenn Du die Möglichkeit hättest ein Visum nach England zu bekommen, um hier einen Familientag abzuhalten, dann wäre es beglükkend. Solltest Du kein Visum bekommen, so werde ich nach Paris fahren um Dich zu sehen. Wie Du siehst: Du kannst Dich nicht vor mir drücken!!!

Mich schauderts, wenn ich Deinen Brief lese! Was Du alles zu erzählen haben wirst, fürchte ich, wird uns sehr deprimieren.

Lilo und ihr Mann wollen auch Anfang August in London sein, sodass, wenn Du auch hierherkämst, alle Vettern und Cousinen mütterlicherseits – mit Ausnahme von Flori – sich nach jahrelanger Trennung einmal wiedersehen.

Hör zu: wenn Du in Paris bist, rufe mich an, oder telegrafiere mir Deine Telefon-Nummer, damit ich Dich dort anrufen kann! Verstanden!?

Sei innigst geküsst, in alter Freundschaft, wie immer

Dein SDC

## 65 Erika Friedländer an Anna Seghers

Stockholm, 21. Juli 1947

Meine liebe Netty! Du hast mir einen so lieben, guten Brief geschrieben, dass ich ganz vergnügt wurde. Ich hörte Dich so richtig reden aus dem Brief und hatte ein gemütliches Stündchen mit Dir. Du hast nun recht lange warten müssen bis ich alles erledigt habe, was Du von mir wolltest. Dein Wunsch ist also erfüllt. Du bekommst oder hast bekommen eine Einladung nach Schweden und zwar durch ein bekanntes Mitglied des PEN-Klubs, Fredrik Ström, der ausserdem gute Beziehungen zu Regierungskreisen hat. Eine Bekannte von mir hat das erledigt, und ich werde die Abschrift der Einladung auch noch zu lesen bekommen. – Jetzt zu Cordelia Hoffmann. Ich habe mit ihr mehrmals telefoniert. Sie macht einen netten frischen Eindruck. Zu einer Einladung war sie nicht gekommen, sodass ich sie noch nicht persönlich kennengelernt habe. Sie arbeitet bei der jüdischen Gemeinde. Ich habe mich bei einer Emigrantin, die ich kenne und auch dort arbeitet, nach ihr erkundigt und sie sagte mir, dass die Kleine sehr beliebt ist und schonend auf Grund ihrer alten Tb. behandelt wird. Sie verdient 275 Kr. im Monat. Etwas weniger als ich, da sie aber als Alleinstehender weniger Verpflichtungen hat, kommt sie wohl ganz gut durch. Sie bat mich, Dir zu schreiben, dass die Mutter sich keine Sorgen machen soll, es ginge ihr sehr gut. Berendsohns wollten sie auch an dem Abend kennen lernen, sie war aber leider verhindert. Nun hatte sie auch noch einen Umzug zu ordnen. Ich denke, ich werde sie später mal treffen. – Den Dr. Sulzbach habe ich mehrmals versucht zu erreichen aber es antwortet niemand am Telefon. Er wird wohl wie die meisten jetzt auf Urlaub sein. Da die Einladung auf andere Art ging, wirst Du wohl so zufrieden sein. – Bei Helbich bin ich einen Abend gewesen, er schenkte mir sehr schöne Fotos von Deiner Skulptur, die ich ja nun auch im Orginal sah und mir ausgezeichnet gefiel. Er wird Dir selbst schreiben. Vielleicht kommt er im Frühjahr nach Deutschland, es bahnt sich da etwas an. – Berendsohns sind ganz die Alten. Sie werden Dir auch selbst schreiben. Wir haben sehr gelacht über die Stelle in Deinem Brief, dass Du uns um unseren Kaffee und Kuchen beneidest. Der alte B. fragte gleich, wann wir denn den Kaffee zusammen trinken wollten. – Ich freue mich sehr, dass das mit den Paketen geklappt hat. Von Irene With und Helene Rado bekam ich einen Dankesbrief und die anderen haben wohl durch Deine Kinder bestätigt. Irene With wollte gern Deine Adresse wissen, Du hast ihr wohl in der Zeit geschrieben. – Um Ljungdahl habe ich mich nicht gekümmert, auch hier ist man der Auffassung, er sei ein fauler Hund. Du kannst ihm vielleicht selbst schreiben. – Rodi hat meinen Brief nicht bekommen. Soll ich noch einmal schreiben? Du hast ihm aber wohl meine Adresse geschrieben falls er über St. kommt? – Netty, wir haben in der Zeit das Visum bekommen und ich würde in einer Woche abfahren, wenn ich mich nicht entschlossen hätte, noch hier zu überwintern. Es war gar nicht so einfach aber nun ist es überwunden. Es gab eine Reihe von Gründen. Ich hätte das Kind nicht wiedersehen können, da es in Südschweden ist, ich habe kein Geld, um etwas mitnehmen zu können. Hoffe über die Wintermonate etwas einkaufen zu können. Mein Arzt riet mir ab wegen meines Gesundheitszustandes. Peter hat keine Wohnung, da wir nicht mehr mit dem Visum für den Sommer gerechnet hatten. Ich komme aber bestimmt im März-April nächsten Jahres. Nettychen – Chippi, wann gedachtest Du herzukommen? Glaubst Du, es geht bald? Stockholm ist so schön, die schönste Sommerstadt, die es in Europa gibt. Ich kann immer noch nicht verschmerzen, dass ich Dir wegen der dämlichen Visen die Umgebung nicht zeigen konnte. Jetzt möchte ich mit Dir in den Wäldern und an den Seen rumstreifen. Der Sommer ist so kurz, so intensiv, so herrlich. Es wäre schade, wenn Du erst im Winter kommen könntest. Schön werden wir es trotzdem haben. Es ist so gut und gemütlich mit Dir. Bei den meisten Menschen muss man so auf der Hut sein. Mir liegt es so sehr wie Du das Leben nimmst und siehst. Versuche, bald zu kommen. Wenn Rodi und die Kinder auch noch herkommen könnten, ist das zuviel gewünscht? Vielleicht kostet das auch zuviel. Man fragte mich bei der Einladung für Dich, ob Du selbst für Deine Unkosten stehst. Ich bejahte das, weil eine Gratiseinladung nicht möglich ist. Das hattest Du wohl auch nicht gemeint, nicht wahr? – Netty, wenn Du glaubst, dass ich das Verslein von den Visen schon vergessen hätte, dann irrst du Dich. Nachdem ich mit Euch den ganzen Quatsch mit den Visen durchgemacht habe und das Leben in Mexiko kennengelernt habe, spielt sich nun hier wieder dasselbe ab, nur mit dem Unterschied, dass es dieses Mal Argentinien ist. Seit längerer Zeit habe ich hier eine Emigrantin aus Buenos Aires. Sie ist eine Studienkameradin von Walter Berendsohn, Dr. fil. und hat eine Berufung nach Leipzig. Jeden Tag werden die Für und Gegen des Einreisevisums, die Für und Gegen der Reisemöglichkeiten besprochen. Es ist alles dasselbe, nur daß Argentinien ein schauriges Land sein muß und Mexiko Gold dagegen ist. Diese Frau hat Furchtbares durchgemacht, von der Gestapo angeschossen, in die Schweiz, nach Frankreich, England, Irland, Argentinien geflohen, überall ausgewiesen. Sie hat ein Buch über ihr Leben geschrieben. Ich dachte an Dein Buch »Transit«, obgleich ich es nicht kenne. – Rohde ist auch wieder hier. Weisst Du noch, wie er einen Hut mit Dir aussuchte? Ich habe wieder eine Portion über Deutschland gehört, aber nun will ich beinahe nichts mehr hören, sondern es selber erleben. Vom vielen Hören kommt doch nichts raus. Die ewige Theorie macht nur müde. Rohde nimmt dieses Mal keine Pakete mit, aber die Neumannsche Sendung geht Ende des Monats ab. Übrigens fällt mir grade noch ein, dass diese Emigrantin aus Argentinien Deinen Schwager in Buenos Aires kennt, ein unpolitischer Geschäftsmann. – Der weise W. ist endgültig bei Ingrid Bergman gelandet. Es ist ihm aber sicher nicht behaglich zumute. Er hat nämlich Order, nach Hause zu fahren. Wie er sich aus der Geschichte herauswickeln wird, weiss man noch nicht. Er ist ein Krummer Hund, wie ihm das Gradestrecken gelingen wird, ist mir recht rätselhaft. – Mit Inke und Witja habe ich nette Tage gehabt. Jetzt sind sie alle in Budapest. Sie ist die einzige Frau, die ich kenne, der es gelungen ist, ihren Mann über soviel Grenzen hinweg, zu sich zu holen. Die Beiden sind grade in ein interessantes Geschehen hineingeraten. – Eben hatte ich Telefongespräch mit Frau Ljungdahl. Sie schien sehr glücklich über Deine Grüße. Ihr Mann war nicht da. Sie entschuldigte sich so, daß ihr Mann nicht an Dich geschrieben hätte, aber er wäre nun mal so. (Ich wollte ihr schon sagen, dass wir wissen, dass er ein fauler Hund ist.) Sie hat sich die Adresse geben lassen und jetzt sollst Du Post von ihnen erhalten. Wenn also alle ihr Wort halten, bekommst Du sicher eine Menge Post. Sobald ich Sulzbach erreiche, hetze ich ihn auch auf Dich. Jedenfalls scheinen sie Dich nicht zu »hassen«. – Am Sonntag bin ich mal ganz allein gewesen, so richtig von allen Menschen weggeflohen. Ganz einsam habe ich nackend mitten im Walde in der Sonne gelegen, herumspaziert, Blaubeeren und Heidekraut gepflückt. Wo auf der Welt kann eine Frau so etwas tun ausser hier? – Grüsse Magda und Ursula herzlich. Ich habe ihre Briefe bekommen. Ich antworte ihnen auch sobald alle hier abgefahren sind. Ich wollte an Dich wegen der Einladung zuerst schreiben. Bist Du mit Deiner Arbeit sowieso fertig, dass Du bald kommen kannst? Vielleicht war es auch nur so eine Idee von Dir herzukommen oder hast Du es ernst gemeint? Es wäre schade, wenn wir uns grade verpassen würden, Du herkommen und ich abfahren. Nettychen, jetzt möchte ich Dich ganz fest umarmen, sei sehr, sehr gegrüsst von der

Erika

## 66 Aenne Lekisch an Anna Seghers

Bad Nauheim, 22. Juli 1947

Sehr geehrte Frau Seghers!
Am 18. 7. erhielt ich zu m. großen Freude Ihr Buch und danke Ihnen ganz besonders, daß Sie trotz Ihrer vielen Arbeit meine Bitte erfüllt haben. Mit großem Interesse lese ich die Beschreibung jenes Schreckensgeistes, die unsere Familie ja auch zum großen Teil am eigenen Leib erfahren hat. Immer war man gehetzt, in ständiger Angst, bei jedem Klingeln fuhr man zusammen. Mein Schwiegersohn Hans war auch im Jahre 38 im KZ Buchenwald, nachdem der Inhalt seiner Villa kurz und klein geschlagen war, der Rest ausgeraubt. Wir alle waren 42 wochenlang im Gefängnis Klarastraße, wo die Gestapo uns durch fortwährende Verhöre ganz zermürbte. Während dieser Wochen waren die Schlüssel unserer versiegelten Wohnungen in ihren Händen, sie stahlen, was sie konnten. Aber noch immer glaubten wir nicht an das, was ein halbes Jahr später eintraf, die Verschleppung und Ermordung unserer Lieben! Nie, niemals kann man verschmerzen oder gut machen, was man uns

angetan hat, dazu kam noch der Verlust unseres Heims, allem, was uns lieb war. Die Wertpapiere sind in der Commerzbank Berlin deponiert, also auch so gut wie fort. Heute ist man alt, krank, entwurzelt, allein unter Menschen, die einem fern stehend nie verstehen können, was man gelitten hat und noch leidet. Über alles, was allein in unserer Familie vorging, könnte man ein dickes Buch schreiben. Es ist sehr zu bewundern, lb. Frau Seghers, wie schlicht und klar Sie die damaligen Verhältnisse schildern, ohne selbst dabei gewesen zu sein. Ihr Talent ist eine unschätzbare Gottesgabe und wird Ihnen helfen, alle gefährlichen Klippen Ihres Lebens zu bewältigen, es ist ein seltenes Glück. Ich habe mich gefreut, daß der Held Ihres Buches noch nach Holland entwischen konnte; damals konnte man noch nicht wissen, daß auch dieses Land von der braunen Pest überflutet würde. Auch Mathes Roch, Kaiserstr. 36, in dessen Haus Ihre lb. Mutter noch wohnte und Verwandte m. Schwägerin Nanny Fulda haben dort den Tod gefunden! Ich würde gern mehr von Ihren Werken lesen und hoffe, daß wir mit der Zeit auch wieder gute Lektüre herein bekommen. Das Buch wurde nicht per Nachnahme geschickt und ich weiß nun nicht, ob ich Ihnen den Betrag laut Quittung 10,75 M an Ihre Privatadresse in Wannsee senden soll, wenn möglich, geben Sie mir Bescheid. Ich wünsche Ihnen alles Gute und noch eine recht schöne Zeit in Ihrer alten Heimat.

Mit herzlichen Grüßen bin ich Ihre stets dankbare
Aenne Lekisch

## 67 Freie Deutsche Jugend / Landesvorstand Mecklenburg-Vorpommern an Anna Seghers

Schwerin, 24. Juli 1947

Sehr geehrte Frau Seghers!
Die Freie Deutsche Jugend in Mecklenburg wird am 12., 13. und 14. September in Greifswald eine große Kulturtagung veranstalten.

Wir haben im letzten Jahr alles daran gesetzt, die Jugend unseres Landes aus ihrer Apathie herauszureißen und ihrem Leben einen neuen Inhalt zu geben.

Durch unsere Laienspielarbeit, durch die Heimabendgestaltung haben wir versucht, die Jugend mit den wertvollen Kulturgütern unserer Heimat und die der Welt bekannt zu machen.

Unsere Arbeit zeigt auch viele Schwächen und es ist uns nicht immer gelungen, die Jugend, die vom Faschismus vergiftet war, für unsere Ideen zu gewinnen und sie zu aktiven Mitgestaltern unseres neuen Lebens zu machen.

Die Kulturtagung in Greifswald, zu der die besten Laienspiel-, Volkstanz- u. Chorgruppen kommen werden, soll unserer Kulturarbeit im Lande neue Kraft geben.

Junge Kulturschaffende Mecklenburgs werden in Greifswald ihre Erstlingswerke vorführen und der anwesenden Jugend als Vorbild dienen.

Die Kulturtagung in Greifswald wird der Höhepunkt unserer kulturellen Arbeit sein und es wird für die Jugend Mecklenburgs eine ganz besondere Ehre sein, wenn wir Sie in Greifswald begrüßen könnten.

Hochachtungsvoll:
U. Chotzen
Freie Deutsche Jugend /
Landesvorstand

## 68 Magdalena Herrmann an Anna Seghers

Mainz, 27. Juli 1947

Liebe Netty!

In den letzten Wochen habe ich so oft an Dich gedacht. Nicht wegen des Georg-Büchner-Preises, zu dem ich Dich herzlich beglückwünsche, sondern weil ich »Das siebte Kreuz« las. Wie gern würde ich einmal mit Dir darüber reden! Es ist ein ernstes Buch, ja, man quält sich damit und trotzdem kommt man nicht los. So versöhnend sind die menschlichen Züge, die immer wieder zeigen, daß man doch auch Gutes findet trotz allen Grausamkeiten und Scheußlichkeiten. Der Junge mit der Windjacke hatte es mir besonders angetan. Ich bin froh, daß mir einer unserer Buchhändler zum »Siebten Kreuz« verhalf, ich möchte es nicht in dem Bücherbestand, den ich mir allmählich wieder aufbaue, vermissen. –

Aber wo bleibst Du denn? Hast Du eigentlich meinen letzten Brief vom 22. 1. eigentlich bekommen? Er war die Antwort auf Dein Schreiben vom 16. 12. 46, das Deine Reise nach Deutschland und ein Care-Paket ankündigte, das aber anscheinend verloren ging. Schade, aber wir sind auch so über den Winter gekommen, man darf nur nicht fragen, wie! Aber etwas Schönes kann ich Dir sagen. Wir haben wieder ein Heim, klein und bescheiden, hoch unterm Dach, aber wir sind für uns nach 25 Monaten Heimatlosigkeit!

Wenn Du an den Rhein kommst, mußt Du es Dir ansehen und eine Tasse Tee bei uns trinken. Dann reden wir von alten Zeiten.

Einstweilen herzliche Grüße!
Deine
Leni Herrmann

## 69 FDJ Wiesbaden an Anna Seghers

Wiesbaden, den 28. Juli 1947

Liebe Anna Seghers,
auf dem II. Jugendparlament in Meissen machten Sie uns das verlockende Angebot, bei Ihrem Aufenthalt in Mainz auch die Zeit zu finden, in einer unserer Veranstaltungen zu sprechen. Nun lasen wir gerade in Pressemeldungen anläßlich der Verleihung des Büchner Preises 1947 – zu der auch wir Ihnen unsere herzlichsten Glückwünsche übermitteln – daß Sie gegen Ende August hier erwartet werden.

Dürften wir von Ihnen eine kurze Nachricht erwarten, ob und wann wir mit Ihrer Anwesenheit rechnen können? Wir würden es sehr begrüßen, wenn wir eine Veranstaltung unter dem Motto des Friedenstages 1947 (oder zumindest eine Vorfeier zum 7. September) unter Ihrer Mitwirkung starten könnten. Auch hierüber würden wir gerne von Ihnen einen Kommentar hören.

In der Hoffnung, daß wir Ihnen nicht ungelegen kommen und Ihr Versprechen für bare Münze nehmen, grüßen wir im Namen von vielen Sie ungeduldig erwartenden Freunden.

H. Eichelgrug
Kreisvorsitzender

## 70 Bruno Frei an Anna Seghers

Wien, 29. Juli 1947

Liebe Anna!
Ich benütze diese Gelegenheit, um Dir unsere herzlichen Grüße zu übermitteln. Wie Du weißt, ist die Entfernung von Wien nach Berlin 10 x größer als die von Wien nach Mexiko. Ich weiß manches von Dir, aber Du weißt wahrscheinlich garnichts von uns. Es ist alles mehr oder

minder so, wie ich es mir vorgestellt habe: ungemein viel Arbeit, gute, befriedigende Arbeit, und sehr schwere materielle Existenzbedingungen.

Ich mache unter anderem das »Tagebuch«, ein Versuch, die schwachen fortschrittlichen Kräfte in diesem Lande zu sammeln. Aus vielen Anzeichen schließe ich, daß es bei Euch rascher aufwärts geht als hier.

Wenn Du es für richtig hältst, würde ich gerne im Tagebuch einen neuen Beitrag von Dir veröffentlichen. Der einzige aus dem Mexikokreis, der hier publiziert, ist Kisch, dessen Mexikobuch eben im Globusverlag erschienen ist.

Elena hat sich in die Lage rasch und schmerzlos hineingefunden, sie studiert an der Universität und doziert an der Volkshochschule. Im übrigen ist sie eine Wiener Hausfrau mit all den Komplikationen, die dieser Beruf mit sich bringt. Lisa sitzt fest in der Jugend und hat ihre Aufnahmeprüfung für die Kindergärtnerinnenschule bestanden, sodaß sie im Herbst endlich eine normale Laufbahn beginnen kann.

Nun wäre es schön, liebe Anna, wenn Du mir bald, vielleicht auf demselben Weg, über Dich, Dein Leben und Arbeiten schreiben würdest. Gerne würde ich auch wissen, wie es Deinen Kindern in Paris geht.

Mit herzlichen Grüßen
Bruno Frei

## 71 Anna Seghers an Sally David Cramer

Berlin, 31. Juli 1947

Lieber Hony:
Ich bin so brav, sofort Deinen Brief vom 21. Juli zu beantworten, der heute morgen ankam. Ich war die ganze letzte Zeit sehr beunruhigt, weil ich schon ewig lang

nichts von Rodi und nichts von den Kindern hörte. Ruth schrieb kürzlich einen Brief an einen französischen Freund, warum sie nichts von mir hört, ob ich krank sei. Gestern kam auch ein Brief von Rodi; er rechnet damit, spätestens September hier zu sein. Ich habe aber schon so viel Kummer, Ärger und Enttäuschung mit Reisen und Visen gehabt, dass ich mich nicht zu freuen wage. Ich hänge auch jetzt in irgend einem solchen Durcheinander, sodass ich ziemlich ruhig am selben Ort bleibe, weil ich sonst Angst habe, nicht rechtzeitig wieder hier zu sein, wenn der Rodi endlich bis hierher gelangt ist, wo er Vorlesungen halten will und vor allem mich treffen. Dann wollten wir zusammen alles andere besprechen und regeln, weil ich so wenig Ahnung wie Du habe, was im Laufe des Jahres mit mir sein wird. Wie soll ich auch? Erst den zweiten Monat scheint es, pinkelt langsam etwas Post an. (Gebrauchst Du manchmal das Sprichwort, das ich gerade von meiner Freundin Magda gelernt habe: Der Apfel fällt nicht weit vom Pferd?)

Lieber Hony, ich habe in meinen alten Knochen ein Gefühl, Du wirst den Rodi eher sehen als ich. Du hast ja so einen ungeheuren Zug zur Familie, dass Dir die Ehegatten Deiner Cousinen geradezu ans Herz strömen. Das Rotkäppchen hast Du ja schon. Das alles schreibe ich Dir, damit Du diesen Brief nicht irgendwo einordnest, sondern sofort dem Rodi unter die Nase hältst; ich werfe zwar gleichzeitig ein und denselben langen und ausführlichen Brief an ihn und Peter ein; ich habe aber Angst (oder Hoffnung), der Brief könnte ankommen, wenn er schon weg ist. Deshalb ist also dieser Brief auch für den Rodi bestimmt. Erkundige Dich telegrafisch, wo er steckt und wann und wie er glaubt abzuhauen. Und sorg' irgendwie dafür, dass Du seine telegrafische Rückantwort an mich übermittelst; Das wäre jetzt Dein grösster Liebesbeweis, den Du auch ohne rationierte

Nahrung leisten kannst. Mir schreib oder telegrafiere über irgendeinen Deiner Landsleute an Prof. Jürgen Kuczynski, Klopstockstr. 34, Berlin-Zehlendorf-West. Schreibe aber seine Adresse drauf und in Klammer schreibe für Netty; das werde ich ihm schon sagen. Denn ich habe hier auf der Post angegeben, dass man mir alles nachschickt und ich werde jetzt nur noch eine Woche hier in diesem Hotel wohnen.

Mit Familie ist das so bei mir: Nein, ich rieche nicht nach Rosen; ich werde von Tag zu Tag (unter uns gesagt) müder; ich bin überarbeitet, ohne ganz normal zu meiner eigentlichen Arbeit zu kommen. Ich bin durchgedreht. In den ersten zwei Monaten war ich zwar auch nicht schön wie Greta Garbo, aber ich war doch eine ganz charmante Person, frech und lustig und immer frisch genug, um mich anständig anzuziehen und mit den Leuten dumme Witze zu machen. Im Augenblick bin ich gar nicht lustig, jeder Dreck macht mir Mühe, den ich noch vor ein paar Wochen spielend erledigt habe. Ich habe auch keine Lust mehr, »eine Frau allein« zu sein, und obwohl ich einen ganzen Haufen Menschen habe, hab ich zu fast niemand mehr Lust. Das ist so, wie es ist. Andererseits habe ich das Gefühl, dass ich ganz untauglich geworden bin für normales Leben, dass mir die Sachen, über die Ihr Euch ärgert und über die ich mich noch vor kurzem geärgert habe, scheiss-egal sind. Mit der Grete in Eurem Garten zu liegen oder über die Heide zu laufen mit einem Hund und etwas normales zu trinken, das könnte gut sein. Ich habe aber das Gefühl, ich wäre für Dich wie eine Kreuzung von Aschenputtel und Dornröschen, ganz eingewachsen in lauter Dornen. Und wiederum ich hätte in irgendeiner Art Heimweh nach den greulichen Menschen, so wie ich jetzt Heimweh nach Mexico habe. Es geht ihnen allen so verdammt dreckig, sie sind so fürchterlich schuld daran, sie kapieren das absolut nicht, die paar Anständigen sind so verdammt anständig, dass alles andere einem lau und verschmiert vorkommen wird. Ich fürchte, das sind keine Sachen, mon vieux, die Du kapierst. Bloss, dass wir rasch zusammen wollen, das kapieren wir beide, und uns totlachen können oder könnten über: »In Konstantinopel, der türkischen Stadt, die liegt nicht weit vom Meer, da hab ich mal als Schuster gedient, es ist aber schon sehr lange her.« Oder: »Aus späteren Etappen des Lebens«: »Ordnung herrscht bei meiner Mutter, da liegt der Kamm noch auf der Butter.« Oder, wie man jetzt hier sagt, wenn jemand ein bisschen meschugge ist: »Der hat nicht alle Tassen im Schrank«. Aber im allgemeinen sagen die Leute hier ziemlich fades Zeug, ganz tolle, schlimme Sachen sagen sie nach diesem wahnsinnigen Krieg nicht mehr. Ich mache jetzt Schluss für Dich und für den Rodi. Küss den Tutz. Hoffentlich ist er vergnügt mit Euch. Ihr seid ja wieder eine rechte Rasselbande zusammen. Mein Pfeifchen rauch' ich auch nicht aus Leidenschaft für männliches Auftreten, sondern weil mir die Zigaretten ausgegangen waren.

So ist das, mon vieux, auf Wiedersehen,
Dein Tiffel

## 72 Anna Seghers an Wilhelm Koenen und Frau

Berlin, 31. Juli 1947

Liebe Koenens:
Du würdest mir, Genossin, einen grossen Gefallen tun, wenn Du mal die Frau Klaere Scheidt, Dresden [...] aufsuchen würdest. Die Frau hat sich in einem seltsamen Brief an mich gewandt als Vicepräsidentin der Gesellschaft zum Studium der Sowjetkultur. Der Inhalt des Briefes ist für uns amüsant, für die Arme wahr-

scheinlich verzweifelt. Jedenfalls interessiert mich die Sache und wenn es irgend geht, bin ich dafür, solche Briefe zu beantworten. Man muss natürlich acht geben, dass die Frau den Zweck der Sowjetkultur nicht verkennt und dass unser Interesse nicht einige tausend ähnliche Briefe zur Folge hat. Aber das verstehst Du sicher ausgezeichnet zu machen. Bitte schreibe mir an die Adresse Kulturbund, Jägerstr. 1, wie dieser Besuch ausging.

Wann seid Ihr einmal hier?

Viele herzliche Grüsse

## 73 Marieluise Fleisser an Anna Seghers

Ingolstadt, 31. Juli 1947

Liebe Frau Seghers,
wissen Sie mir keinen Weg, wie ich mir Ihre beiden Bücher »Das Siebte Kreuz« und »Transit« beschaffen kann? Es liegt mir wirklich was daran, sie zu lesen, weil ich Ihre frühzeitig klare Arbeit schon immer mit starkem Interesse beachtet habe. Können Sie vielleicht bei Ihrem Verleger veranlassen, dass sie mir zugeschickt werden? Ich will die Bücher natürlich bezahlen, aber Sie wissen ja selbst, dass das heute das Wenigste ist. Oder wissen Sie mir sonst eine Möglichkeit?

Bitte, erblicken Sie keine Zudringlichkeit darin, wenn ich Ihnen selber schreibe. Ich würde Ihre Arbeiten so gerne kennenlernen.

In kollegialer Verbundenheit grüsst Sie herzlich
Ihre Marieluise Fleißer

## 74 Rat der Stadt Brandenburg an Anna Seghers

Brandenburg (Havel), 31. Juli 1947

Liebe Frau Seghers!

Ich erinnre Sie hiermit an unsere persönliche Unterhaltung vor einiger Zeit und bitte Sie, am Donnerstag, dem 11. September d. J., nach Brandenburg zu kommen.

Es wäre uns erwünscht, von Ihnen etwas über die Literatur zu hören, die während der faschistischen Zeit von den fortschrittlichen Schriftstellern im Ausland geschaffen wurde. Die endgültige Wahl des Themas möchte ich Ihnen jedoch vollständig selbst überlassen.

Bitte teilen Sie uns recht bald mit, ob Sie am genannten Tage kommen können, über welches Thema Sie sprechen werden, welches Honorar Sie erhalten und ob Sie eine schriftliche Genehmigung der SMA zu Vorträgen in der sowjetischen Besatzungszone besitzen.

Wir werden dafür sorgen, daß Sie am Tage des Vortrags aus Babelsberg abgeholt werden und hier übernachten können.

Für Ihre freundliche Bereitwilligkeit, unsere Kulturarbeit in Brandenburg zu unterstützen und zu fördern, danken wir Ihnen schon heute.

Mit freundlichen Grüßen
Ihr [unleserlich]
Stadtrat

## 75 Anna Seghers an Jürgen Kuczynski

[Ohne Datum]

Lieber Jürgen, um Deine Zeit am Telephon zu sparen, gibt Dir die Tochter ein paar Seiten. Bevor Du sie liest und meine Fragen beantwortest, lies bitte genau zuerst diesen Brief.

Wie Du siehst, dreht es sich um die Reise, von der ich Euch erzählte. Ich versuch, ein paar Seiten in französische und amerikanische Presse zu bekommen, ob und wie weiss ich selbst noch nicht. Ich hatte für hier überhaupt nichts beabsichtigt. Ich sehe mir im Allgemeinen dergleichen nur an, um es später als Stoff in ganz andrem Zusammenhang zu verwenden. Deutsche Freunde rieten mir dieser Tage so etwas für Deutsche Rundschau oder andre [...] zu benutzen. Ihr Argument: Es sei wichtig, dass wir paar, die hier sind – oder: Man hätte mich wohl auch darum mitgenommen usw.

Ich bin dagegen. Reportage ist nicht mein Beruf. Das Ding ist auch nicht gründlich genug. Tausend wissen besser Bescheid (Für Zeitungsreportage) über Bauern in Mecklenburg. Ich würde zudem für meinen eigenen Beruf jedes Vertrauen dieses Pfarrers verlieren, der immerhin von Hamburg nach hier kam. – Man rät mir, was schon interessanter ist, nur ein x beliebiges Dorf zu lassen und Gewicht auf die Frage Wissen wollen? zu legen.

Das Ganze ist unwichtig, schon längst abgeschickt, überhaupt für hier zu spät nach meinem Gefühl. Brächte eine Polemik, die mich aus der eigenen Arbeit reissen würde und last not least, ist nicht mal besonders gut gemacht.

Also, entschuldige, lieber Jürgen, die Plage um diesen Unsinn. Sie ist so hoffentlich eine gekürzte Plage.

Anna

## 76 Anna Seghers an Erika Friedländer und Laszlo Radvanyi

[Berlin], 3. August 1947

Liebe Erika! Ich danke Dir sehr für Deinen Brief. Du kannst Dir nicht vorstellen, was für eine Freude ein solcher Brief hier macht. Von allen Eindrücken abgesehen, die ich Dir und mir in diesem Brief ersparen will, macht einen das Leben hier in Berlin, wenn man einigermassen arbeiten und auf der Stange bleiben will, ganz entsetzlich müde. Müde durch die rasende Folge von Ereignissen und Anforderungen durch sehr verschiedene Arbeit, die einem nie ganz zuständig und nie ganz eindeutig vorkommt und immer veränderungsbedürftig, wenn man sie gerade abschliessen muss, durch die schrecklichen Verkehrsschwierigkeiten, durch die anderen technischen Hindernisse aller Art und nach gewisser Zeit auch durch eine nicht gerade tolle Ernährung, wenn man sich nicht wieder ganz besonders dahinterklemmt. Dabei läuft mein äusseres Leben, mit anderen verglichen, sehr günstig. Ich habe die ganze Zeit geradezu wunderbar gewohnt, beinah so schön wie sonst nie im Leben, nur ein bisschen weit draußen. Lassen wir das alles. Ich bitte Dich, diesen Brief sofort dem Rodi zu übermitteln. Es ist sozusagen ein Brief an Dich und Rodi zusammen. Ich hoffe, Ihr kommt dann doch in Kontakt, wenn auch der andere Brief scheinbar missglückt ist.

Ich habe von französischer Seite die besten Möglichkeiten, um in meine Vaterstadt, um an den Bodensee zu meinem Verleger und auch weiter zu meinen Kindern zu fahren. Dazu kommt noch, dass ich einen Büchner-Preis in der Stadt Darmstadt (das ist wieder amerikanische Zone) bekommen habe und dazu (das ist aber ganz selbstverständlich, denn diese Wünsche sind wie die Wünsche nach Gedrucktem sehr rege) allerhand Aufforderungen nach Frankfurt, Köln. Für Vorträge, Vorlesungen. Ich kann und will aber nur diese Reisepläne verwirklichen, sobald von dem war-department das vom Press-Camp gestellte Ansuchen erledigt ist zunächst bis zum Ablauf resp. bis zur Verlängerung meines Passes im nächsten Frühjahr meinen Aufenthalt hier am Ort zu verlängern. Der Lektor Cameron von Little Brown hat sofort telegraphiert, dass er in W. vorstellig wurde. Diese ganze Maschinerie wäre nicht so pressant, wenn ich mich z. B. auf den entsetzlich entfernten Sektor beschränken würde, wo ich wegen Weller und wegen der Kinder dieser Tage vorstellig werden muß (Magda wohnt dort bei ihrer Schwester, sie braucht aber 2 Stunden, um zu mir zur Arbeit zu fahren) oder wenn ich da wohnen würde, wo Ursula wohnt und arbeitet. Ich muss aber, auch um nur zu Weller zu fahren, obwohl ich das im direkten Zug machen kann und obwohl sich diese Fahrt auf diesem Weg ganz besonders günstig erwies, besonders wenn ich sie mit anderen Fahrten verglich, trotzdem auch durch alle Zonen durchfahren, was also wiederum einen ungeheuren Transitroman erfordert. Macht keine Versuche, das alles zu verstehen, denn es ist unverständlich. Es ist sowas wie die unbefleckte Empfängnis oder die Dreieinigkeit, oder wie meine amerikanische Freundin, die leider abgereist ist, immer sagte, wie ein Roman von Kafka, wie im »Schloss«, im Augenblick des Todes bekommt er die zeitweise Aufenthaltserlaubnis. – Aber auch wie in diesem »Schloss« ist die wirkliche Hemmung, die innere, noch eine ganz andere. All das könnte mich ja höchstens amüsieren. Es wäre ja gar nicht tragisch, genau so wenig wie auf dem Herweg, wenn ich bei den Kindern hängenbliebe oder auch bei Dir, Erika (von Stockholm ist die Einladung des PEN-Klubs übrigens noch nicht gekommen, ich bin Dir dafür ganz besonders dankbar, ich möchte auf jeden Fall im Herbst oder Winter einmal hin mit oder ohne Zusammenhang mit den Kindern, diese Fahrt scheint mir auch relativ einfach). Ich habe grässliche Angst, mich bei diesem Durcheinander auch nur über Nacht zu entfernen, wenn Du, Rodi, in Sicht bist, denn das wäre ja ganz entsetzlich, wenn Du da wärest und ich plötzlich weggefahren. Das wäre ja ganz idiotisch. Du musst unbedingt sofort an Erika telegraphieren, wann Du ungefähr glaubst, anzukommen. Lieber Rodi, Du warst so vergnügt mit der Universitätseinladung, als sie bei Dir ankam, ich hoffe und denke, Du hast früh meine Zweifel erhalten, ob sie Dir was dient. Gestern Abend erzählten mir die sehr reizenden Langhoffs (Mann und Frau sind innerlich und äusserlich ganz besonders angenehme Menschen, in gewisser Beziehung ist er mir zwar unbekannter und fremder, aber irgendwie näher und wärmer und kommunizierender als sogar z. B. Jürgen K.), dass er sich vergebens angestrengt hat, an sein Deutsches Theater eine deutsche Schauspielerin aus der Schweiz zu holen und bedenke, das Deutsche Theater. Er hatte dort Wangenheim als Direktor abgelöst. Da gibt es überall ganz entsetzliche Vorurteile und Hemmungen. Die Charlottenburger Hochschule hat jetzt auch eine philosophische Fakultät, Mainz ist eine stark katholische und separatistische, glaube ich, Fakultät. Heidelberg schrieb ich Dir schon einmal. Der Konkurrenzkampf ist so komisch wie zwischen zwei Konzernen und hat doch etwas banales, sogar provinzielles an sich. Er gewinnt nur manchmal in einzelnen Momenten grosse Aspekte, wenn Du grade das Glück hast, die Dinge mit klugen und leidenschaftlichen Menschen anzusehen, für die auch die kleinen Sachen wichtig sind, weil sie sie im Gefolge von grossen Dingen sehen, nicht umgekehrt wie die Spiesser.

Lieber Rodi, ich bekam zum Glück gestern Deine Paketsendung, ich glaube, diesmal aus Dänemark. Und zum Glück hat sie die Frau eines Portiers in Schöneberg abgeholt. Das sind wunderbare Sendungen, kamen mir sehr glücklich. Kein Zoll. Die anderen Sachen kamen noch immer nicht.

Rodile, die Erika, weisst Du, ist ein klein bisschen ähnlich zur Lisa. Ich wollte, Ihr zwei würdet Euch kennenlernen. Ich glaube, sie ist sehr zuverlässig. Du bist sicher sehr lieb, Erika, und schreibst mir sofort, wenn der Rodi was telegraphiert. Ursula und ich haben nämlich grade konstatiert, wie rasch es von Dir zu mir geht, es geht sogar kaum langsamer als mit Pressenummer und direkter Post, die ich endlich bekomme, wenn meine Aufenthaltsverlängerung in Ordnung geht. Jeanne ist grade bei ihrer Familie. Die meisten sind auf Urlaub. Übrigens gehört auch das alles zu dem Kapitel Dreieinigkeit, unbefleckte Empfängnis usw., ich muss aber gestehn, dass Langhoff grade gestern Abend ein bisschen schimpfte, dass mir meine Bekannten nicht gleich besser geholfen haben, z. B. Jürgen hätte das sehr gut gekonnt, der mich oft beinah verzweifelt warten sah. Ich glaube auch, aus diesem Grund hat Rodi den längst angekündigten Brief durch die Bekannte, die ihm auch einmal telegraphierte durch den Misi nicht erhalten. Wie sonderbar das ist, wenn die Leute einigermaßen ruhig und geordnet leben, wie sich dann die Massstäbe verschieben. Aber jetzt komm nicht mit einem Ärger an, denn das sind natürlich gute anständige Menschen und von einem gewissen Standpunkt aus haben sie sogar Recht. Liebe Erika, ich habe also die Einladung vom PEN-Klub noch nicht bekommen, aber das wird schon kommen, Eure Olafs sind ja zuverlässige Leute. Nein, mein Kind, hier kannst Du keine Sonnenbäder im Wald nehmen, übrigens vielleicht kannst Du's auch. Übrigens Erika, das ist eigentlich nicht so schrecklich wichtig, ist es eigentlich ein Massstab? und ein Massstab von was? Eigentlich bloss, ob die letzten 140 Jahre kein Krieg war oder oft ein sehr erbitterter und in südlichen und lateinischen Ländern kannst Du's auch nicht. Aber ich habe

Sehnsucht nach Dir, mit und ohne Sonnenbad, ich habe Sehnsucht nach unserer geplanten Urlaubsfahrt, ich möchte auch mit dem faulen Hund Ljungdal Schnaps im Goldenen Frieden trinken, wie gut und wie lieb Ihr alle wart, was war das für ein güldener Friede mit Euch, Du und ich, was würden wir quatschen, quatschen, quatschen. Bitte, liebe Erika, bitte, lieber Rodi, vereinigt Euch, ich meine telegraphisch und freundschaftlich, obwohl ich auch gar nichts dagegen habe, mit Euch beiden zu sonnenbaden. Bitte, liebe Erika, mach, dass dieser Brief sofort an den Rodi kommt.

Es umarmt Dich. Netty
Netty = Anna

Rodi, Du musst der Erika mit bezahlter Rückantwort telegraphieren, denn sie ist eine Kirchenmaus.

## 77 Alfred Islar an Anna Seghers

Hamburg-Langenhorn, 4. August 1947

Sehr geehrte gnädige Frau!
Gestatten Sie mir, Ihnen als alter Bekannter einen Gruss zu senden. Sie werden sich natürlich an mich nicht erinnern, vielleicht aber doch, wenn ich Ihnen mitteile, dass ich ein alter Freund (»der« Freund) Ihrer Cousine Flori Offenstadt bin. So vor etwa 20 Jahren hatte ich auch Gelegenheit, Sie kennenzulernen. Sie hatten da an einem Sonntag Durlachers in der Eppendorfer Landstraße besucht, – ich war Etagennachbar von Durlachers, – und auf dem Weg dorthin erkundigten Sie sich nach dem Weg, zufällig gerade bei mir, und ich, der ich wusste, dass Durlachers Ihren Besuch erwarteten, begegnete Ihrer Frage zu Ihrer Überraschung mit der Gegenfrage, ob Sie vielleicht zu Durlachers wollten.

Ich stehe mit Flori in regelmässigem Briefwechsel, er ist bei der bekannten Schreibfaulheit Ihrer Cousine mehr einseitig, von meiner Seite. Trotzdem bin ich über das Ergehen von Flori und ihrer Familie, sowie über das Schicksal ihrer Angehörigen und derer ihres Mannes Seite unterrichtet. Ich habe zu meinem Bedauern gehört, dass Ihre Eltern umgebracht sind, dass Frau Mina in Palästina an einer Krankheit gestorben ist, sowie dass Clem Kramer in Paris lebt und dass ihr Mann David verstorben ist. Reus soll in Frankfurt leben, doch klagte Flori darüber, dass er noch keinen Brief beantwortet habe. Auch über das Ergehen der Kinder der Genannten und der weiteren Verwandten bin ich unterrichtet, und, wie gesagt, ebenso über die Verwandten von Hermann Durlacher. Flori hat uns auch schon einige Male in alter Freundschaft Pakete geschickt. Sie selbst leben ja in Sao Paulo, anscheinend in geordneten Verhältnissen; Thomas ist beim Vater im Geschäft, Ulla hat eine Anstellung als Kinderfräulein, wohnt aber anscheinend bei den Eltern. Die Familie bewohnt, – mietweise? – ein kleines Einzelhaus mit Garten. Flori leidet schwer unter der Hitze. Durlacher hat einen Reparatur- und Fabrikationsbetrieb für Elektromotoren, daneben Wartung von solchen im Abonnement. Zwischen dem Vater und Thomas scheinen gewisse Spannungen zu bestehen, unter denen Flori sehr zu leiden hat.

Vielleicht darf ich ein paar Zeilen über mein Ergehen anschliessen. Ich lebe ja in sog. Mischehe und habe es diesem Umstande zu verdanken, dass ich am Leben geblieben bin. Ich habe die ganze Zeit über mein Ruhegehalt voll bekommen (!), abgesehen von den üblichen Schikanen und Beeinträchtigungen ist mir nichts positives geschehen. Eine Zeitlang habe ich als Erdarbeiter arbeiten müssen, – Strassenreinigen und Chausseedächer teeren, – im Februar 45 sollte ich nach Theresienstadt. Damals griff die Saubande ja in die Mischehen. Es gelang mir aber auf Grund ärztlicher Untersuchung zurückgestellt zu werden. Unsere Nachbarn haben sich die ganze Zeit über stets anständig gegen uns gezeigt, Ausnahmen waren natürlich vorhanden. Seit August 45 bin ich wieder in meiner alten Stellung als Amtsgerichtsdirektor tätig. Zum 1. April 46 bin ich zum Leiter des Amtsgerichts Altona befördert. Nachgeblieben ist bei mir und meiner Frau erhebliches Nerven- und Herzleiden, so dass ich mich mit meinen 63 Jahren recht alt und verbraucht fühle.

Daneben besteht natürlich, wie bei uns allen eine erhebliche innere Vereinsamung. Ich habe sehr den Wunsch, Flori noch einmal wieder zu sehen, – weiss aber natürlich, dass das nie mehr der Fall sein wird.

Hier gibt es leider keine Bücher zu kaufen. Ich hatte aber die Freude, Ihr Werk »Das Siebte Kreuz« leihweise von Freunden zu bekommen, deren Tochter als Regierungsrat beim Propagandaministerium in Berlin ist; viell. kennen Sie sie zufällig: Erika Hirsch. Es ist mir ein Bedürfnis, Ihnen auszusprechen, wie sehr ich das Buch bewundere. Sie haben sich damit für alle Zeiten einen Platz in der deutschen Literatur geschaffen, den noch nie eine Frau gehabt hat, und der höchstens mit der Mitchell zu vergleichen ist. Ich bewundere die Straffheit und Zielstrebigkeit der Handlungsführung, die Lebenswahrheit, die vollendete Kunst, wie Sie mit ganz sparsamen Worten die Charaktere so geschildert haben, dass man sie voll versteht und empfindet. Man mag das Buch nicht aus der Hand legen, so fesselnd ist es geschrieben. Jede Effekthascherei ist vermieden, ganz einfach, und dabei so packend, wie nur möglich, lassen Sie die Handlung an einem vorbei rollen. Das Buch wird uns alle weit überdauern. Es ist mit das Gewaltigste, was ich je gelesen habe. Sie werden das gleiche Urteil von berufener Seite täglich hören, gleichwohl wird es Sie vielleicht freuen, auch von mir meinen Eindruck geschildert zu bekommen. Ich habe in ganz grosser Begeisterung in ähnlicher Weise an Flori darüber geschrieben und an meine einzige mir sehr verbundene Schwester, die in sehr trüben Verhältnissen ärmlich als Witwe in Ecuador lebt, nachdem ihr Mann sich hier 1938 das Leben genommen hat.

Mir fällt noch ein: Dass Leo Offenstadt und seine Frau Agnes sich in Theresienstadt durch Gift befreit haben, ist Ihnen wohl bekannt.

Ich höre, dass Sie demnächst für einen Vortrag in der KPD nach Hamburg kommen sollen. Es würde mir dann eine ganz grosse Freude sein, Ihnen auch mündlich für das Werk zu danken, das Sie uns mit Ihrem »Siebten Kreuz« geschenkt haben. Es ist mir immer wieder unfasslich, wie eine Frau aus dem Milieu, wie eine Netty Reiling aus Mainz, Cousine von Flori Offenstadt, ein solches Wunder schreiben konnte!

Für ein neues Werk von Ihnen möchte ich Ihnen als Vorwurf die an Konflikten reiche Lage der Mischehen im Dritten Reich nahelegen. Die Tragik solcher Ehen, die Spannungen usw. verdienen eine Schilderung von Ihrer Meisterhand.

Ich empfehle mich Ihnen
mit vorzüglicher Hochachtung
Dr. A. Islar

## 78 Anna Seghers an Heinz Willmann / Kulturbund

Berlin, 6. August 1947

Lieber Willmann:
Ich bitte Dich herzlich, meinen alten Freund Oskar Albrecht, Maler, wohnhaft Fontanestr. 14, Lichterfelde-West, in den Klub der Kulturschaffenden aufzunehmen. Ich kannte den betreffenden schon lange vor

1933. Es ist ihm sehr viel an der Aufnahme gelegen, die seine Situation (er ist natürlich O. d. F.) in jeder Weise erleichtern würde. Ich schliesse mich seinem Gesuch gern und dringend an und bitte Dich, ihm und mir rasch zu antworten.

Mit bestem Gruss

## 79 Anna Seghers an Kläre Scheidt

Berlin, 6. August 1947

Liebe Frau Klaere Scheidt:
Ich danke Ihnen für Ihren Brief vom 15. Juli. Vielleicht ist Ihr Kind inzwischen schon geboren und ich kann Sie beglückwünschen und ihm zum Willkomm die Worte schicken, die ich auf den Wänden von Wöchnerinnenheimen in der Sowjetunion gesehen habe: »Wir wünschen, dass jedes Kind mit Liebe geboren werde. Ein jedes Kind sei ein willkommener Gast am Tisch des Lebens!«

Ich kann sehr gut verstehen, dass Sie sich darüber grämen, dass der Vater weit weg ist. Ich kann auch verstehen, dass Sie in Ihrer Schwangerschaft besonders unter Hunger und Entbehrungen zu leiden hatten. Was ich aber nicht verstehen kann, ist, dass Sie sich über das dumme Geschwätz Ihrer Nachbarinnen aufregen. Wenn Sie sich erst darüber zu ärgern anfangen, dann haben Sie Ärger Ihr Leben lang. Ich kann überhaupt nicht verstehen, dass Sie sich Gedanken darüber machen, Ihr Kind könnte dem Vater ähnlich sehen. Ich hätte das an Ihrer Stelle gewünscht, denn Sie haben den Mann doch lieb gehabt. Bei Ihren unangenehmen Bekannten kommen zwei Dinge zusammen: Erstens der Ärger, den die Nachbarn gewöhnlich über junge Menschen empfinden, die in der Liebe glücklich waren. Zweitens, – und das geht besonders die Gesellschaft zum Studium der Sowjetkultur an, – die Unwissenheit und verstockte Dummheit, die die Menschen gewöhnlich zeigen, wenn es sich um Russen handelt. Um dieses Vorurteil zu bekämpfen, genügt es nicht, dass Sie manchmal die »Tägliche Rundschau« lesen. Sie müssen versuchen, das Land Ihres Mannes durch Vorträge, Bücher und Filme richtig kennen zu lernen, damit Sie den Menschen vernünftig antworten können; vor allem auch, damit Ihr Kind das Land richtig kennen lernt, aus dem sein Vater kommt.

Ich suche gerade die Adresse von ein, zwei Bekannten aus Dresden, mit denen Sie ruhig über Ihre persönliche Not sprechen können, über praktische Dinge und über die Idee, die ich jetzt versucht habe, auszudrücken. Ich werde diesen Menschen Ihre Adresse schicken und sie werden an Sie schreiben.

Es grüsst Sie bestens

## 80 Anna Seghers an Magdalena Herrmann

Berlin, 6. August 1947

Liebes Fräulein Doktor Herrmann:
Ihr Brief vom 27. Juli hat mich auf Umwegen hier in Berlin erreicht. Es hat bestimmt so lange gedauert wie von Mainz nach Mexiko. Ich möchte Sie selbst sehr gern bald wiedersehen. Im Augenblick warte ich noch auf irgendeine amtliche Regelung. Ich werde Ihnen ganz bestimmt rechtzeitig schreiben oder telegraphieren, bevor ich irgendwie in die Nähe komme. Bitte schreiben Sie mir an die Adresse: Anna Seghers, Kulturbund, [...]. Ich bin froh, dass Sie wieder ein einigermassen sicheres Dach über dem Kopf haben.

Viele herzliche Grüsse bis auf Wiedersehen
Ihre

## 81 Anna Seghers an Curt Roeseler

Berlin, 6. August 1947

Lieber Herr Roeseler:
Ich danke für Ihren Brief vom 10. Juli. Ich bitte gleichzeitig den Verlag, Ihnen einige Bücher zu schicken, darunter mein eigenes. Vielleicht helfen Ihnen diese Bücher ein wenig, Ihren Lebensmut zu stärken und den der anderen zu erwecken. Auf meinen langen Reisen und bei meinem langen Aufenthalt in fremden Ländern habe ich die Stimmung in derartigen Lagern gut kennengelernt. Alle Zuschriften und Zeitungen aus Ihrer Umgebung interessieren uns sehr.

Es grüsst Sie bestens
Ihre

## 82 Anna Seghers an Erika Friedländer und Laszlo Radvanyi

Berlin, 6. August 1947

Liebe Erika, lieber Rodi:
Ich hoffe sehr, Ihr habt den Brief bekommen, den ich erst vor wenigen Tagen an Erika schickte. Liebe Erika, bitte sei mir nicht bös für die viele Mühe. Mein Kopf ist so voll und mein Tag und mein Herz und ich weiss mir gar nicht anders zu helfen. Ich bitte Dich, erledige meine Post immer so schnell, wie Du kannst. In all dem Wirrwarr, der hier herrscht, denke ich an Dich in Stockholm als eine Art Ruhepunkt, auf den man sich in verschiedenen Sachen verlassen kann.

Bitte, liebe Erika, sieh zu, aber natürlich nur, wenn Du es sehr taktvoll und undringlich machen kannst, dass diese PEN-Klub-Einladung in meinen Besitz gelangt. Vielleicht ist es besser, man schickt sie an folgende Adresse: Prof. Jürgen Kuczynski, [...]. – Ich werde diesen Monat bestimmt die Adresse wechseln, aber vermutlich in Zehlendorf bleiben. Ich vergass noch im letzten Brief dem Rodi zu sagen: Er soll nicht vergessen, wenn er irgend eine Möglichkeit hat, der Ruth einmal ein schönes neues Winterkleid oder dunkelblaues einfaches Jackenkleid zukommen zu lassen, evtl. durch Dich, Erika, wenn er Dir Geld und Masse rechtzeitig schickt, und Du könntest es kaufen und vielleicht nach Paris schicken. Ich schrieb ihm gestern von hier einen Brief von hier, den er wohl viel später als diesen erhalten wird. Ich hoffe immer überhaupt nicht mehr da, wo er ist. – Ich schimpfte ihn darin, weil er die Telegrammadresse so blöd gebrauchte. Anstatt eine wichtige Nachricht zu schicken, versichert er, wieviel Pakete er abgeschickt hat. Das weiss ich auch ohne Telegramm, davon kommen sie noch lange nicht an. Ich schrieb schon an Dich, Erika, dass ich das Paket aus Kopenhagen erhalten habe und dass es wunderbar war. Ursula hat mir hier die Brillengläser für meine zwei verlorenen Prachtbrillen besorgen können; ich habe sie in meine alte Sonnenbrille einsetzen lassen, weil ich so schrecklich gern die groben, dicken Brillengestelle habe und es hier in einzelnen günstigen Fällen Gläser und immer ganz miese Gestelle gibt. Von Ruth bekam ich am Tage vor ihrer Abreise einen süssen Brief, von Peter habe ich wochenlang nichts gehört. Manchmal glaube ich, ich bin schon Grossmutter in Berlin geworden. Dieser Schuft und Idiot soll mir mal schreiben. Ich war nur beruhigt, weil mir ein sehr hoher Offizier, als ich nach seinem Sohn fragte, lachend schimpfte: Der Schuft! Und wie ich fragte, warum – weil er nie schreibt. – Die Lilli, die Frau von Hans, ist auch Großmutter geworden vor ein paar Wochen; ihre einzige Tochter, die sogar im Krieg war, ist glücklich, mit ihrem dortigen Mann wieder heimzufahren. Ich wiederhole nochmal aus meinem letzten Brief: Ich fürchte sehr, dass der gute Burkhusch seine Universitätseinladung falsch einsieht. Dieses Institut gehört nicht einmal zum Sektor, was schon lasterhaft genug ist, sondern sogar aus unerfindlichen Gründen zur Zone. Warum das so ist, das gehört auch zu den Sachen, die nur Gott weiss. Die Charlottenburger Technische Hochschule soll eine philosophische Fakultät haben. Neulich, beim Schweizer Nationalfest, erzählte der richtige Universitätsrektor, wie schwer er es hat, die Schweizer Professoren zu Gastvorlesungen zu kriegen. Ich hoffe, Rod hat den Brief von Miss E. bekommen. Sie hatte auch ein kolossales Zickzack, das sich aber wohl jetzt in Prag regeln wird, wohin sie schliesslich fahren konnte. Sowas wird ja wohl auch mit Budapest z. B. sein. Stockholm wäre auch ohne chichi. Liebste Erika, ich verlasse mich sehr auf Dich und auch auf den Rodi, dass er Dir das Rücktelegramm, wenn nötig, bezahlen würde. Ich glaube schon, dass mich das hiesige Press-Camp [...] benachrichtigen würde, wenn der Rodi dahin telegraphieren könnte. Und Rodi muss dafür sorgen, dass mein Verlag Little Brown ein wenig Geld von mir hat. Kürzlich hat man Rückantwort bezahlt, hintelegraphiert (weil ich doch keine Okkupationsdollar besitze und die Rückantwort konnte irgendwie nicht bezahlt werden). Es handelte sich um die Rückantwort, in der Cameron mir mitteilte, dass er beim War-Department für mich vorstellig wurde. Ich hörte gestern von der Frau, an die der Rodi so blöd telegraphierte (der Arme hat das schon so oft gehört, dass er blöd telegraphierte und jetzt nochmal), dass sie, obwohl sie Amerikanerin ist, mindestens sechs Wochen auf Antwort warten musste. Das behindert stark meine Reisepläne, zunächst zu Weller, erst recht später zu den Kindern, wahrscheinlich nicht zu Erika. Ich habe ja wirklich von all dem genug. Ich bin müde und durchgedreht. J'en ai mare. Ich weiss noch nicht genau, an welchem Tag und wohin ich umziehe, vielleicht in eine Pension in die Nähe von Jürgen.

Vielleicht bleibe ich so bis 20. hier im Hotel, nämlich dann kommt eine Frau vom Urlaub zurück, die mir gewöhnlich in allen praktischen Sachen hilft. Sie ist die Frau von dem Mann, dessen Adresse ich jetzt nochmal schreibe, weil man dort immer im Notfall übernachten und nach mir fragen kann: Oskar Albrecht, Lichterfelde-West, Fontanestr. 14.

Ich mache jetzt Schluss. Ich umarme Dich, Erika,
Deine Tschibi

[Handschriftlich:] Rodi, bitte, schick care Paket an Frl. Dr. Herrmann, jetzt Mainz Kaiserstr. 24. Sie schrieb mir nach hier, dass keins kam, obwohl ich es versprach. Bitte, Rodile, vergiss es nicht.

### 83 Anna Seghers an Irene With

Berlin, 7. August 1947

Liebe Irene:
Du schüttelst wahrscheinlich schon monatelang Deinen Kopf: Was ist denn mit der Netty los? Ich bin wenigstens froh, dass Du das Paket aus Stockholm geschickt bekamst, wie mir Erika letzte Woche schrieb. Weisst Du, ich hatte eine lange und komplizierte Reise; ich war zuerst in Stockholm, wo es unwahrscheinlich, beinahe unerlaubt schön ist. Dann mit dem Flugzeug bei den Kindern auch noch einmal paar Wochen; dann kam ich erst her. Erlaube mir, bitte, nicht sehr genau und nicht sehr ausführlich zu schreiben, wie es hier ist. Vielleicht erklärt diese Bitte schon ein bisschen, wie es hier ist. Soviel muss ich Dir doch schreiben: Der Faschismus hat das Land entsetzlich verwüstet, innen und aussen, vor allem innen. Die Äcker sind ja alle wieder bestellt. Die »Trümmer«, wie man hier die zerschossenen Häuser von

Berlin nennt, sind schon etwas im Stadtbild, selbst darüber kann ich höchstens in einer Novelle, aber nicht in einem Brief schreiben. Die paar anständigen Menschen, die ich lebend traf (manche, die ich suchte, fand ich gar nicht oder auf einem Todesurteil), stechen von den übrigen ab, wie vielleicht einmal die ersten Christen von den Zuschauern in der römischen Arena. Die Menschen verstehen jeden Tag weniger, dass sie irgendwie, dass sie auch nur im geringsten Schuld haben sollen an dem Hunger, den sie tatsächlich haben. Du hörst jeden Tag ein Dutzendmal: Da hat man behauptet, Hitler sei am Kriege schuld, und jetzt ist er tot und man spricht wieder vom Krieg. Es gibt sehr junge Kinder, so unter zehn Jahren, bei denen man stark fühlt, wie alles möglich sein könnte. Es gibt auch gewisse gute Versuche, dieses Mögliche zu fixieren. Das ist sehr beschränkt auf geographische Teile und darin auch auf gewisse Ausschnitte aus der menschlichen Gesellschaft. Der Lebensstandard ist etwas Wahnsinniges, Unvorstellbares. Ein mittelgut bezahlter Arbeiter oder eine Sekretärin 200.00 Mark, ein Brot auf dem Schwarzen Markt 60.00 M. Nach Karten satt werden ist unmöglich. Ich habe noch nirgendwo, und ich bin doch durch alle möglichen Länder gekommen, den Unterschied zwischen Arm und Reich so krass gesehen. Nicht mal in Mexiko, wo die Indios barfuss vor den amerikanischen Hotels stehen. Denn der Schwarze Markt, obwohl halb verboten, ist denen zugänglich, die das Geld dazu ausgeben können. Von Brot bis Zigaretten. Die Bauern schimpfen gern und viel; sie nehmen aber zum Tausch beim Hamstern unglaubliche Objekte. Ich hörte in der Bahn ein Gespräch, das ein Mädchen weinend erzählte, man hatte ihr nur was gegen Pessare geben wollen. Du hörst von den Antifaschisten, die es geblieben sind, grossartige, einmalige Dinge. Ich fühle immer mehr, dass ich mich viel weniger dazu eigne, das Grossartige und das Gemeine in Reportagen und Briefen zu schreiben, jetzt besser in einer Geschichte.

Jetzt fällt mir ein: Weisst Du eigentlich, dass ich allein hier bin? Rodi sollte und wollte eigentlich schon hier sein. Ich denke mir, er hat mit allerlei Visen- und Papierkram zu kämpfen, wie ich es übrigens schon hier auch habe. Denn was Du hier an Bogen ausfüllen musst, an Besatzungsmächte, an die Magistrate, die dadurch ihre verbliebene Macht bezeugen wollen, an Lebensmittelämter, das kann man überhaupt nicht beschreiben. Jetzt habe ich schon wochenlang keine richtige Nachricht von meiner Familie; ich bin erschöpft und müde. Ich kann Dir nicht sagen, wie es in den nächsten Monaten mit mir weitergeht. Ich hoffe sehr, es dauert nicht zu lange, bis ich wieder in Verbindung mit meinen Leuten bin. Gestern sprach ich einen Freund von Nico Rost, der »Das siebte Kreuz« übersetzt. Schreib, wie es Dir und den Jungens geht. Schreib alles. [...]

Es umarmt Dich

## 84 Kreisvorstand der FDJ Dresden an Anna Seghers

Dresden N 6, 8. August 1947

Werte Frau Seghers!
Wir erlauben uns, als Kreisvorstand der Freien Deutschen Jugend mit einer dringenden Bitte an Sie heranzutreten und würden uns freuen, Ihre Zusage zu erhalten.

Anlässlich des »Friedenstages des deutschen Jugend« planen wir in Gemeinschaft mit dem Mitteldeutschen Rundfunk, Landessender Dresden, am 7. September 1947 eine öffentliche Grossveranstaltung, die als Sendung über den Mitteldeutschen Rundfunk gehen soll.

Der Leitgedanke soll sein, der deutschen Jugend den

Kampf der antifaschistischen Kräfte gegen den Krieg und gegen die faschistische Diktatur eindrucksvoll in Erinnerung zu rufen und den Anti-Kriegsgedanken in der Jugend zu festigen. Wir hatten gedacht, dass Sie in einer Ansprache an die deutsche Jugend diese Aufgabe, falls es Ihre Zeit erlaubt, übernehmen könnten.

Gerade die schwierige Situation, vor der Deutschland und insbesondere die Jugend steht, hat uns veranlasst, den »Friedenstag der deutschen Jugend« in diesem Rahmen zu begehen. Es tut not, in der deutschen Jugend die volle Erkenntnis ihrer Lage und ihrer Aufgaben zu wekken. [...]

In Erwartung Ihrer Zusage verbleiben wir
mit herzlichen Grüssen!

Freie Deutsche Jugend
Kreisvorstand Dresden

## 85 Gisl Kisch an Anna Seghers

Praha, 11. August 1947

Liebe Tschibi:
heute hatten wir eine grosse Freude, Ruthi tauchte bei uns auf, die alte Ruthi, die schon vor mehr als drei Wochen angerufen hatte, als aber das Gespräch durch Zufall unterbrochen wurde, sich nicht wieder meldete: und wir suchten sie in der ganzen Stadt, setzten die Festivalleitung in Bewegung; und als dann Ella Winter kam, setzten wir die Suche mit verdreifachten Kräften fort, bis wir vorgestern hörten, dass Ruthi schon seit 14 Tagen wieder weg ist. Kannst Dir also vorstellen, wie schön es war, dass wir sie doch wiedergesehen haben, sie war inzwischen in Jugoslawien gewesen und sieht blühend aus und bildhübsch. – Von Dir hat uns Ella Winter viel erzählt, und es wäre gar keine so schlechte Idee, wenn Du mal auf paar Tage hierher kommen wür-

dest, ein Bett zum Schlafen können wir Dir anbieten. – Vor vier Wochen war Theo Balk auf der Rückreise aus Brüssel einen Tag hier, und vorgestern Bruno Frei; und Ruthi war also die dritte Mexikanerin, die wir seit unserer Abreise wiedergesehen haben. Was hörst Du von Rodi, kommt der nicht bald auch nach Europa? Dein erstes Auftreten am Radio bei Deiner Ankunft in Berlin hörte Ilse zufällig, rief mich gleich an, als ich hinkam, hörte ich nur noch den letzten Satz; – wir hören aber öfter durch Freunde, die hier durchkommen, was Ihr alle drüben macht, aber dennoch würde ich sehr gern von Dir selber mal hören, wie Du Dich daheim fühlst.

Alles Gute und viele Grüsse von
Deiner alten Gisl

[handschriftlich:]
Liebe Czibi,
ich kann Dir gar nicht sagen, wie ich mich mit Ruthi gefreut habe. Und mit Dir würde ich mich nicht minder freuen.

Alles Gute vom alten Egonek

## 86 Stephan Hermlin an Anna Seghers

Frankfurt a. M., 11. August 1947

Liebe Anna Seghers,
Gestatte mir bitte diese vertrauliche Anrede, obwohl wir uns kaum kennen – ich hatte die Ehre, Dir einmal, vor Jahren, in Paris ganz flüchtig zu begegnen. Besser kannte ich freilich Deinen Mann, mit dem ich einige Zeit, direkt vor dem Kriege, eng zusammenarbeitete. Er kannte mich allerdings nicht unter diesem Namen.

Deine Adresse erhielt ich von unserer gemeinsamen Freundin Lore Wolf. Ich vermute, dass diese Adresse überholt ist, denn nur so kann ich mir Deine verspätete

Antwort auf mein Telegramm erklären. Ich hoffe nun, und nicht nur ich, dass Du im Herbst bestimmt nach Frankfurt kommen wirst, wo wir einen Abend mit Dir sowie einige Rundfunksendungen veranstalten wollen. (Gestern sendeten wir übrigens Deine Transitlesung, die Du in Berlin beim amerikanischen Rundfunk gemacht hast.)

Was meine Sachen betrifft, so hältst Du Dich am besten an Tschesno. Ich habe momentan keine Exemplare, die ich Dir schicken könnte. Der Verlag Volk und Welt bringt aber jetzt Verschiedenes heraus. Am 11. September werde ich mit meiner Frau nach Berlin kommen, wohin wir zum Kongreß eingeladen wurden. Ich hoffe vor allem, Dich dort sehen zu können.

Mit vielen Grüßen
Stephan Hermlin

## 87 Magistrat von Gross-Berlin, Abteilung Volksbildung, an Anna Seghers

Berlin, 16. August 1947

Sehr geehrte Frau Seghers!
Auf Veranlassung des Dekans der Fakultät I der Technischen Universität und jetzt zum Rektor für das nächste Hochschuljahr gewählten Herrn Professor D'Ans gestatte ich mir als Hauptreferentin des Hochschulamtes des Magistrats, Ihnen folgende Bitte vorzutragen:

In der Technischen Universität findet z. Zt. ein Studententreffen statt, an dem etwa 100 Studenten teilnehmen. Die Hälfte sind Ausländer und die Deutschen wieder zur Hälfte aus der westlichen Zone. Die Studenten leisten am Tage Aufräumungsarbeiten auf dem Gelände der Technischen Universität und benutzen ihre Freizeit, um sich wechselseitig kennen zu lernen und zu unterrichten. Das Lager wird in erheblichem Maße von den Quäkern unterstützt.

Die ausländischen Studenten haben die dringende Bitte geäußert, führende Persönlichkeiten des Berliner Kulturlebens kennen zu lernen. Nachdem ich Herrn Prof. D'Ans von Ihren Ausführungen erzählte, die Sie in der »Gedenkstunde für das verbrannte Buch« im Haus der Kultur der Sowjet-Union gesprochen hatten, glaubte er sicherlich mit Recht, daß solche Ausführungen gerade wegen der persönlichen Note, die Sie ihnen zu geben verstanden, die Studenten sehr interessieren würden, besonders wenn sie hinterher noch Gelegenheiten hätten, sich mit Ihnen zu unterhalten.

Ich erlaube mir daher, Ihnen die Bitte des Herrn Prof. D'Ans und der von ihm betreuten Studenten zu übermitteln, sich an einem Nachmittage für eine solche Aussprache bei den Studenten zur Verfügung zu stellen. Falls Sie die Freundlichkeit haben sollten, auf diese Bitte einzugehen, würde es sich der Eile halber vielleicht empfehlen, sich unmittelbar mit Herrn Prof. D'Ans im Hause der Technischen Universität, Charlottenburg, Hardenbergstr. 34, in Verbindung zu setzen.

Mit vorzüglicher Hochachtung!
Ihre ergebene Anna Weil [unleserlich]

## 88 Heinz Willmann / Kulturbund an Anna Seghers

Berlin, 16. August 1947

Liebe Anna Seghers,
in der Zeit vom 8. bis 10. September findet in Leipzig unter starker Beteiligung von Delegierten aus Westdeutschland der 2. Pädagogische Kongreß in der sowjetischen Besatzungszone statt. Am letzten Kongreßtag, also am 10., sollen Vertreter des öffentlichen Lebens zu Wort

kommen, um dahin zu wirken, daß die Verhandlungen der Tagung nicht im technischen und abstrakt-pädagogischen bleiben. Vielmehr soll in dieser Tagung unterstrichen werden, daß die Schule viel mehr als es früher der Fall war, mit dem Leben verbunden sein muß. Es soll hier auch die besondere gesellschaftliche Bedeutung des Lehrers in einem demokratischen Deutschland verständlich gemacht werden. Unsere Freunde in der Zentralverwaltung für Volksbildung würden es sehr begrüßen, wenn Du am 10. September im Namen des Kulturbundes und in Deiner Eigenschaft als Vizepräsidentin des Bundes das Wort ergreifst und dabei vor allem sagst, was Du als Schriftstellerin und Mutter von den Lehrern in einem neuen Deutschland erwartest. Ich kann mir vorstellen, daß diese Aufgabe dankbar ist, und würde es sehr begrüßen, wenn Du Dich ihr unterziehen würdest. Laß uns bitte wissen, ob das möglich ist, damit wir alles Notwendige veranlassen können.

Mit freundlichen Grüßen
Dein Heinz Willmann

## 89 Christel Rogowski an Anna Seghers

Liebenwalde, Dienstag 18. August 1947

Ich danke Ihnen.
Darf ich Ihnen schreiben? Bitte helfen Sie mir.

Ich bin nicht mehr ich, sondern ein ausgelöstes Etwas, das jedes Ihrer Worte in sich hineingeblutet hat und nun lebt. Ja, ab jetzt lebt es, brennt hell und schmerzend groß in mir. Lange lag es als ein Alp, durch Nebelschleier verdeckt auf meiner Seele. Ich bin frei. Das danke ich Euch mit jedem Atemzug.

Wohin darf ich schreiben? Bitte, ich flehe und fordere, darf ich Ihnen schreiben?

Ich bin so still und flackernd jubelnd, denn ich weiß, Antwort erhalte ich.

Gesundheit möge Ihnen noch lange beschieden sein, daß Sie schaffen und schaffen können!

Ihre
Christel Rogowski

## 90 Anna Seghers an Christel Rogowski

Berlin, 20. August 1947

Liebe Christel,
ich danke Dir für den Brief und für die Blumen. Das war ein guter Gruss ins Auto für die Heimfahrt.

Ich freue mich, wenn es mir gelungen ist, auch nur ein wenig von den Gedanken verständlich zu machen, die uns bewegen und unserem oft schwierigen und komplizierten Leben Schwung geben. Ich hatte selbst das Gefühl, dass ich viel zu kurz in der Schule war, damit wir Kontakt miteinander finden können. Mir geht es jetzt so schon lange. Immer, wenn ich gerade in einem Land oder unter einzelnen Menschen Wurzel fassen möchte, dann fährt ein Auto, oder ein Zug oder ein Schiff ab. Das ist natürlich Unsinn. Das Wichtigste bleibt ja doch hängen. Das tröstet einen aber nicht immer. Man möchte sich einfach freuen am Zusammensein. Ich bitte Dich sehr, mir zu schreiben. Erzähle ruhig, was Dir einfällt, was Dir am Herzen liegt. Erzähle über Dich, dass ich Dein Leben noch kennen lerne, was Du arbeitest. Was Du liebst. Was für Pläne Du für die Zukunft hast. Schliess' Dich einfach auf, wenn Du dazu Lust hast und lass es aus Dir herauskommen. Ich hoffe, Du gehörst nicht zu den Menschen, bei denen man Angst haben muss, dass sie sich zu sehr verschliessen aus falscher Angst oder aus falschem Stolz. Denn nur wenn man ganz passiv ist und überhaupt nichts im Leben tut, macht man nie Fehler, und hat nie Schwierigkeiten. Wenn man einen Schritt macht, dann gerät man schon in Fragen und Schwierigkeiten. Das geht einem auch noch so, wenn man so alt ist wie ich und noch viel älter. Schreib' bald, damit ich sehe, dass diese Post wirklich funktioniert.

Es grüsst Dich herzlich und bittet Dich, alle anderen zu grüssen, die Lust nach Grüssen haben.

Deine

## 91 Anna Seghers an Stephan Hermlin

Berlin, 20. August 1947

Lieber Stephan Hermlin,
Glaub' mir, es ist nicht meine Schuld, wenn ich Deinen und meinen Wunsch, bald zu Euch herunter zu kommen, nicht so schnell erfüllen kann, wie ich möchte. Die Schriftstellertagung ist zwar, wie ich höre, verschoben worden. Ich hoffe aber bestimmt, Dich im Herbst hier sprechen zu können. Dann werde ich Dir alles erklären.

Ich habe mich sehr gefreut, dass Ihr beide, Lore und Du, Euch gut kennt. Bitte auch sie, dass sie Geduld haben soll, zuerst wenigstens, bis Du selbst mit meinen Grüssen wieder daheim bist, und dann, bis ich selbst kommen kann.

Ich kann mich wirklich nicht an Dich erinnern. Wenn Du mir nur ein kleines »besonderes Kennzeichen« geben würdest, Augenfarbe, Glatze, Schnurrbart, Nase, vielleicht ist der Rodi, mein Mann, auch hier, wenn Du kommst. Ich bin tatsächlich im Umzug, sodass Du mir am besten in den Kulturbund schreibst. [...]

Es grüsst Dich herzlich
Deine

## 92 Sally David Cramer an Anna Seghers

London, 25. August 1947

Mein lieber Hony,
Mit Telegrammen nach Mexiko scheine ich kein grosses Glück zu haben. Ich habe Rody sofort nach Erhalt Deines Briefes telegrafiert (mit bezahlter Rückantwort) und das Resultat. … »as per enclosed«! Das ist mir schon das zweite Mal passiert. Es sieht mir aus, als ob Rody schon unterwegs ist.

Mit herzlichsten Grüssen und in Eile,
wie immer. Dein SDC

## 93 Paul Terpe an Anna Seghers

Hohenstein-Ernstthal, 25. August 1947

Sehr geehrte Frau Seghers!
Unser Betrieb (Fa. A. Haase) ist im Aufbau einer Werkbücherei begriffen und hat mich damit betraut.

Der allseitige Wunsch unserer Belegschaft ist, Ihr Buch »Das siebte Kreuz« kennen zu lernen, leider kann ich dasselbe im Buchhandel nicht bekommen. Ich wäre Ihnen von Herzen dankbar, wenn Sie mir einen Rat geben könnten, wo ich dasselbe bekommen kann.

In aller aufrichtigen Hochachtung
und frdl. Gruß,
sowie dem Wunsch nach guter Gesundheit
i. A. Paul Terpe

Stockholm, 31. August 1947

Liebste Netty!
Zu den Dingen, die Dich am meisten interessieren. Beide Briefe vom 3. und 6. 8. habe ich bekommen. Den vom 6. zuerst und dem vom 3. später aber ich habe gleich nach Empfang eine Kopie geschrieben und sie am 21. 8. per Flugpost an Rodi geschickt. Hoffentlich kriegt er die Briefe. Ich habe bisher nichts gehört. Netty, Deine Einladung hierher war mit einem Unglück verbunden. Dieser Mann, von dem Du die Einladung bekommst, wurde am selben Tag als er den Brief geschrieben hatte ohnmächtig und lag krank. Die Unterschrift fehlte, und es war nichts zu machen. Inzwischen ist aber alles erledigt und Du mußt die Einladung schon vor diesem Brief in den Händen haben. Ich habe sie an die Adresse von Prof. J. K. schicken lassen, wie Du schriebst.

An Ursula will ich auch noch gleich schreiben. Ich habe ebenfalls den Brief an ihre Schwägerin nach Mexiko weiterbefördert und zwar am 29. 8. Schreibt den Leuten nach M. aber ja, daß sie nicht hier aufs Visum warten sollen. Die Frau aus Buenos Aires sitzt schon beinahe 3 Monate hier, und es sieht sehr hoffnungslos aus. Es kann nämlich den Wartenden hier passieren, daß sie dann irgendwelche Arbeit annehmen müssen, Fabriks- oder Hausarbeit oder ähnliches. Warnt also die Leute und schreibt ihnen, daß sie in den Resp. Ländern die Visen abwarten sollen.

Netty, ich habe von allen Dankbriefe für die von Dir verordneten Pakete bekommen, die letzten waren Oberländer und Delmas. Also alle sind angekommen. Tschibi – Netty, ich gehe gar nicht auf Deine Briefe ein und schreibe auch nichts von hier, weil ich nur schnell schreiben wollte, was für Dich wichtig ist. Vielleicht sehen wir uns ja auch bald. Die Einreise- und Aufenthaltsbewilligung mußt Du selbst wohl erbitten vom Utlänningskommissionen, Passavdelning Birger Jarlstorg. Sei sehr, sehr gegrüßt und umarmt

Deine Erika

## 95 Nico Rost an Anna Seghers

Amonines, province de Luxemburg, Belgien,
4. September 1947

Liebe Netty
Endlich – endlich wieder Deine Adresse (von Bruno Kaiser), ich schreibe Dir sofort.

Wahrscheinlich weisst Du, dass ich das »Das siebte Kreuz« übersetze (ich muss noch 50 Seiten) und wieder begeistert bin von dem Buch. Und wenn man im Lager war, ist es noch schöner. Ich habe es mit Freude übersetzt, von der ersten Seite bis zur letzten und kein einziges Mal geflucht oder geschimpft wie bei allen anderen Büchern, die ich übersetze, doch oft der Fall war. So ein Buch übersetzen ist eine Freude!

Das Buch war – in der heutigen antideutschen Situation in Holland – schwer unterzubringen. Der Verlag ist aber einer der besten jetzt – mit Überzeugung. Ich habe den Leuten – als Extrawurst – *einen Brief von Dir versprochen als Einleitung.* Eine Art *»Brief an meinen Übersetzer«*. Was Du darin schreiben willst, musst Du wissen. Vielleicht etwas über die Tatsache, dass man wieder Interesse wecken muss – für das andere Deutschland. Leider eilt die Sache. *Die Übersetzung ist schon beim Drucker. Bitte, bitte –*

Was hast Du sonst noch geschrieben? Bitte schicken! Ich werde es übersetzen für *unsere* Blätter. Nicht vergessen, Netty! Auch kleinere Sachen und Artikel!

Und – das Wichtigste: die Kinder? Und Roddy? Noch in Mexiko? Wann sehen wir uns? Wann gehen wir wieder zu Carow?

Was Edith und mich betrifft (Tylie ist in Holland und beinahe verheiratet!!) – wir waren beide lange krank und eigentlich noch nicht wieder 100 % hergestellt. Ich leide noch an einer Drüsensache (Kopfschmerzen, Galle) und Edith hat nach ihrer Haft (4 Monate und 10 Tage Keller) eine Lungengeschichte. Und immer noch Fieber u. v. m. Aber es geht schon wieder und wir arbeiten viel.

»Goethe in Dachau« (Literatur und Wirklichkeit) ist fertig und erscheint holländisch nächsten Monat und dann deutsch bei Tschechno. Und ich hoffe, dass Du ein Vorwort schreiben willst.

Die Hälfte der Übersetzung ging vorgestern ab – die zweite, die ich besser finde – folgt bald. Ich bin neugierig, wie Du es findest. Pläne haben wir genug, aber bis jetzt waren immer Krankheiten dazwischen. Bruno hofft, dass ich zum SDS Kongreß kommen kann – es scheint mir aber ein langer bürokratischer Weg bis zum Visum – aber auch *nach* dem Kongress komme ich gern. Hoffentlich kriegst Du diesen Brief! Bitte schreibe bald zurück, wir freuen uns mit jeder Zeile von Dir!

herzlichst Dein *Nico*
auch von Edith

Adresse: vorläufig bei Theun de Vries. Kleveniusburgwal III. Amsterdam

## 96 Marieluise Fleisser an Anna Seghers

Ingolstadt, 9. September 1947

Liebe Frau Seghers,
haben Sie schönen Dank für die Übersendung des Buches »Das siebte Kreuz«, das ich sehr aufmerksam gelesen habe und in dem ich eines der wenigen Bücher von innerer Substanz gefunden habe. Ich glaube, dass der Wert

des Buches auch über den Stoff hinaus andauern wird – womit ich nichts gegen den Stoff sage. Sie haben mir ein wirkliches Geschenk damit gemacht.

Was für ein reiches Leben müssen Sie, liebe Frau Seghers, bei allen Härten Ihres tapferen Weges gehabt haben, wieviel Berührung mit Menschen, an denen was dran war, und welche unermüdete Freiheit des Blicks, welches Immer-neu-wieder-hinsehen-können, dass Sie ein so vielfältiges Buch mit soviel Genauigkeit und Lebensnähe und mit so überzeugendem Wissen herausstellen konnten!

Wegen des Kongresses, der ja nun hinausgeschoben ist, habe ich einen Interzonenpass erhalten und will nun auch davon Gebrauch machen – ich habe Berlin seit vierzehn Jahren nicht mehr gesehen. Ich werde voraussichtlich in der letzten Septemberwoche in Berlin sein, vielleicht ein paar Tage länger. Ich würde mich sehr freuen, wenn ich Sie innerhalb dieser Zeitspanne einmal besuchen dürfte, vorausgesetzt, dass Sie zu dieser Zeit selber in Berlin sind und dass es Ihnen recht ist. Ich muß nun freilich zuvor sehn, wie sich die Quartierfrage anlässt und ob ich unter den veränderten Umständen mir über den Schutzverband Quartier besorgen kann, ich will es jedenfalls versuchen und hoffe sehr, dass es klappt.

Inzwischen grüsse ich Sie herzlich
Ihre Marieluise Fleißer

## 97 Anna Seghers an Erika Friedländer und Laszlo Radvanyi

[Berlin,] 22. September 1947

Meine liebe Erika, ich bin gestern nach einer ziemlich anstrengenden und aus vielen Gründen etwas schwierigen Fahrt vom Bodensee zurückgekommen und fand

Deinen Brief vor. Ich bitte sofort in diesem Brief an Rodi, den Du, wenn Du so lieb bist, besorgen wirst, Dir schnell etwas Geld zu schicken – Du kannst ja nicht alle Wünsche aus eigner Tasche blechen. Ich war froh, dass Du die Sendungen an meine franz. Freunde so gut erledigt hast. Alle waren glücklich. Jetzt ist es dort sehr teuer. Das Leben ist auch dort schwierig. Wie es hier ist, kannst Du Dir kaum vorstellen – ich selbst kann nicht begreifen, wie die Leute ohne eine Unterstützung von aussen durchhalten. Das sah ich wieder jetzt auf der Reise, wo ich mich durch einen Irrtum ein paar Tage in Baden-Baden herumschleppte, obwohl ich immerhin so etwas wie Unterkunft und eine Abart von Essen fand, kam ich durchaus reduziert wieder.

Liebste Erika, ich fand auch einen Brief von schwedischen Schriftstellern. Nur scheint mir der Brief so vague, so inhaltslos und daher unverwendbar, dass ich kaum als Privatperson wüsste, was er bedeutet, also amtlich bei Gott nichts damit anfangen kann. Ich werde heute an Dr. Sulzbach schreiben. Vielleicht sprichst Du doch einmal mit ihm. Ich hoffe und fürchte, er ist mehr ein Kind dieser Welt und weniger mit Engelsflügel behaftet. Auch kennt er wohl noch gut Dr. Svenson, der glaub ich, für so was zuständig ist.

Am Bodensee war mein geplanter Urlaub an und für sich sehr gut. Meine Verlegerfreunde wohnen auf dem Land, ein Böckchen wurde geschlachtet und ich bekam so viel Obst, wie ich wollte. Wir wohnten bloss ab von der Bahn, sodass ich meinen vorbestellten Platz im Militärzug verpasste. Daher durch eigne Schuld mein blödes Gefahre. Ich fand es aus vielen Gründen zum ersten Mal erleichternd in B. anzukommen. Ich wohne jetzt (sehr gut) Argentinische Allee 3 bei Frau Obigt (das ist eine Pension mit zwei Zimmerchen mit Balköner aufs Grüne). Ich hoffte nur so, der Rodi sei unterwegs – dafür bekam ich einen ganz verzweifelten Brief, der meine

Lebenskräfte auch nicht gerade auffrischte. Seine Visen klappen nicht. Meine Freunde (und eigentlich auch mein Gefühl) rät genau zu dem Gegenteil wie Du. Nämlich, dass er einfach nach Brüssel oder schliesslich zu Dir trudeln soll (Was er durch seine Arbeit längst wollte und, wie ich glaube, auch arrangierte) und dass wir ihn dann bestimmt holen, so wie ja schliesslich auch unsere Ruth nicht verlassen war und ich selbst nicht. Er soll, da er ja wieder auf seine Universität will und muss, am besten sein Rückfahrtbillett gleich mitbestellen. Wir dachten es uns so gut und schön, die Kinder, wann wir wollen, zu sehen und zwischen unseren beiden Kontinenten zu leben. Der Rodi versteht aber scheint's gar nicht, dass es sogar sehr schwer, ja unüblich ist, das Visum für B. zu bekommen. Ich glaube, auch ich hatte das nicht. Aber wie kann draussen ein Mann kapieren, dass die Zone vom Sektor manchmal eine Untergrundstation entfernt liegt? Sodass es gehuppt wie gesprungen ist. Oder in meinem Fall der Militärzug sacrosanct, mich aus Frohnau zu meinem Verleger bringt, vielleicht sogar zu den Kindern, obwohl das nicht so sicher ist.

Man braucht zwar um die Stadt zu verlassen wieder vom Kontrollrat eine Interzonengenehmigung, doch mit meinem kulturellen Auftrag hatte ich es dann praktisch nur mit einem Sektor und mit einer Zone und mit einer Nation zu tun.

Die gute Tschibi hat in den Ferien ihre Schwägerin Lili wieder gesehn. Die kam auf Telegramm aus Zürich in das nahe Dorf. So glücklich Tschibi war, sie fürchtet, sie hat auf die Lili einen recht zerfahrenen und teils schimpfigen, teils geschwätzigen Eindruck gemacht. Sie war nachher statt froh, wie sie erzählt, todtraurig. Es war alles wie ein Traum. Surrealistisch, unwahrscheinlich. Und sie sehnt sich einmal nicht zu träumen.

Liebe Erika, sei Du nicht bös, wenn ich Dich so schrecklich in Anspruch nehme, wie man es nur tut mit einem lieben Menschen, bei dem man das Gefühl hat, man kann endlich mal alles auskramen. Zu meinem Roman: Ich liess eine Kopie dem Verleger. Er ist zwar nicht massgebend, fand aber, wie ich selbst, dass das Buch, wichtig wie es ist (in dunklen Momenten zweifle ich ja sogar daran, überhaupt an der Wichtigkeit alles Geschriebenen) an vielen Stellen ein glatteres reineres Deutsch nötig hat, gerade jetzt, wo kein Mensch mehr normal schreibt. Diese Arbeit bräuchte noch Wochen, wenn ich die Kraft dazu habe. Für die deutsche Ausgabe macht das ja nichts. Aber wie mit der Amerikanischen usw.?

Der dortige Kulturattaché wird es dem hiesigen schon sicher schicken. Liebe Erika, ob Du aus diesem Brief das wichtigste copieren kannst? Und dazu gehört auch, dass Du scrupellos, (so bed bist Du ja sowieso nicht) den Rodi darauf aufmerksam machst, dass er Dir ein paar Dollars schickt und die Post bestätigt. Denn er ist glücklich, wenn ich durch Dich schreibe, ich bin immer noch schrecklich müd, obwohl ich mich um neun Uhr schlafen lege, und ich bin ein bisschen komisch. Ich hätte gar nicht die Erlaubnis so eine Reise zu machen wie die Schwägerin von Rodis Lili. Sie ist ja aber Deutsche. Ich bräuchte Extragenehmigungen, die wie in Kafkas »Schloss« vermutlich bei meinem Tod einträfen.

Liebste Erika, nun sei im voraus nie bös für all den Durcheinander. Erzähl dem Rodi so viel wie möglich. Ach, die Zeit [eine Zeile unleserlich, da verblichen] erscheinen mir jetzt wunderbar.

Deine Netty

[...]

Berlin, 24. September 1947

Mein lieber Hony:
Kein Wunder, dass Du von dem Rodi nichts hörst. Wir haben doch nicht mehr die alte Adresse. Er ist jetzt erreichbar: Donato Guerra1, Des. 207, Mexiko, D. F. Das ist sein Büro. Ich bin im Augenblick sehr unglücklich, weil mir der Rodi sehr unglücklich schreibt. Er hat irgendwelche Reise- und Visenschwierigkeiten, die uns beiden das Leben verbittern. Ich bin traurig, wir haben beide Sehnsucht, zusammen zu sein. Bitte setz Dich mit ihm, trotz der ersten Misserfolge, in Verbindung; stupse ihn auch, dass er Dir seine Zeitschrift und dergleichen schickt, damit Du von seiner Arbeit einen Begriff hast. Sag' ihm auch, dass ich sein Arbeitsmaterial hier bräuchte. Frag ihn auch bitte an, ob er irgend einen Kontakt mit dem übrigens sehr angenehmen Professor Wandel aufgenommen hat, der ihn zu Konferenzen aufforderte. Der Rodi, der sonst immer für mich Rat wusste, scheint plötzlich ratlos zu sein und fragt mich um Rat, die ich so blöd bin und von freundschaftlicher Hilfe und glücklichen Zufällen abhänge. Es ist ein Wunder, dass ich gerade jetzt heil von einer sehr widerwärtigen Reise an den Bodensee zurückkam. Ich glaube, mein guter Hony, Du siehst ein paar Sachen etwas schief an, darunter auch die Gründe, warum ich hier bin. Wir haben uns vorgestellt, dass wir ohne Schwierigkeiten eine Zeitlang bi-kontinental leben könnten und die Kinder so oft sehen könnten wie wir Lust haben. Es ist aber auch für mich schon überaus schwer, aus der Stadt heraus oder von einer Zone in die andere zu fahren. Sowas ist viel leichter für die gute Lilo, die am Sonntag hier bei mir war. Es ist vielleicht schwer, ihr und Euch das Nähere zu erklären, auch dass eine gewisse publicity zuweilen mehr hindert als nützt. Ich will aber jetzt garnichts darüber schreiben,

lieber Hony. Ich bin ein richtiger Ecksteinhaubenkopp; ich bin ganz verblödet und traurig. Dazu bin ich körperlich müd' und hab' einen ganzen Schwalm Arbeit. Meine neue Adresse ist: Argentinische Allee 3, Berlin-Zehlendorf-West. Die Wirtin dieser Pension heißt Frau Obigt (komischer Name). Kennst Du übrigens die Geschichte: Komisch, komisch, dicke Backen und keine Nas'?

Viele Grüsse

## 99 Anna Seghers an Irene With

Berlin, 24. September 1947

Liebe Irene:
Ich glaube, unsere Briefe haben sich vor ein paar Wochen gekreuzt. Ich war inzwischen 14 Tage in Konstanz und bin gerade wieder zurückgekommen. Ich wohne jetzt: Argentinische Allee 3, Berlin-Zehlendorf-West. Ich bin im Augenblick sehr traurig, weil der Rodi und ich schwer darauf hofften, uns ganz bald zu treffen. Er hat aber irgendwelche von den üblichen Visenschwierigkeiten und schreibt mir, entgegen seiner sonstigen Haltung in solchen Sachen, die meistens schlauer und debrouilarder ist als meine, selbst ganz verzagt und ratlos. Ich weiss nicht, wie all diese Sachen weitergehen. Wir hatten uns vorgestellt, dass wir nicht nur leicht von einem Kontinent zum anderen, auch von einem Land zum andern, zu den Kindern und wieder zurück könnten. Aber jetzt bei der Reise habe ich bemerkt, wieviel Kraft es schon kostete, von einer Zone in die andere zu trudeln. Ich selbst habe hier Arbeit und Verpflichtungen, die die Frage gar nicht übrig liessen, ob ich etwa gleich zu den Kindern hätte fahren sollen, selbst wenn ich es gekonnt hätte, was auch höchst zweifelhaft gewesen wäre. Jetzt habe ich dieses verhexte Land von einem Ende zum anderen durchreist. Überall dasselbe:

Angst vor dem Winter, Angst vor noch grösserem Hunger, den sie ohne Zweifel überall haben. Und dabei in mir selbst, wie wohl in den meisten Menschen mit denselben Gedankengängen: dass sie selbst daran schuld sind und um keinen Preis einen Zusammenhang verstehen wollen. Und die Angst und der Hunger machen sie noch deformierter, noch härter und schlechter, wie man es sich garnicht vorstellen kann, denn schliesslich ist einem ja Land und Volk nicht fremd. Ich mag gar nicht über alles schreiben, auch nicht über einige sonderbare persönliche Eindrücke beim Wiedersehen mit alten Freunden (z. B. dieser Weller, den Du, glaub ich, selbst kennst). Er hat zwar selbst mal im Gefängnis gesessen, aber so etwas von verschrobenem oder reduziertem Denkvermögen wie Du es bei jedem Einzelnen triffst, ist schwer zu schildern.

Ich schreibe Dir heute aus einem ganz anderen Grund. Du erinnerst Dich sicher noch an einen uralten [...] Universitätskameraden von mir, der Schaeffer hieß. Dieser Mensch wurde gegen Ende des Krieges von Hitler guillotiniert. Die Umstände gehören jetzt auch nicht in den Brief. Sie sind allein das widerwärtigste Beispiel für alles, was hier passierte. Er hatte in zweiter Ehe eine sehr liebe Frau, die bis die Alliierten kamen, im Zusammenhang mit demselben Prozess in allerlei Gefängnissen herumsass. Sie war dort mit einer holländischen Freundin zusammen, mit der sie plötzlich im Durcheinander die Verbindung verloren hat. Sie möchte sehr gern wissen, was aus ihr geworden ist, war gerade heute morgen bei mir und bat mich, wenn ich dort Bekannte oder Freunde habe, mich nach der Freundin zu erkundigen. Ich gebe Dir hier die Adresse: Josepha Volkman, Den Haag, Ramweg 2. Sei so lieb und schreibe mir, ob Du etwas erfahren hast an meine neue Adresse.

Ich bekam einen Brief von Landshoff, der, glaube ich, schon nach New York ist. Er scheint zu meinen, ich sei durch Holland gefahren anstatt mit dem Flugzeug direkt zu den Kindern. Anfang Oktober wird hier ein Schriftstellerkongress sein. Ich hoffe sehr, den Nico dabei zu sehen. Man behauptet wenigstens, dass er vielleicht kommt. [...] Schreibe bald, wie es Dir und den Kindern geht.

Es umarmt Dich

## 100 Kulturbund Leipzig an Anna Seghers

Leipzig C 1, 24. September 1947

Sehr geehrte gnädige Frau!
Der Kulturbund Leipzig würde sich freuen, wenn Sie einmal hier bei uns aus Ihren Werken lesen würden. Wir können uns zwar denken, daß dieser Wunsch sicherlich von vielen Städten an Sie herangetragen wird und Sie deshalb wohl die meisten absagen müssen, glauben aber, daß es Ihnen in unserem Falle auf Grund der verhältnismäßig günstigen Zugverbindung Berlin-Leipzig möglich ist. Wir würden Ihre Lesung außerhalb unserer üblichen Vortrags-Reihe in einer Sonderveranstaltung bringen, so daß Sie den Dienst-D-Zug Berlin-Leipzig am Dienstag Nachmittag benutzen und am Donnerstag früh, ebenfalls mit dem Dienst-D-Zug zurückfahren könnten. Für entsprechende Unterbringung im Gästehaus der Stadt Leipzig würden wir selbstverständlich Sorge tragen.

Wir überlassen die Festsetzung des genauen Termins Ihnen und bitten Sie, uns bald mitteilen zu wollen, ob und wann es Ihnen möglich ist, einmal vor dem Kulturbund Leipzig zu lesen.

Mit freundlichen Grüßen
[unleserlich] Leiter des Kulturbundes

## 101 SED-Kreisleitung Berlin Mitte an Anna Seghers

Berlin N 54, 1. Oktober 1947

Liebe Genossin Anna Seghers!
Im Auftrage des Kreisvorstandes Berlin-Mitte wende ich mich an Dich mit folgender Bitte:

Am Sonntag, den 9. November 1947 – um 10.30 Uhr – veranstalten wir eine große Feier zum 30. Jahrestag der Oktoberrevolution im Palast. Diese Feier soll und wird von einem hohen Niveau getragen sein – würdig diesem historischen Ereignis.

Aus diesem Grunde treten wir an unsere prominenten Freunde heran, zwecks aktiver Teilnahme an der feierlichen Gestaltung desselben.

Unsere Freunde, insbesondere unsere Frauen, sind an mich herangetreten, Dich zu ersuchen und zu bitten, durch Dein Erscheinen und Auftreten dieser Feier eine besondere Note zu geben.

Zur Besprechung diesbezüglicher Einzelheiten stehe ich jederzeit, die Dir genehm ist, zur Verfügung. [...]

In der Hoffnung, keine Fehlbitte getan zu haben.

Mit sozialistischem Gruß
Eggebrecht
Kreisvorstand Berlin-Mitte
Abt. Werbung und Schulung

## 102 Sally David Cramer an Anna Seghers

London, 6. Oktober 1947

Mein lieber Hony,
Dein Brief vom 24. September kam erst heute bei mir an. Ich will Dir sofort antworten, weil ich fürchte, dass mein Brief genau so lange unterwegs sein wird!

Ich fahre am 18. Oktober nach Frankfurt und bleibe etwa 10 Tage dort. Du *musst* es möglich machen, mich in Frankfurt zu treffen, denn ich bin nicht in der Lage, nach Berlin zu fahren. Du kannst mich in Frankfurt immer bei der Telefonbau- und Normalzeit A. G. [...] erreichen.

Dem Rodi habe ich sofort geschrieben – und sämtliche Befehle ausgeführt. Im übrigen heisst es nicht »komisch, komisch, dicke Backen und keine Nas'« – sondern »Komisch, komisch, dicke Backen, Schnurrbart und keine Nas'«.

Mutter ist Freitag abgereist, es würde aber zu weit führen, Dir alle Details zu schreiben.

Sei innigst geküsst von
Deinem SDC

## 103 Anna Seghers an Gordon Schaffer

Berlin-Zehlendorf-West, 9. Oktober 1947

Sehr geehrter Herr Gordon Schaffer:
Ich habe Ihre Einladung hier vorgefunden, als ich von einer längeren Reise nach Berlin zurückkam. Ich danke Ihnen sehr. Ich würde an und für sich sehr gern kommen, fürchte aber, dass ich nicht bis zum Kongress mit meinen Vorbereitungen, mit Visen, usw. fertig sein kann. Ich war auch zeitlich durch den Schriftstellerkongress behindert, der gerade diese Woche hier getagt hat.

Ich wäre Ihnen sehr verbunden, wenn Sie meinen Wunsch, nach London zu fahren und mit Ihnen über verschiedene Fragen zu sprechen, praktisch unterstützen könnten. Auch wenn ich nicht mehr zu dem vorgesehenem Datum eintreffe, erschiene mir die Reise selbst nach dem Kongress, wünschenswert. Auch leicht zu ermöglichen, wenn ich meine Kinder, die in Paris studieren, in nächster Zeit besuchen werde, was ich ohnedies vorhabe. Falls Sie meine Visenangelegenheit von London aus unterstützen, nehmen Sie bitte zur Kenntnis, dass ich mexikanische Staatsangehörigkeit und Papiere habe (mein Mann ist Professor an der Universität von Mexico-City) und dass mein Familienname Netty Radvanyi ist. [...]

Ich danke Ihnen im voraus und grüsse Sie bestens

## 104 Anna Seghers an Erich Wendt / Aufbau-Verlag

Berlin, 9. Oktober 1947

Lieber Wendt:
Ich bitte Euch, das »Siebte Kreuz« an folgende Adressen zu schicken:

Paul Terpe, Hohenstein-Ernstthal / Sa., [...] (Werkbücherei für einen Betrieb) und an Frl. Ingrid Jux, Reinickendorf-Ost, [...] Oberschule für Mädchen.

Ich habe Euch schon einmal angerufen und werde es dieser Tage wieder versuchen. Ich danke Euch für die »Rettung«. Durch den Schriftstellerkongress hatte ich noch keine Zeit, die Fahnen von den »Toten Mädchen« durchzusehen. Das werde ich hoffentlich auch diese Woche machen. Die Ausgabe der »Rettung«, die wie das »Siebte Kreuz« gehalten ist, gefällt mir. Der Umschlag für die »Toten Mädchen« gefällt mir weniger. Wenn schon Mädchen, dann bin ich für Mädchen. Die drei BDM finde ich weder ex- noch impressionistisch noch naturalistisch, nur eine Erinnerung an ägyptische Königinnen, weder surrealistisch noch unter-realistisch. Der Max hat mich um die Wahrheit gebeten. Seid also nicht bös.

Viele Grüsse
Anna

PS Macht doch drei schöne Mädchen vor dem ersten Weltkrieg mit Zöpfen usw., die man Lust hat anzugukken. Sie können sein, wie sie wollen. Lasst sie über Trümmer hüpfen oder über zerbrochene Brücken, orthodoxrealistisch brauchen sie ja nicht zu sein, dafür sind sie tot. Wenn Ihr wollt, schlage ich einen Bekannten von mir vor, der freut sich dann sehr.

## 105 Anna Seghers an Nico Rost

Berlin, 9. Oktober 1947

Lieber Nico:
Das war eine grosse Freude, wie dieser Tage Dein Brief kam. Schreib Dir gleich meine Adresse hier auf: Argentinische Allee 3, Berlin-Zehlendorf-West. Das ist eine Pension; die Wirtin hat den unerklärlichen Namen Obigt. Ich habe von morgens bis nachts zu tun. Ich komme überhaupt nicht zum Nachdenken, so eine Rasselbande wie das hier ist. Berlin ist eine ziemlich phantastische Stadt, der richtige Turmbau zu Babel. Aber er wird nicht fertig, sondern ist schon zusammengebrochen. Die Leute nennen die Stadt das moderne Shanghai nach den ausländischen Konzessionen. Du triffst an einem Tag die wahnsinnigsten Rasselbanditen. Du triffst anständige Leute, Du triffst Schweine, Du triffst sonderbare Burschen, z. B. einen Japaner, der den ganzen Krieg hier war, aber für die Alliierten. Du bekommst als Chauffeur den einzigen Juden, der alles überlebte, obwohl er so mit den Händen spricht, dass Du jeden Augenblick ein Auto-Unglück befürchtest, weil er am Steuer redet. Du suchst einen alten Freund, bis Du entdeckst, er ist im letzten Jahr guillotiniert worden. – Der Rodi, der an der Universität von Mexico ist, wollte nicht abbrechen, da er an Freunde, Arbeit und Land von ganzem Herzen hängt (ich auch). Er wollte aber für längere Zeit rasch nach-

kommen. Er scheint im Augenblick irgendwelche Visen-Schwierigkeiten zu haben. [...] Die Kinder studieren in Paris. Ich hoffe herzlich, sie in diesem Winter sehr bald wiederzusehen. Ich war dort, bevor ich hierher kam. Wir haben mexikanische Staatsangehörigkeit. Wenn ich überhaupt einen Augenblick Zeit zum Nachdenken habe und allein bin, dann fühle ich mich verwaist. Ich bin gar nicht mehr lustig, wie ich früher war; vielleicht sind wir das alle nicht mehr. Ich habe nur schrecklich Sehnsucht danach, wieder einmal lustig zu sein und über Quatsch zu lachen. Wie mir Dein Freund erzählte, Du kämst vielleicht zu dem Schriftstellerkongress, da hoffte ich schon sehr, ich könnte ein paar Tage nicht verwaist sein und wieder lustig sein und wieder über Quatsch mit Dir lachen. Bitte, komm', komm'! Zu der hija prodiga, auf deutsch: verlorene Tochter. Ich werde jetzt versuchen, einen Brief auf der Linie an Dich zu schreiben für Deine Übersetzung. Du kannst entscheiden, ob wir uns mit Sie oder Du oder Ihr oder anders anreden.

Es grüsst Dich und die Edith
Deine

P. S. Du kannst natürlich was weglassen, wenn Du willst.

[Beiliegend Vorwort für die holländische Ausgabe des »Siebten Kreuzes«, als Brief von Anna Seghers an den Übersetzer]

Berlin, 9. Oktober 1947

Lieber Nico:
Ich freue mich, dass gerade Du, gerade mein Buch übersetzt. Wie ich nach Europa kam, hoffte ich sofort, Dich zu finden. Ich fürchtete mich vor einer grimmigen Enttäuschung. Ich wusste von Dir nur, dass Du in das KZ Dachau verschleppt worden warst. Du wärest nicht der

1 *Anna Seghers, 1947*

2 *Anna Seghers mit ihren Kindern Peter und Ruth in Mexiko, um 1944*

3 *Die Kinderfrau Katharina (Gaya) Schulz*

4 *Clara Porset-Guerrero*

5 *Der Vetter Sally David Cramer mit seiner Mutter Clementine (Clem) Cramer*

6 *Anna Seghers mit Gisel und Egon Erwin Kisch in Versailles, 1935*

*7 Lenelore Wolf*

*8 Magda Stern in Mexiko*

9 *Erika Friedländer mit Tochter Marianne in Schweden*

10 *Anna Seghers und Nico Rost im Schloß Wiepersdorf*

*11 Anna Seghers in Horn am Bodensee bei Curt Wellers Familie, 1947*

*12 Anna Seghers und Sergej Iwanowitsch Tulpanow*

erste Freund gewesen, auf den ich sehnsüchtig, aber umsonst gewartet hatte.

Wenn ich dem Brief diesen Satz vorausschicke, verstehst Du auch den folgenden, den ich hinzufüge: Gerade ich, die ich viele teure Freunde, ja meine eigene Mutter, durch den Hitlerfaschismus verloren habe, ich verstehe voll und ganz das Ressentiment, das in vielen europäischen Ländern, die von der Naziarmee besetzt waren, gegen die Bücher von deutschen Autoren besteht. Ich habe das Buch erst beendet, als Paris bereits von deutschen Flugzeugen bombardiert wurde. Meine Freundin, die mir bei der Fertigstellung half, wurde später selbst ein paar Straßen von mir entfernt, von der Gestapo verhaftet. Auch sie ist wie Du nach harten, beinahe tödlichen Jahren durch den Einmarsch der Alliierten gerettet worden. Ich wusste lange Zeit selbst nicht, ob mein Manuskript noch erhalten geblieben war. Mein Sohn erzählte mir später, dass ich ziemlich töricht geweint hätte, als man es in meiner ehemaligen Wohnung bei der Besetzung durch die Deutschen verbrennen musste. Ich erfuhr erst nach meiner Ankunft in Amerika, dass eine Kopie doch an den Verlag gelangt war. Und wieder viel später, dass ein guter Freund in Paris es nicht nur im Garten vergraben hatte, sondern sogar während der Besatzungszeit übersetzt. Sodass es jetzt bei Gallimard erscheinen kann. Du siehst daraus, wie dünn der Faden ist, an dem die persönliche Zukunft hängt, die nur ein winziges Bruchteil unserer gemeinsamen Zukunft ist. Der Faden ist von Mensch zu Mensch gespannt, von einer treuen Gesinnung zur anderen. Ich kann nicht beurteilen, ob auch das Buch, das jetzt auf demselben Faden bis zu Dir gelangt ist, viel, wenig oder garnicht den Hoffnungen und den Anstrengungen dient, die den Frieden wollen und die Ausmerzung aller Feinde des Friedens und des menschlichen Fortschritts.

Ich muss gestehen, dass mir mein Leben in Deutschland, von dem ich – wie Du weisst – jahrelang fern war, nicht leicht fällt. Der Hitlerfaschismus hat furchtbare Wunden geschlagen. Er hat nicht nur die alten Städte zertrümmert, er hat auch die Gesinnung der Menschen, ihre moralischen und intellektuellen Werte bis zu einem Grad vernichtet, den man sich draussen trotz aller Phantasie schwer vorstellen kann. In dieser Dunkelheit glänzen die Lichtpunkte desto stärker: die Menschen, die in Gefängnissen und auf der Flucht in den furchtbarsten Lagen allen Spitzeln, allen Drohungen und auch allen Verführungen ausgesetzt, ihre Gesinnung bewahrt haben. Da braucht es Zeit, um nicht nur mit dem Verstand zu begreifen, sondern durch und durch zu fühlen, dass es auch für uns Schriftsteller nicht auf das Statische ankommt, sondern auf das Dynamische. Nicht auf die Situation, die immer beschränkt und zufällig bleibt, sondern auf die Richtung des Geschehens. Ich weiss nicht, ob es mir gelungen ist, etwas von dieser »Richtung«, etwas von dieser »Dynamik« in meinem Buch festzuhalten. Die darin geschilderten Ereignisse spielten ja ungefähr zwei, drei Jahre vor dem Beginn des Krieges. Und während dem Krieg hat der faschistische Terror erst richtig gezeigt, was er kann. Da ist es uns klar geworden, was wir als jüngere Menschen nur einfach zur Kenntnis nahmen, ohne viel darüber nachzudenken: dass es für die Menschheit wie für den einzelnen Menschen überhaupt nur zwei Wege gibt: nach vorn oder Rückfall in die Barbarei. Es sieht in dem Buch für die Hauptperson, für den Georg Heisler, schon dunkel genug aus. Er fühlt sich von Feinden umgeben. Er stösst nur selten auf wenige Freunde, die erst im entscheidenden Augenblick vor das Entweder-Oder gestellt, den richtigen Weg einschlagen. Wenn man sie ohne Georg Heisler vielleicht nur eine Woche vorher beobachtet hätte, sie wären vielleicht [letztes Wort durchgestrichen] heillos in den Faschismus verstrickt erschienen. Das ist es, Nico, was ich unter »Richtung« verstanden habe. Das ist es, was mir auch selbst in diesem verworrenen Leben in Deutschland immer von neuem Hoffnung gibt. Es kommt für uns alle darauf an, besonders für uns Schriftsteller, das Denken der Menschen immer wieder vor eine solche Situation zu bringen. Wenn wir nicht imstande sind, eine solche Situation selbst in ihrem eigenen Leben wachzurufen, dann müssen wir wenigstens ihre Vorstellungskraft beim Lesen an diesen entscheidenden Punkt bringen. Das ist ein Teil der Aufgabe, wie ich glaube, die wir Schriftsteller jetzt haben, wenn wir gegen den Faschismus kämpfen wollen. Wir sehen ja hier auf Schritt und Tritt, dass zwar die erste Phase gewonnen ist: der Sturz Hitlers. Der Hitlerismus ist noch längst nicht gestürzt. Wir haben die erste Phase gewonnen: den Krieg. Aber noch längst nicht die zweite: den Frieden. Die Kriegsverbrecher sind durch die Gerichte von Nürnberg noch längst nicht erledigt. Sie tummeln sich noch ganz lustig. Sie regen noch ungeschoren, wo sie können, die Träume von neuen Kriegen an. Und wenn sie noch in der letzten Woche, wie mir viele junge Soldaten erzählen, als es in Deutschland nur noch ein paar Kilometer unbesetztes Land gab, auf einen Streit zwischen Osten und Westen bauten, so bauen sie jetzt, nachdem die zwei Fronten unwiderruflich in einer Frontlinie zusammengefügt waren, von neuem auf einen Auseinanderfall, auf einen Kampf zwischen den Völkern, der den Besiegten hinterher doch noch recht geben könnte.

Ich wünsche von ganzem Herzen, Nico, Du kämst bald selbst hierher und brächtest mir Deine Übersetzung mit: Mach! schnell, sonst komme ich nach Holland, ein Land, in dem ich Freunde habe, in dem ich die glücklichsten Tage meiner Jugend verbrachte, die mir jetzt noch viel weiter zurück zu liegen scheint als sie in Wahrheit liegt. Soviel war in den letzten Jahren zusammengeballt, soviel haben wir verloren, mehr als ganze Generationen. Es wird sich hoffentlich auch herausstellen, dass wir dabei etwas Ungeheures gewonnen haben: Das Vertrauen in unsere Kraft, in die Kampfkraft der Antifaschisten.

Es umarmt Dich und mit Dir meine Freunde

## 106 Anna Seghers an Egon Erwin und Gisl Kisch

Berlin, 9. Oktober 1947

Lieber Egon, liebe Gisl,
Ich war längere Zeit weg und komme erst jetzt dazu, Euren Brief zu beantworten. Ich hoffe zwar schrecklich, die Kinder im Winter, hoffentlich in nicht zu langer Zeit wiederzusehen. Ich war aber froh, dass Ihr die Ruth inzwischen gesehen habt, sie schrieb von Euch und sie schrieb enthusiastisch über Jugoslawien. Zuletzt schrieb sie aus einem Boot aus einer Meeresbucht, wo sie wütend und ungnädig für ein Examen lernte. Die Ella Winter, mit der ich manchmal lustig war, (hier ist es ziemlich schwer, ganz frei und lustig zu lachen) ist längst wieder in USA. – Warum ist Egon nicht zum Kongress gekommen? Es war zum Schluss ganz turbulent. Man sah die Gegensätze. Unsere Freunde waren stark und stellenweise erfolgreich bemüht, sie zu überbrücken. Manche Leute, die bei Euch waren und dann bei mir, erzählen mir, der Egon sei nicht mehr so lustig wie früher. Ich weiss nicht, ob das wahr ist. Hier hätten ein paar Verrücktheiten von ihm ganz gut gewirkt. Und bei den Schriftstellern vor allem ungeheures Erstaunen erregt. Denn die haben wirklich jeden, aber auch jeden Witz verlernt. Das kann man vielleicht verstehen. Man ist aber ein wenig bedrückt über die dauernde und langsam immer mehr zerbröckelnde Zertrümmerung. Unsere besten Freunde, und diesen Eindruck hatten auch fran-

zösische Freunde, die ich sprach, haben es leicht, optimistisch zu sein, mit ihrem ungeheuren Rückhalt. Sie können es sich leisten, nach Generationen zu rechnen. Sie können mit Recht hoffen, dass die Sache in 30 oder 50 Jahren anders aussehen wird, auch wenn wir es uns, weil wir gewohnt sind, nach den eignen Lebensmassen zu rechnen, schon in drei bis fünf Jahren besser wünschten. Ich habe so scheusslich viel zu tun, dass ich wenig dazu komme, sogar solchen harmlosen Gedanken wie in diesem Brief, nachzuhängen. Der Rodi hat irgendwelche Reiseschwierigkeiten, sonst wäre er schon hier.

Viele Grüsse Eure

## 107 Anna Seghers an Bruno Frei

Berlin, 9. Oktober 1947

Lieber Bruno,
ich war verreist, daher komme ich erst jetzt dazu, Deinen Brief vom 29. Juli zu beantworten. Ich habe mich sehr gefreut, wieder etwas von Euch zu hören. Ich frage mich oft, wie es Dir und allen anderen geht, wie sich Elena in der neuen Lage fühlt. Ich glaube nicht, dass es bei uns rasend rasch vorwärts geht. Individuell genommen, auf die eigenen begrenzten Eindrücke hin befindet man sich oft in einer großen Dunkelheit, in der die einzelnen Punkte von Charakter und intellektuellem Wert verhältnismässig selten auftauchen und dann durch die Dunkelheit einem besonders hell vorkommen. Wie ich aber jetzt im Westen war, an der Schweizer Grenze, und zurück kam, da habe ich sehr gespürt, wieviel es ausmacht, wer die Menschen beherrscht und wer ihrem Leben und ihren Handlungen die Richtung gibt. Ich habe mich zum ersten Mal in meinem Leben geradezu gefreut, wieder in Berlin anzukommen.

Du weisst, bevor ich hierher kam, war ich in Paris bei den Kindern. Es waren in jeder Beziehung, aber in jeder, grossartige Wochen. Wenn ich überhaupt zum Nachdenken komme, bin ich etwas allein und etwas müde und etwas traurig, aber zum Glück komme ich beinahe nie dazu, überhaupt über mich nachzudenken. Denn es gibt Arbeit von morgens bis nachts. Der Rodi wollte längst hier sein, hat aber gerade einige Reiseschwierigkeiten. Ich fühle jetzt sehr, wie verwöhnt ich war durch seinen Rat und Beistand bei meiner Arbeit, wie wir an jedem Ausdruck und jedem Satz herumbosselten. Hier regt sich niemand besonders über eine halbrichtige oder halbfalsche Formulierung auf. Wahrscheinlich zu recht nicht, denn wo käme man da hin bei der mächtigen inneren und äußeren Zertrümmerung? Bitte grüsse alle meine Freunde. Grüsse besonders herzlich Anna Grün, deren Spur ich verloren habe. Und die Foschts. Ja, was machen die Foschts? Die Rosi, was macht sie? Ich höre nur dann und wann auf grossen Umwegen über die hija prodiga. Damit mein ich jetzt die Rosi, obwohl meine auch nicht strikt ausgeschlossen ist. Grüsse die Elena. Ich meine, wenn man zu ihr käme, würde sie es genau so zart und reizend machen wie die Spanier es mir schon gemacht haben, wie ich einen Tag in Mexiko war. Und wie hat es die Elena immer reizend bei Euch gemacht! Sie soll einen spanischen Brief schreiben. Claritas Briefe sind immer eine grosse Belebung hier in dieser dunklen und kalten Stadt. Indem ich das schreibe, gestehe ich's schon ein, dass es für meine Temperatur ein wenig zu kalt und ein wenig zu dunkel ist. Mit diesem Eingeständnis wirst Du keinen Schabernack treiben.

Viele herzliche Grüsse, besonders auch an die Lisa. Schreib' mir auch, was der Junge macht.

Deine

## 108 Erich Wendt / Aufbau-Verlag an Anna Seghers

Berlin, 11. Oktober 1947

Liebe Anna,
schönen Dank für Deinen lieben Brief vom 9. 10. ds. Jrs. Wir werden versuchen, die Sache mit den »Mädchen« in Ordnung zu bringen. Gib doch bitte dem Boten den Umschlagentwurf wieder mit. Ich nehme an, daß Du damit einverstanden bist, daß auch dieser Band in der gleichen Art gehalten wird, wie »Das siebte Kreuz«. Vielleicht sollten wir die Mädchen überhaupt weglassen? Auf alle Fälle werden wir Dir den neuen Entwurf zeigen.

Die Bücher gehen an die Adressen unberechnet ab. Übrigens stehen Dir noch 30 Freiexemplare von der 2. Auflage des »Siebten Kreuz« zur Verfügung, dasselbe gilt für »Die Rettung« (27 Exemplare).

Herzliche Grüße
E. Wendt

## 109 Radio München an Anna Seghers

München, 13. Oktober 1947

Sehr verehrte gnädige Frau!
Radio München plant innerhalb der Sendereihe »Literarisches Lexikon« unter dem Buchstaben S eine 15 Minuten Sendung Ihnen und Ihrem Werk zu widmen. (Das Literarische Lexikon ist eine bunte Folge von literarischen Profilen bedeutender Autoren der jüngsten Vergangenheit und Gegenwart: Anouilh, Bergengruen, Chesterton, Döblin, Georg Kaiser, Langgässer, Malraux und so fort.

Ich selbst habe in der von mir betreuten Sendung »Buchbesprechung« noch im vorigen Jahr Ihr Buch »Das siebte Kreuz« besprochen. In der Anlage lege ich eine

Durchschrift der Besprechung bei. Nun hätte ich gerne von Ihnen einige biographische Angaben erhalten und auch Hinweise, die Sie für bedeutsam genug zur Erklärung Ihres Werkes halten. Sollte es Ihnen möglich sein, uns Ihre neueren Arbeiten, die wohl im Verlag Curt Weller, Konstanz erscheinen werden, zu übersenden, so wäre ich Ihnen sehr verbunden. Wenn es Ihnen überdies möglich wäre, uns leihweise ein Exemplar der Erzählung »Aufstand der Fischer von Sankt Barbara« zu überlassen, würden Sie uns eine große Sorge abnehmen.

Ich darf hoffen, möglichst bald von Ihnen Nachricht zu erhalten und bin inzwischen mit verbindlichen Grüßen in Ergebenheit

Ihr
Dr. Hupka

## 110 Anna Seghers an den Kongress zur Lösung der deutschen Frage in London

[Berlin, ohne Datum]

An den Kongress
Für ein Volk gilt in manchen Fällen dasselbe wie für ein Individuum: Die beste Lehre ist das Beispiel, nicht das gepredigte oder in Thesen gelehrte, sondern das vorgelebte. Um diesem Volk [eingerissene Seite, unleserlich]) zu helfen, dessen Städte genauso zertrümmert sind wie oftmals seine Mentalität, muss man endgültig Schluss machen mit dem Faschismus. Der schiesst wieder frech hoch wie Unkraut, manchmal durch Dummheit, manchmal durch Förderung, manchmal durch Nachlässigkeit, manchmal aus denselben Gründen wie er schon einmal in den Tagen der Krise hochschoss, deren Ursache falsch erklärt wurde. Hitler ist tot, aber der Hitlerismus noch längst nicht. Die Kriegsverbrecher müssen ausgemerzt werden, nicht nur die paar, die man in Nürnberg

verurteilt. Die Psychologie der Kriegsverbrecher darf keinen Nährboden finden. Die Kriegshetzer müssen mundtot gemacht werden. Die Jugend muss das wirkliche Heldentum begreifen, das Heldentum des Widerstands, im eigenen Volk und im fremden Volk, damit sie den faulen Zauber des Naziheldentums verachten lernt. Denn diese Jugend scheint mir, im Gegensatz zu dem, was man oft darüber hört, mehr Anlass zu Vertrauen und Zuversicht zu geben als viele ihrer Väter. Sie ist wissbegierig und aufnahmefähig. Wir müssen scharf darauf achten, dass ihr die Faschisten nicht wieder »Ersatz« liefern, nicht allerhand dreiste Lügen, nicht Surrogate für ihre ausgehungerten Körper und Gehirne. Sonst wird sie abermals für ein Schlachtfeld erzogen.

Ich hätte gerne mit Ihnen darüber gesprochen. Wenn ich vermutlich auch nicht mehr zu Ihrem Kongress kommen kann, so hoffe ich doch, dass wir dieses Gespräch bald nachholen können.

Ich wünsche Ihrem Kongress auf jedem Fall Erfolg und eine würdige Verbreitung.

Ihre

## 111 Kulturbund Berlin an Anna Seghers

Berlin, 16. Oktober 1947

Sehr verehrte Frau Seghers!
Auf der letzten Sitzung des Präsidialrates wurde beschlossen, die Berliner Mitglieder des Kulturbundes wieder einmal in einer allgemeinen Mitgliederversammlung zusammenzufassen und anzusprechen. Johannes R. Becher hat sich bereit erklärt, bei dieser Gelegenheit das Hauptreferat zu übernehmen. Diese Veranstaltung soll u. a. zur Klärung der Situation des Kulturbundes in Berlin beitragen und dem einzelnen Mitglied ein stärkeres Gefühl seiner Bundeszugehörigkeit geben. Zur Vorbe-

reitung dieser für den Berliner Kulturbund besonders wichtigen Veranstaltung plant die Landesleitung Berlin für Dezember d. J. in den einzelnen Berliner Wirkungsgruppen zu einem beliebigen Thema Veranstaltungen, auf denen ein Berliner Mitglied des Präsidialrates sprechen soll.

Wir wären Ihnen dankbar, wenn Sie uns möglichst bald mitteilen können, ob Sie grundsätzlich bereit sind, auf einer derartigen Veranstaltung zu sprechen, und welches Thema Sie wählen möchten.

Mit vorzüglicher Hochachtung
Kulturbund zur demokratischen Erneuerung
Deutschlands
Kommission Kultur
Bergmann

## 112 Curt Roeseler an Anna Seghers

Aalborg (Danmark), 20. Oktober 1947

Sehr geehrte Frau Seghers!
Heute möchte ich Ihnen mitteilen, was ich mit Ihren drei schönen Büchern anfing. Ich schrieb Ihnen schon, wie nötig die Aufklärung der Jugend in dem Großlager ist, da sie ungünstig einseitig beeinflusst waren. Ich suchte mir einen kleinen Kreis junger Menschen zusammen und las ihnen aus »Stalingrad« vor. Es kamen erst nur sehr wenig zusammen doch seit längerer Zeit ist es schon so, dass ich einen ansehnlichen Kreis habe und [ein Wort unleserlich] Interesse feststelle. Ich lese und lasse vorlesen. »Stalingrad«, »Das siebte Kreuz« und »Die letzten Tage«. Die ganze Aktion macht mir viel Mühe, aber auch viel Freude. Ich werde von aufrichtig begeisterten Hörern immer wieder gebeten, ob ich nicht noch ein neues politisches Buch erbitten könnte und daher

möchte ich Sie, verehrte Frau Seghers, bitten, dass Sie mir nochmals ein passendes Buch senden.

Ich begrüsse Sie als

Ihr ergebener Curt Roeseler

## 113 Kulturbund (Sekretariat Berlin) an Anna Seghers

Berlin, 20. Oktober 1947

Sehr verehrte Frau Seghers!

Frau Albrecht überbrachte uns heute Ihre Bitte, dass Sie einer Erhöhung Ihres Stromkontingents bedürfen.

Wir haben heute an die Bewag geschrieben und überreichen Ihnen eine Durchschrift unseres Schreibens.

Wir begrüssen Sie
mit vorzüglicher Hochachtung
i. A. Schlesinger

*Abschrift*

Berlin, 21. Oktober 1947

An die
Berliner Kraft- und Licht-
(Bewag) Aktiengesellschaft

Wir beantragen für die Schriftstellerin Frau Anna Seghers, Berlin-Zehlendorf-West, Argentinische Allee 3, Telefon: 84 89 17, die Aufhebung des elektrischen Stromkontingents.

Wir begründen unseren Antrag wie folgt:

Frau Anna Seghers ist eine bekannte Schriftstellerin. Für ihre schriftstellerischen Arbeiten kann Frau Seghers nicht an einen bestimmten Zeitpunkt gebunden sein; sie muss ihre Arbeiten zu jeder Tages- und Nachtzeit ausführen können. Als Präsidialratsmitglied unseres Kulturbundes zur demokratischen Erneuerung Deutschlands erledigt sie in unserem Auftrage Arbeiten, die vielfach abends und nachts zur Durchführung kommen. Frau Seghers arbeitet in ihrer Privatwohnung, wo sie auch viele Mitarbeiter und Besucher zu empfangen und Besprechungen abzuhalten hat.

Aus diesem Grunde benötigt Frau Seghers dringend eine Aufhebung des für sie hinderlichen Stromkontingents.

Wir bitten, unserem Antrag stattzugeben.
i. A. [unleserlich]

## 114 Aufbau-Verlag (Presseabteilung) an Anna Seghers

Berlin, 21. Oktober 1947

Sehr verehrte Frau Seghers!
Nach einer Anordnung der SMA haben wir biographische und bibliographische Angaben der in unserem Verlag tätigen Autoren dieser Dienstelle einzureichen, ausserdem Inhaltsangaben und eine literarische bzw. zeitkritische oder politische Wertung der Werke.

Wir erlauben uns, Ihnen anbei die beiden erstgenannten Unterlagen zu überreichen, mit der Bitte, diese auf ihre Vollständigkeit und Richtigkeit hin zu überprüfen. Besonders die mit .... versehenen Stellen bedürfen einer Ergänzung, die wir Sie bitten, vornehmen zu wollen. Sollten ausserdem in unserer Aufstellung irgendwelche Daten oder andere notwendige Erläuterungen erforderlich sein, bitten wir Sie, diese gleichfalls einzutragen.

Da diese Unterlagen schnellstens benötigt werden, sprechen wir die höfliche Bitte aus, den beigefügten Entwurf nach Möglichkeit umgehend, mit Ihren Eintragungen versehen, uns einzureichen.

Beigefügt einen Freiumschlag zu Ihrer Verwendung.
Mit vorzüglicher Hochachtung

Aufbau-Verlag
G. m. b. H.
Press-Abteilung
[unleserlich]

## 115 Anna Seghers an Egon Erwin Kisch

Berlin, 23. Oktober 1947

Lieber Kisch,
ich zerbreche mir den Kopf, wie die Geschichte war mit dem leeren Theater, vor dem zwei Regisseure standen und drei Schauspieler kamen rein und vier gingen raus. Ich kann und kann nicht auf den Dreh kommen. Ich hab' mich schon schrecklich blamiert. Du verstehst, dass weder in Frankreich, noch in Deutschland, noch sonstwo ein Problem gelöst werden kann, wenn Du mir nicht sofort diese Sache noch einmal erklärst, die ich nie behalten konnte, wie Du Dich erinnern wirst.

Viele Grüsse

## 116 Anna Seghers an Helene Weigel

Berlin, 23. Oktober 1947

Liebe Helli,
Ich hätte Dir längst geschrieben, um für das Wunderpaket zu danken. Man hat mir aber vor meiner Abreise erzählt, Eure ganze Familie sei schon unterwegs. Nun scheint das doch langsam zu gehen. Ich bin zurückgekommen – kein Brecht, keine Helli. Ich gehe (hoffentlich) bald wieder auf kurze Zeit weg. Ich will Dir vorher für die Sachen danken. Dein Paket fiel besonders gut, weil aus irgend einem unklaren Grund die Paketausgabe

von Rodis Paketen seit Wochen gesperrt ist. Der Rodi hat nämlich auch irgend ein Zickzack mit seinen Fahrplänen. Ihr habt mich also zufällig richtig bei Kräften erhalten.

Je länger ich hier bin, desto öfter habe ich gewünscht, dass Ihr zwei hier wärt. Ich muss gestehen zunächst mal aus egoistischen Gründen. Es wird Euch auffallen, wenn Ihr hier seid, dass es sehr schwer ist, Leute zu finden, mit denen man – nicht mal arbeiten, davon spreche ich noch gar nicht – über die Arbeit normal sprechen kann. Es gibt lange Diskussionen mit an und für sich ganz lieben, ganz anständigen Gesellen. Ich habe aber wahrscheinlich aus eigener Schuld z. B. in Paris viel mehr das Gefühl, mich mit Kumpanen zu unterhalten als ich es hier habe. Man urteilt so oder so, und das Urteil dreht sich um erstaunlich schwache, geringfügige Leistungen. Das ist ein Grund mehr, warum der Brecht hier sein sollte. Dasselbe gilt in Deinem Beruf auf Dich. Du würdest hier unheimlich Arbeit finden. Du musst aber diesen Brief nicht falsch auffassen, Du musst verstehen, dass der Schwung, den ich in den ersten Monaten hatte, den Du bestimmt haben wirst, viel leichter schwankt, wenn man allein ist und auf sich selbst angewiesen. Das soll nicht sein, das ist nicht anständig usw., ich sage es ja auch nicht in einer Massenversammlung, ich erzähl es Dir in einem Brief. Aus diesem Grund hat so ein Paket, auch wenn es weniger prachtvoll ist als Deins, geradezu eine hohe ethische Bedeutung. Man kann nicht ewig keep smiling. Die haben es leichter, die ein grosses Reich hinter sich haben und ganz getrost auf Dinge bauen, die in dreissig oder hundertdreissig Jahren eintreten können, wenn man alles richtig macht. Sie haben es leichter zu vergessen, dass sie mal zwischendurch persönlich gestorben sind.

Ich schreibe gerade eine Novelle, die auf Haiti spielt. Denn das ist so ungeheuerlich aktuell. Die Berliner können es gar nicht aushalten ohne Haiti. Je dunkler es wird und je mehr Winter, desto haariger und mürrischer werden die Leute, die ohnedies sonderbar deformiert sind. Liebe Helli, ich mache jetzt Schluß. Ich weiss nicht, ob es für Dich einen ungeheuren Ansporn ausmacht, manchmal bei mir reinzukommen und mich zu beschimpfen, damit ich keep smiling.

Auf Wiedersehen irgendwo, irgendwann

## 117 Dolf Sternberger an Anna Seghers

Berlin, 27. Oktober 1947

Liebe und verehrte Frau Seghers!
Es ist ein Unglück passiert. Allzu sicher unseres stummen Einverständnisses wegen der »Sagen von Artemis«, habe ich auf eine briefliche Anfrage Ihres Verlegers Curt Weller von Anfang dieses Monats nicht rechtzeitig reagiert und erfahre jetzt von ihm, er habe mangels meiner Auskunft die Arbeit zum Erstdruck anderweitig verkauft. Dabei bin ich ganz entzückt von dieser Novelle, von ihrer gemächlichen, einfachen Fabulierkunst, von der Fülle der sinnlich ergriffenen, doch stets bedeutenden Details und – wie soll ich es sagen – von der Lebensfreudigkeit, die das Ganze atmet. Unser einziges Problem war der Umfang, der mit unserem beschränkten Papier und mit den Regeln, die sich aus dieser Lage ergaben, nicht ohne weiteres in Einklang zu bringen war; darum hatte ich warten wollen, wie sich die nächsten Dispositionen entwickeln würden. Nun scheint es irreparabel. In jedem Falle habe ich Herrn Weller noch einmal gefragt, ob er mit dem mir unbekannten Abnehmer nicht eventuell einen Austausch gegen ein anderes Manuskript vereinbaren könne, und ich wäre Ihnen von

Herzen dankbar, wenn Sie selbst in dieser Richtung helfen wollten.

Die Formulierung von Herrn Weller, der sogleich andere Manuskripte von Ihnen, ohne sie im einzelnen zu nennen, anbot, legte die Annahme nahe, er habe eine Art Generalvertrag über Ihre Erzählungen mit Ihnen geschlossen. Ist das richtig? Es wäre schön, wenn ich gleichwohl künftig mit Ihnen direkt korrespondieren könnte – wenngleich ich weiß, daß ich die Unterbrechung durch meine Säumigkeit verschuldet habe. Sie werden aber selber wohl auch die Erfahrung kennen, daß der Rhythmus des Korrespondenzumlaufs sich mit steigender Wichtigkeit und inhaltlicher Bedeutsamkeit zu verlangsamen pflegt; das Gleichgültige ist immer am schnellsten erledigt.

Indem ich trotzdem auf eine baldige neue Nachricht von Ihnen hoffe, bleibe ich mit herzlichen Empfehlungen

Ihr ergebener Dolf Sternberger

## 118 Anna Seghers an Aufbau-Verlag (Erich Wendt, Max Schroeder)

Berlin, 31. Oktober 1947

Lieber Wendt, lieber Max:
ich bitte Euch nochmals von ganzem Herzen und dringend und herzlich, mit allen freundschaftlichen Beschwörungen, die mir zur Verfügung stehen, mir ein paar tausende Blatt dünnes Durchschlagpapier in die Argentinische Allee 3 zu schicken. Auch wenn ich nicht gerade da bin, kommt immer Magda, um auf meiner Maschine den Roman zu schreiben, der für Euch wie für mich wichtig ist. Ich habe nur ein einziges ganz zerrupftes Exemplar. Er ist lang, und ich muss ihn kopieren.

Anbei erhaltet Ihr die biographischen und bibliographischen Angaben.

Vielen Dank und herzliche Grüsse von Eurer

## 119 Anna Seghers an Lenelore Wolf

[Berlin,] 1. November [1947]

Liebe Lorelene, ich erhielt Deinen Brief und will Dir schnell antworten, bevor ich wieder auf eine kurze Reise gehe. Ich habe über Deinen Brief den Kopf geschüttelt und gelacht, obwohl es beinahe ein trauriger Brief war.

Ich war auch damals sehr ärgerlich, als ich vom Bodensee (wo ich einen Freund und Verleger habe) zurückkam und hörte, dass Du ausgerechnet in dieser Zeit in Berlin warst. Der Fehler war, dass Du nicht wenigstens vorher telegraphiert hast. Denn jetzt passiert das leicht, wenn man sich nicht genau verabredet.

Da ich ja keine Deutsche bin und mit dem Militärzug fuhr, konnte ich natürlich nicht beliebig umsteigen und wechseln oder einen Zug überspringen. Ich war auch nicht in Mainz. Auch nicht in Darmstadt, wo ich diesen Preis bekam und sehr gern einen Vortrag gehalten hätte, war dazu keine Möglichkeit. Was mich hier oft erstaunt: wie alte liebe kluge Freunde, vielleicht weil sie zum Stillsitzen gezwungen sind oder waren, auch so komisch immobil im Denken sind und sich schwer in irgend was reindenken, was man nicht ganz genau erklärt. Ich glaube sogar, damit hängt auch das Gespinne zusammen von Wegreisen und Änderungen, von denen Du irgend einen Quatsch andeutest. Woher Du darauf kommst, in Mexiko würde man sagen: Quien sabe? Wer weiss? Wahrscheinlich sitzt Ihr zusammen und spinnt. So war es schon oft in Deutschland, ein paar Menschen, gerade die besten, sassen zusammen und spannen. Sie wussten nicht recht Bescheid und konnten sich schwer in was reindenken.

Arme liebe Leni, sei nun nicht bös. Ich schreibe so schnell, dass ich wubsch schreibe, als ob Du vor mir stündest. Hab keine Angst, so unumwunden schreib ich nur jemand, den ich lieb hab.

Du fragst mich, ob ich enttäuscht oder zufrieden bin. Keins von beiden. Enttäuscht war ich nicht – ich habe mir alles innen und aussen genau so vorgestellt. Warum, darüber müssen wir allerdings sprechen. Zufrieden kann ich natürlich nicht sein, da die Dinge sind wie sie sind. Persönlich bin ich auch nicht begeistert, dass die Kinder weg sind (worüber ich für die Kinder froh bin) und der Rodi durch allerhand Durcheinander noch nicht hier ist und ich ohne Nachricht bin, oft lange. Es gibt aber hier einige wenige Menschen, es gibt einige Ausblicke und einige Situationen, die auf kommende Situationen schliessen lassen, die alles Leid für mich persönlich wettmachen. Aber auch darauf einzugehen, ist für mich aus vielen Gründen jetzt nicht der geeignete Ort und Zeitpunkt.

Das tiefe kindliche Heimatsgefühl, das wir noch in Bellevue hatten, wo wir uns freuten, wenn ein Baum oder Haus roch wie daheim, das hab ich nicht mehr. Es gibt zu viel andre Strecken der Welt, die ich liebgewonnen habe. Damit will ich keine Treulosigkeit ausdrücken. Nur ist die Landschaft nicht mehr an meine Jugend gebunden, sie ist auch zu sehr an Grausamkeit gebunden, an die Vernichtungen der liebsten Menschen meiner Jugend. Vielleicht hängt es damit zusammen. Ich weiss es nicht. Kann sein, dass wieder viel zusammenwächst. Ich kann es nicht leiden, wenn man sich etwas vormacht.

Ich kann es mir lebhaft vorstellen, dass Du es nicht leicht auf der Welt hast. Weisst Du, wenn Du mich nach persönlichen Eindrücken fragst, die Menschen kommen mir auch so sonderbar kalt vor. So locker oder nur äusserlich in ihrem persönlichen Kontakt. Ich war jahrelang unter Menschen, vielleicht bösere, dümmere, aber immer so heftig, so leidenschaftlich. Wenn hier mal mein Mund überläuft, hab ich bei den guten Menschen das Gefühl, dass sie gutmütig lächeln. Das ist aber unwichtig. Ich schreibe Dir, wenn ich ganz bestimmt wieder da bin. Dann telegraphieren wir uns zusammen. Wenn es bei mir nicht geht, hab ich sehr liebe Freunde, bei denen Du in der Nähe wohnen kannst. Dieser Brief ist nur gerade hingehauen.

Es umarmt Dich
Netty

## 120 Volkshochschule Cottbus an Anna Seghers

Cottbus, 11. November 1947

Sehr geehrte Frau Seghers!
Wenn ich mich heute mit der Bitte an Sie wende, aus Ihrem Buch »Das siebte Kreuz« am Donnerstag, dem 18. März 1947 eine einmalige Lesung an der Volkshochschule Cottbus zu halten, so möchte ich mir damit einen Zugang zur Cottbuser Frauenwelt verschaffen. Wenn auch die Cottbuser Frauen demokratischen Gedankengängen gegenüber nicht mehr so unzugänglich sind, so verspreche ich mir von Ihrem Besuch eine besondere Aktivierung der Cottbuser Arbeiterfrau. Ich hoffe, von Ihnen keine Ablehnung zu erfahren und bitte Sie, mir bei Ihrer eventuellen Zusage gleich Ihre Honorar-Forderung mitzuteilen.

Da ich Ihren Dichter-Abend mit dem nächsten Lehrplan veröffentlichen möchte, bitte ich um baldige Antwort und zeichne

hochachtungsvoll
[unleserlich]
Leiter der Volkshochschule

## 121 Irene With an Anna Seghers

Amsterdam, 11. November 1947

Liebe Netty,
dank für Deinen Brief vom 24. September. Du schreibst von Briefen, die sich gekreuzt haben, jedoch habe ich seit Mexiko keinen Brief von Dir empfangen. Ende Juli – die Pause dauerte mir gar zu lang, schrieb ich an Rod – ich hörte nichts von ihm zurück. Dann schrieb ich Dir eine Zeile ans Künstlerhaus, in der Hoffnung, daß der Gruß Dich erreicht. Ich hoffe so sehr, daß Du inzwischen gute positive Nachricht von Rod hast. Dein Heimweh und Deine Betrübnisse schmerzen mich und ich wünschte, wir könnten lieb mit Dir sein und Dich fröhlich machen. Ich glaube schon, daß da schwer arbeiten ist – aber wo ist nicht Geduld nötig. Uns geht es gut, wir sind sehr fleißig. Jo hat seit einiger Zeit Korrektur- und Übersetzungs-Arbeit (für Verlag Meulenhoff und Republik der letteren), ihm macht die Arbeit Freude und das freut wieder die Mammi. André arbeitet nach vielen Richtungen sehr intensiv. Ich habe jetzt einen Paß: für alle Weltteile. Wie kommt nun die Reise zum Paß? Vielleicht hilft der Paß, daß wir uns sehen und sprechen können. – Ich hatte viele Organisationen wild gemacht im Aufspüren von Josepha Volkmann, weil ich annahm, daß Frau Schaeffer es mit einem Brief selbst versucht hatte. Es gibt so eine Gebärde: Pollak wo hast du Dein linkes Ohr?! So ungefähr war's. Resultat: sie wohnt und ist zu finden: Raamweg 2 in Haag. Eine Bekannte von mir, die doch in Haag sein mußte, ist zu ihr hin, traf sie nicht zu Hause. Jedoch hat sie die Schwester ausführlich gesprochen. Seit einem Jahr ist sie zurück in Holland. Doch geht es ihr nicht allzu gut. Die Schwester erinnerte sich, daß Josepha von Frau Schaeffer gesprochen hat. Das Beste ist doch wohl, wenn Frau Schaeffer ihr schreibt. – Ich hörte heute, daß das »Siebte Kreuz« in

Holländisch erscheinen wird? Ich habe es noch nicht gelesen.

Netty, Liebe, ich umarme und küsse Dich

Irene

Schreib bald!

## 122 Demokratischer Frauenbund Deutschlands an Anna Seghers

11. November 1947

Einladung

In dieser Woche sind in London die vier Stellvertreter der Außenminister zusammengetreten. Die Probleme, welche sie vorbereitend behandeln, schließen unseres Volkes Schicksal ein, es sind

1. Verfahren für die Aufstellung eines deutschen Friedensvertrages
2. Deutschlands politische Gestalt, d. h. wird Deutschland als Nation weiterbestehen oder in mehrere Teile zerfallen
3. Die Wiedergutmachung des von Deutschland angerichteten Schadens.

Am 25. 11. d. J. wird die Konferenz der Außenminister beginnen. Wir halten es für notwendig, daß deutsche Frauen aus allen Zonen zu diesen Lebensfragen unseres Volkes Stellung nehmen.

Zur Zeit bemühen sich die Parteien, eine gesamtdeutsche Vertretung zur Londoner Konferenz zu bilden. Wir wünschen als Frauen, in diesem Gremium vertreten zu sein. Diese unsere nationale Existenz angehenden Probleme machen die enge Verbindung der Frauen aller Zonen dringend notwendig.

Eine gemeinsame Beratung ist deshalb von uns vorbereitet und wird am 3. und 4. Dezember in Berlin stattfinden. Ihre Teilnahme wäre uns sehr erwünscht. Wir bitten Sie freundlichst, uns umgehend auf anliegendem Fragebogen mitzuteilen, ob wir Sie zu dieser Tagung begrüßen können. Die Tagesordnung und weitere nähere Angaben folgen in kurzer Zeit.

Demokratischer Frauenbund Deutschlands
Stellvertr. Generalsekretärin

## 123 Anna Seghers an Erika Friedländer

Paris, 17. November [1947]

Liebe Erika, ich danke Dir für Deinen Brief. Ich will Dir gleich antworten, jetzt, wo ich mich vernünftig ausdrücken kann. Zuerst, ich bin natürlich glücklich, bei den Kindern zu sein. Du kannst Dir vorstellen, dass mir dieses Zusammensein wichtiger ist als andere Reisen. Ich fahre Anfang Dezember wieder zurück. Ich kann Euch jetzt nicht besuchen, so schön das wäre, vor allem für mich selbst. Dass ich meine freie Reisezeit den Kindern gebe, brauche ich nicht zu erklären. Schon eher, dass jede Reise mit Neugierde, mit Eifersucht und mit widersprechenden Gefühlen beobachtet wird. Die einen sind froh, die andren enttäuscht, wenn ich wieder eintrudle. Neulich war ich am Bodensee bei einem Freund. Inzwischen telephonierte es x mal in meiner Wohnung an, wo ich sei, bei wem, ob ich mit Plivier sei. (!) Ich bekam völlig blöde Briefe. Das betrifft natürlich nicht die Freunde, die mich gut kennen und lieb haben. Die können es aber auch nicht allen Idioten erzählen. Es ist auch ganz egal. Ich möchte nur, wo jetzt so eine Spannung ist, mein Wort halten. Denn wenn ich Euch dann wirklich besuche, will ich nicht so einen Quatsch. Dann haben sie verstanden, dass ich gehe, wann ich Lust habe und wiederkomme, wenn ich es sage.

Von Rodi kam heute ein Telegramm. Leider kommt auch hierher die Post verspätet. Mit ihm [ist] es so, wie ich aus allem sehe: Er will mich sehen. Er will mit mir regeln, wie wir unser Leben miteinander einrichten. Er will auch in Europa Kurs usw. machen. Er will nicht seine Arbeit und mit seinen Schulern dort abbrechen. Ich glaube, das wäre für ihn zu schlimm, als dass ich ihm dazu zu dringend zureden darf. Er hat sich früher gedacht, dass er beides leicht vereinen kann. Was er sich jetzt vorstellt, weiss ich nicht. Mir scheint, sein Traum eines bikontinentalen Lebens ist für ihn und mich inzwischen schwer realisierbar geworden. Ich weiss selbst noch nicht, ob er nach Stockholm kommt. Ich werde ihn furchtbar beschimpfen, weil er Dir nicht antwortete. Aber unabhängig davon, *ich* möchte Euch wiedersehen. Etwas siehst Du falsch. Es ist für mich, die ich ja keine Deutsche bin, nicht so schwer, auszureisen als nach Belieben hin und zurück. Du würdest mich auslachen, wenn Du sehen könntest, was für eine Nervenangst vor Ämtern in mich gefahren ist. Ich habe übrigens keine Ahnung, wer der Mann ist, der jenen Brief unterschrieb. Die Einladung muss an das schwedische Konsulat nach Berlin gehen oder ein darauf bezogener Brief sein. Denn ich habe ja den franz. Militärzug hin und zurück zu benutzen. Und kann jetzt nicht einen Abstecher zu Euch machen. Ich warte jetzt, wann und wo der Rodi auftaucht, ob er jetzt wirklich in irdischer Zeit kommt. Auf jeden Fall bitte ich Dich, sofort, wenn ich es brauche, einen für das Konsulat benutzbaren Brief sofort zu schicken. Wenn ich darum bitte, ist es dringend. Ich werde Sulzbach, der mir auch lieb hierher schrieb, gleich antworten. Erkläre ihm das Nötige. Ich bin nicht sehr schlau, aber auch nicht so blöd, wie Ihr fürchtet.

Am Tag vor meiner Abreise war Ruth bei mir. Ein paar Menschen kamen dazwischen und ich war viel zu unruhig, um wie ich vorher wollte, gut mit ihr zu sprechen. Ich hatte den Eindruck, dass sie nicht so froh ist, wie ich es lieber hätte. Sie war in Stockholm so eine reizend geschickte kluge kleine Person. Ich fürchte, sie hat noch nicht richtig die Arbeit, die ihr entspricht. Nein, von allem Schweren abgesehen, gibt es doch viel, woran man spürt, dass eine neue Welt aufgebaut wird. Es ist gar kein leichtes Leben, auch für mich nicht. Ich liebe die Menschen dort nicht genug, um sie ganz zu verstehen. Aber ich habe irgendwie kapiert, dass man durch all den Dreck durchmuss und dass es nicht so wichtig ist, ob die Menschen widerlich und gemein sind. Das schliesst aber nicht aus, dass ich manchmal ganz erschöpft bin. Ich sehne mich dann nach Deinem stillen Zimmer.

Deine Netty

## 124 Lotte Bergtel an Anna Seghers

Berlin, 19. November 1947

Liebe Gen. Anna Seghers!
Natürlich kennst Du mich nicht – ich selbst aber Dich seit vielen Jahren: Philipp Schaeffer hat oft von Dir gesprochen. Seit 1932 gehörten wir zu seinem näheren Freundeskreis, und ich hatte mit Philipp zusammen am gleichen Tag Termin Februar 1943. Greta Kuckhoff wird Dir davon erzählt haben. Mit Greta lag ich in gleicher Zelle im Charlottenburger Untersuchungsgefängnis.

Ich habe ein Anliegen an Dich, das mir sehr am Herzen liegt. Ich arbeite im Volksbüchereiwesen Berlin, seit Juli 1947 als Studienleiterin der Büchereischule. Und von hier aus kommt mein Appell! Mein Fach ist praktische Bücherkunde. Am 19. Dezember haben meine Schüler das »Thema«, eine Vorlesestunde für die Neuköllner Bücherei (intern) zu inszenieren. Dieser Lehrgang – nochmal ein Sonderlehrgang mit verkürzter Ausbildungsdauer – hat erst im Oktober d. J. begonnen. Es handelt sich um 25 Teilnehmer von ca. 20 bis Mitte 30 Jahren. Nun ist es unsere Absicht – nicht nur die meinige, sondern auch die des Gen. Erich Schröter –, im Rahmen des Unterrichts hin und wieder Persönlichkeiten sprechen bzw. lesen zu lassen, die unseren Nachwuchskräften etwas zu geben haben über das »Stoffliche« hinaus. Die Frage der Dozenten ist für uns die schwierigste Frage überhaupt. Wir haben eine recht deutliche Vorstellung von dem, wie heute unsere Dozenten beschaffen sein müßten. Und wir erleben natürlich immer das gleiche, dass nämlich die besten Dozenten die sind, die gleichzeitig so überlastet sind, dass sie keine Zeit haben. Es ist aber notwendig, dass unsere neuen Berufskräfte mit den führenden Persönlichkeiten, den wirklich fortschrittlichen, auch persönlich in Kontakt kommen. Man muss ihnen etwas geben, was ihnen neues Vertrauen, eine Begeisterung, Zutrauen zu den fortschrittlichen Gedankengängen übermittelt. Dies alles ist schwer in Worte zu fassen. Aber ich glaube zu wissen, dass Du verstehst – und dass dies auch etwas ist, das Du als wichtige Notwendigkeit anerkennst. Ich meine keine Gefühlsduselei. Aber ich meine, dass wir es verstehen müssen, diesen jungen Menschen über ihre innere Krise, ihren verständlichen Mangel an Vertrauen, ihre Skepsis hinwegzuhelfen, dass wir ihre besten Kräfte in unsere Richtung leiten müssen. Und deshalb halte ich es für so unendlich wichtig, dass Menschen wie Ihr, wie Du, sich unmittelbar an diejenigen wenden, die Erzieher, »Volksbildner« werden sollen.

Was mir, konkret gesprochen, vorschwebt, ist folgendes: Ich möchte meine Schüler damit »überraschen«, daß die am 19. Dezember geplante Vormittags-Vorlesestunde von Dir übernommen wird. Vorbereiten sollen sie die ihrige ruhig! Aber ich werde ihnen dann Mitte Dezember – hoffentlich! – sagen: Dieses Mal wird Anna Seghers Euch eine Stunde »zur Verfügung« stehen! Ich hatte so gedacht: Teilnehmer sind alle unsere Nachwuchskräfte. Das sind rund 50. Davon machen 13 z. Zt. gerade ihr Diplom-Examen (Thema der einen Hausarbeit lautet: Anna Seghers: »Das siebte Kreuz«. Vielleicht macht es Dir sogar Vergnügen, in einige Arbeiten hineinzuschauen!). Weitere Gäste sind die Mitarbeiter der Stadtbücherei Neukölln u. d. w. Kollegen anderer Bezirke. 100–150 Personen können »räumlich« teilnehmen. Tust Du es für so wenige? Wahrscheinlich müssten wir direkte Einladungen machen (ausserhalb der Nachwuchskräfte), weil wir sonst zu grossen Andrang haben.

Im übrigen bist Du natürlich auch für diesen Sonderlehrgang keine »Fremde«. Wir hatten als erste Buchgruppe die Literatur, die die Zeit der Unterdrückung zum Thema hatte (Seghers!, Bredel, Barthel, Eggerat usw.)

Mehr möchte ich zu meinem Anliegen nicht sagen. Hoffentlich erreicht Dich der Brief. Und – hoffentlich – ist die Erfüllung möglich.

Ich bin auch telefonisch zu erreichen, allerdings mit gewissen Schwierigkeiten. [...] Du wirst verstehen, mit welcher Spannung ich einer Nachricht von Dir entgegensehe.

Mit herzlichem Gruss und Dank!
Lotte Bergtel

## 125 Lisa Zakowski-Triebel an Anna Seghers

Bitterfeld, 23. November 1947

Liebe Netty!
Eben erzählte mir meine Frau Wolf (Halle), die mir einst in so unvergesslicher Weise in den Zeiten der Verfolgung beigestanden hat, dass sie als Delegierte zu der Frauentagung nach Berlin fährt, und dass dort Frau »Anna Seghers« das Hauptreferat halten wird.

Diese Gelegenheit möchte ich nicht hingehen lassen, ohne Dir, liebe Netty, und vor allem dem Rodi-Wlass, einen herzlichen Gruss zu senden!

Wie oft habe ich, nachdem die teutonische Welle über Frankreich dahingegangen war, all der dortigen Kameraden, wie sehr habe ich ganz besonders gerade Euer gedacht!

Mit Gaja bekam ich erst nachdem der Spuk zusammengebrochen war – war es Ende 45 oder gar erst Anfang 46 – wieder Kontakt und erfuhr auch dann erst, dass Ihr alle lebt und entnahm einem Brief von Dir, den mir Gaja mitschickte, wie es Euch seither ergangen ist.

Wie viele unvergessliche Kameraden sind auf der Strecke geblieben! Aber wie fast wunderbar viele sind auch vor dem Ausgelöschtwerden bewahrt geblieben – bei manchem hats freilich nur an einem Fädchen gehangen. Und welches ganz grosse Glück bedeutet es jedesmal, wenn man wieder einen alten Bekannten trifft oder etwas über ihn erfährt.

Ich denke, über mein Geschick werdet Ihr durch Gaja so in groben Zügen unterrichtet sein. Der Josef war ja gleich während der Untersuchungshaft plötzlich tot. Darüber ist dann viel Zeit hingegangen, ohne dass ich es wagen durfte, der wirklichen Ursache seines Todes nachzugehen. Auch meine nach dem Zusammenbruch unternommenen gerichtlichen Schritte sind bisher erfolglos geblieben, da teils die Unterlagen nicht mehr vorhanden sind, teils Zeugen – wie etwa Mitgefangene aus den Nachbarzellen oder ehemalige Gefangenenwärter – offenbar nicht mehr aufzutreiben sind, oder – wie mein dortiger Gewährsmann meint – aus Furcht vor der Rache der Nazis, die ja doch wiederkommen würden!, keine Aussagen zu machen wagen. So weiss ich nichts darüber, wie der Josef zugrunde ging, und es scheint, dass es für immer darüber dunkel bleiben soll.

Doch von diesen persönlichen Dingen nichts weiter.

Erst vor kurzem war es mir möglich, in den Besitz des »Siebten Kreuzes« zu gelangen. Nach den »Gefährten« war es das erste Buch von Anna Seghers, das ich wieder in die Hand bekam und mir scheint, dass dazwischen eine Entwicklung liegt, eine Entwicklung zu immer größerer Schlichtheit und einfacher Menschlichkeit. Und zudem ist es ein so recht deutsches Buch!

Ich habe das Buch zweimal hintereinander fast in einem Atem gelesen und – obwohl der Verfasser bezüglich unseres deutschen Schicksals in jener Zeit gewissermassen outsider war – fühlte ich mich doch wieder wirklich und leibhaftig hereingestellt in jene unvergessliche Zeit der illegalen Not und ihrer ganz besonderen Werte, die zum großen Teil eben aus dieser Not erwuchsen. – Habe ich doch diese Zeit eben dort in Frankfurt und im Taunus durchlebt!

Und darüber hinaus, Netty! Frankfurt, der Taunus, Mainz, der Rhein, der Main – für mich ist diese Landschaft und sind diese Menschen einfach Heimat geworden, nach der ich mich auch heute noch kaputt sehnen könnte. Und man merkt ja dem Buche Seite für Seite an, dass es von jemanden geschrieben wurde, der dieses Land liebt wie er seine Mutter liebt. – Mir fällt gerade ein: die kleine Episode, wie der alte KZ-Bauer seinen letzten Weg in das Heimatdorf instinktgeleitet dahintrottet, oder jene nächtliche Szene im Mainzer Dom. – Ja, das »Siebte Kreuz« war für mich eigentlich kein Buch, über das man sachlich so und so urteilen kann, sondern war Wiederbegegnung und Wiedererkennen. Und die grosse Freude, die ich darüber hatte, möchte ich Dir doch mitteilen.

Was habt Ihr vor, Du und der Rodi? Wollt Ihr wieder in dieses unselige Land zurückkehren, dessen äusseres und inneres Los noch völlig nebelhaft sind? Wollt Ihr auf die Gefahr hin zurückkehren, ein zweites Mal gehetzt und gejagt zu werden? Ich sehe nicht sehr zuversichtlich drein, wie Du siehst.

Und doch: Eurer Arbeit auf der Tagung bin ich zutiefst verbunden, möge ihr aller Segen zuteil werden!

Sei herzlichst gegrüsst, ganz besonders freilich sei gegrüsst der Heidelberger Wlass!

Lisa

## 126 Katharina Schulz an Anna Seghers

[Lindelbach,] 26. November 1947

Meine liebe gute alte Netty!
Heute habe ich Deinen Brief vom 20. 11. aus Paris erhalten. Ja, Liebes, ich war oft erstaunt und konnt es nicht verstehen, daß Ihr alle schweigt. Weißt, einmal hätte der Rodi mir wieder schon schreiben dürfen. Und die Kinder!? Übrigens warte ich immer noch auf die versprochenen Bilder. Und die Kinder selbst? Ihr habt doch wohl mal von mir gesprochen. Hat denn weder Peter noch Ruth das Bedürfnis, ihrer Gaya mal zu schreiben? Das versteh ich nicht ganz, hab mich aber auch damit abgefunden, wie mit so manchem im Leben. Dein eigenes Leben kann ich verstehen, lieb Tschibilein. Ich finde, es wird immer so bleiben, mit wenigen Ruhestunden. Ich wäre gern wieder mal mit Dir zusammen gewesen. Vielleicht klappt es doch mal.

Du, auch mein eigenes Leben ist furchtbar schwer eben. Es ist wirklich so, daß es immer dicker kommt. Nun ist mein Bruder schon 10 Wochen tot und langsam gehen die Tage ohne ihn hin. Er hat eine größere Lücke hinterlassen als viele Gesunde. Ich werde Dir persönlich mal mehr von ihm erzählen. Er war der Mittelpunkt nicht nur vom Geschäft, sondern von unserem ganzen Haus und Leben. Für mich war er einfach alles. Neben der immensen Leere ist nun das ganze wirtschaftliche Chaos noch um mich. Mein Bruder hatte einen Kopf und einen Unternehmungsgeist, kaum zu glauben. Nun hatte er seit Anfang dieses Jahres ein Zweiggeschäft 60 km von hier aufgemacht und ist mit seinem Wägelchen selbst hin- und hergefahren, wenn er nicht von Schmerzen gefoltert ans Bett gefesselt lag. Wir haben uns beide auf Dich gefreut, nun lernst Du ihn nicht mehr kennen. Nun sitze ich mit 2 Geschäften hier. Seit 1. Mai hab ich noch die Post dabei, dadurch bin ich auch sehr gebunden und nimmt mir viel Zeit. Dem Geschäft bin ich in keiner Weise gewachsen, ich hab es nie mögen, habe höchstens mal verkauft, im übrigen habe ich in den letzten 4 Jahren, die ich zu Hause bin, den Haushalt gemacht und ein wenig Landwirtschaft und Kleintier. Und jetzt?? –

Ich glaub, ich geb den ganzen Laden auf. Aber im Moment ist es halt doch besonders schwierig mit allem. Meine Mutter ist jetzt 77 und durch den Tod meines Bruders, an dem sie besonders hing, gebrochen. Bisher war sie mir noch eine gute Hilfe. – Da denke ich grad an die Bücher. Du hast mir voriges Jahr mal geschrieben, Du wolltest mir für Bücher sorgen. Das hast Du natürlich wieder vergessen. Wir haben sogar die Lizenz. Könntest Du mir denn nicht noch Bücher zum Weihnachtsverkauf besorgen? Aufbau-Verlag? Weller? Hat der auch wieder einen Verlag? Freilich 100% dürfen sie nicht sein, Lindelbach ist doch noch Lindelbach. Bitte, denk mal dran.

Und Ihr? Und Du? Bist auch nicht mehr so kräftig? Ich glaubs. Ich kenn doch Dein Leben. Wie gehts denn dem Rodi gesundheitlich? Sein Herz? Und Ruth studiert Medizin! Das freut mich. Finde es einen schönen Beruf. Wird viel Leid sehen und viel helfen können. Vielleicht auch noch seiner alten Gaya.

Hast denn schon wieder was im Druck?

Ach Tschibusch, Du mußt mich doch mal besuchen. Grüß Deine liebe Brut.

Deine alte Gaya

Hast bei Deinen Kindern Geburtstag gefeiert! Vielleicht will es der Rodi auch so machen.

Ja, Dein »Kreuz« hab ich gelesen. Mir hats natürlich gefallen.

## 127 Hannelore Wolf an Anna Seghers

Frankfurt a. M., 27. November 1947

Liebe Anna,
sicherlich bist Du erstaunt, von mir, – wenn Du Dich meiner noch erinnern kannst, – diesen Brief zu bekommen. Als ich kurz nach der Befreiung 1945 in einer Zeitung Deinen Namen, Wohnort: USA, entdeckte, unternahm ich alles mögliche, um Deine genaue Anschrift zu erfahren. Ein langer Brief entstand damals – aber, er wurde nie abgesandt. – Es war damals noch niemand zurückgekehrt, mit keinen Freunden hatte ich Verbindung, auch das Schicksal meiner Mutter war uns nicht bekannt. Welche Freudenwelle allein Dein Name, verbunden mit Pariser Erinnerungen, in mir auslöste, kann ich selbst mir heute nicht mehr recht erklären – heute ist alles selbstverständlich geworden, Du bist weit entfernt trotz der Nähe. Warum?

Liebe Anna, wenn ich Dir heute schreibe, so nicht allein aus dem Grunde, weil ich Dir so gerne ein paar liebe Zeilen geschrieben hätte, sondern deshalb, weil ich meiner »Musch« eine große Freude bereiten möchte. Wenn Du wüßtest, wie innig sie Dich in ihr Herz geschlossen hat, mit welcher Begeisterung sie von ihrer Anna spricht!! Und da ich ihre Freude miterlebte, als sie Deinen letzten Brief empfing, so kann ich auch ermessen, wie schmerzlich sie berührt ist über – ja, ich will Dir die Gründe darlegen. Sie spricht so oft über die Entstehung des »Siebten Kreuzes« in ihrem Pariser Dachstübchen und es ist verständlich, daß sie heute das stolze

Gefühl eines, sagen wir mal, Geburtshelfers hat. Sie hat eigentlich immer den Wunsch gehegt, daß eines Tages dieses Buch mit einer lieben Widmung ihrer Anna eintreffen möge – und doch hat sie bis jetzt vergebens geharrt. Deshalb, liebe Anna, möchte ich Dich von Herzen bitten, ihr diesen heimlichen Wunsch zu erfüllen. Alle weiteren Worte erübrigen sich. Und wenn Du es schickst, so adressiere es bitte an meinen Namen, denn es soll doch eine Überraschung geben! Ich weiß, daß Du mir meine Offenheit nicht verübelst, nur deshalb wage ich es auch, Dir dies alles zu schreiben.

Aber es bleibt nicht allein bei diesem Wunsch!

Viel größer ist der, Dich recht bald wieder einmal in die Arme schließen zu können. Wenn nur die Zeit nicht so unbarmherzig wäre – welche herrliche Stunden solltest Du hier in unserem Kreise verleben! Aber ich hoffe sehr, daß auch hierzu einmal Gelegenheit sein wird. Soll das ein Wiedersehen geben!!

Doch für heute möchte ich mich verabschieden.

Da ich gewiß bin, daß Lore-Lene nicht vergebens warten wird, sage ich Dir schon heute meinen innigsten Dank!

Nimm Du recht herzliche Grüße und alle guten Wünsche für die Zukunft

Deine Hannelore

## 128 Anna Seghers an Erika Friedländer und Laszlo Radvanyi

[Berlin, ohne Datum]

Liebe Erika, wie Du an meiner stillen Bitte, die Dir diesen Brief zur Beförderung beilegt, sehen kannst, bin ich wieder daheim. Ich meine [mit] »daheim« zuerst das Praktische. Rodi wird Dir inzwischen geschrieben haben. Ich bekam Telegramm und Post genug von ihm in Paris.

Ich weiss noch nicht, ob er zu Dir oder nach London fährt. Ich bin ja nun die nächsten Wochen hier. Falls ich sehr rasch zu Euch ein Visum bräuchte (ich weiss, dass das wieder nicht hui hui geht, aber falls der Bedarf ganz dringend wird, was ja mal sein kann) kann Dir eine Freundin telegraphieren. Ich möchte Dir auch auf jeden Fall noch mal die Pariser Adresse der Kinder geben. Die Kinder wissen über alles genau wie ich Bescheid. [...]

Die könnten nämlich im schlimmsten Fall telegraphieren und am Telephon sagt man mir das Telegramm. Pierre kapiert alles.

Eri, ich finde ziemlich blöd, dass meine Novellen (und andere Bücher ausser »7. Kreuz«) auf Englisch, Spanisch, Französisch erscheinen, und nicht auf Schwedisch. Blöd nicht wegen dem Dichterruhm, sondern weil ich, wenn ich dort lande, ein paar Kronen bräuchte. Denn jetzt ist es nicht mehr so toll mit meinen Schätzen. Es bräuchten nicht gerade »Die Toten Mädchen« zu sein, »Das Ende« zum Beispiel erschien jetzt in franz. Zeitschrift, andere Novellen sind in Übersetzung. Über Sulzbach teile ich ganz Deine Meinung. Persönlich ist er ein lieber, anständiger und, wie ich glaube, mir gut gesinnter und hilfsbereiter Mensch. Du solltest in der richtigen Form über diese Frage mit ihm sprechen, die für mich auch eine gewisse nützliche Bedeutung hat.

Die Kinder und ich träumen einen Traum, ob wir nicht im frühen Frühjahr, selbst wenn sonst verschiednes nicht klappt, – gewisse Bahnverbindungen, oder auch wenn ich auf meine Gesandtschaft nach Paris muss, und durchaus und vor allem wieder zu den Kindern und meinen Freunden dort will, auch wenn Rodis Reise anders läuft, also ob wir nicht einen ganz kühnen Abstecher zu Dir machen könnten. Das hängt auch wieder ein bisschen von den Kronen resp. Novelle ab.

Du lässt manchmal verlauten, Du kämst her. Hast Du diese Absicht? Ich will Dir sagen, dass ich mit dieser

Frage gar keine ethischen Notwendigkeiten, gar keine Skrupel verbinde. In dieser Beziehung ist es bei mir schlecht mit der Werbung bestellt. In keinem Fall würde ich die Zelte hinter mir abbrechen, eher auf Probe, auf Besuch einmal kommen. Das ist ein sehr privater Brief, Du verstehst, ich wiederhole auch, dass ich nicht die Gefühle der Ruth teile, die ich in einem für mich nicht sehr glücklichen Moment, nämlich am Tag vor meiner Reise sprach. Ich glaube nicht, dass die tiefe Bosheit und Verkommenheit sehr vieler Menschen bei der Veränderung der Welt eine wichtige Rolle spielt. Im Privatleben gewiss ja. Aber gerade weil es sich nicht um Taufe und Heilsarmee handelt, weiss ich nicht, ob man das Recht oder die Pflicht hat, Menschen zu drängen, die tief woanders verwurzelt sind. Man muss einmal hier gewesen sein, das ist nötig. Bei mir, durch meinen Beruf, ist es ein ganz anderer Fall.

Über Rodi schriebst Du einen Satz, der etwas nicht klar machte. Er z. B. (und wie lieb wär mir, er wär hier, und Dich möchte ich über das Wasser ziehen) er findet sicher hier Schüler. Zu viele. Es sind doch nicht die Schüler. Es ist die ganze Kultur. Es ist der Boden. Es ist für ihn wie für Dich Schweden. Wie für Dich, wenn Du mir über den Wald und über Sonnenbaden oder Schnee schreibst. Bei ihm natürlich etwas anderes. Ein anderes Dasein, eine andre Arbeit. Nein, auch er soll nicht abreisen. Das möchte ich nicht verantworten. Etwas anderes, wenn er hier – wie es manchen geht – wieder toll fasziniert von der Lehrerarbeit ist. Auch das ist möglich. Vor allem ist es wahr, dass das richtige Leben erst hier beginnt oder hier einhakt. Aber ich kann ihm darüber keine Briefe und keine Abhandlungen schreiben. Ich kann nicht einmal Dir richtig schreiben. Das geht nur mündlich.

Du hast wieder vergessen, mir leicht zu erklären, wer der berühmte Mann ist, dessen Unterschrift unter dem

Brief war. Ein Künstler oder so was wie Brandin? Du überschätzt meine Bildung. Ich sehne mich nach Eurem kleinen Paradies Schweden. Dort war ich zum letzten, vielleicht sogar seit langem zum ersten Mal glücklich. Einfach vergnügt. Das bin ich hier natürlich nie. Paris war bitterernst. (Das ist es ja bei Euch nicht.) Ja, doch, dort war ich natürlich glücklich. Bei Euch war ich grundlos glücklich. In Paris mit tiefen Gründen. Da waren die Kinder. Die Freunde. Die Stadt, die ich liebe. Das Volk, das ich liebe. Die schwer arbeitenden, klugen, frechen Menschen. Die zu hassen und zu lieben verstehen. Was dieses Europa einen schönen Rand hat und ein unangenehmes Mittelstück. Liebe, ich verlasse mich sehr darauf, dass Du dem Rodi schnell den Brief übermittelst. Es sind sehr wichtige Dinge drin. Bitte bestätige ihn mir sofort, weil ich unruhig werde. Das wird man hier überhaupt leicht, denn jedes Alleinsein schlägt gleich in sonderbare Verlassenheit um (ob eingebildet oder wirklich, ist ja egal in der Wirkung) und jedes Zusammensein in Gespinne. Ach, wär das schön, Du kämst jetzt, gerade jetzt, in mein Zimmer. Es umarmt Dich

Netty

## 129 Anna Seghers an Katharina Schulz

Berlin, 16. Dezember 1947

Liebe Gaya:
Ich bin erst gestern zurückgekommen und habe Deinen Brief hier vorgefunden. Dass Dein Bruder plötzlich gestorben ist, tut mir schrecklich leid. Wie ist denn das zugegangen? Ich habe früher aus Deinen Erzählungen und später aus Deinen Briefen immer gewusst, was das für ein unglaublich tapferer, prachtvoller Mensch war. Ich kann mir vorstellen, wie er Dir jetzt fehlt. Liebste Gaya, was wirst Du jetzt machen? Wie wirst Du es

machen? Gleichzeitig mit Deinem Brief kam ein Brief von Curt Weller, in dem er um Deine Adresse bittet. Er sprach schon, wie ich kurz bei ihm war, von einem Plan, ob er Dich nicht fragen kann, ob Du nicht sein Haus betreuen willst wie damals unseres. Damit meinte er einen Menschen, den sie gern haben und zu dem sie Vertrauen haben und er sich wohl bei ihnen fühlt. Und der ihnen ein Freund ist wie sie ihm. Ich habe keine Ahnung, wie Du darüber denkst. Seine Frau ist sehr lieb. Du wirst lachen, wenn ich sage, sie hat viel mehr gute Eigenschaften als ich. Sie versteht das Leben auf dem Lande sehr gut, die Kinder sind lieb und alles ist ein reizendes Leben auf dem Land. Er fährt immer in seinem Wagen in die Stadt. Es geht auch Autobus hin. Ich war bei ihm, er gibt auch jetzt ein Buch von mir heraus. Ich konnte bei dieser Gelegenheit in einer wichtigen Angelegenheit Rodis Schwester Lili an der Schweizer Grenze treffen. Lili und ihr Mann und ihre Kinder waren im Lager Bergen-Belsen. Sie wurden durch Schweizer Arztfreunde ihres Mannes gerettet, ich glaube, ich schrieb Dir schon einmal darüber. Obwohl Weller Dir wohl selbst schreiben wird, gebe ich Dir auf alle Fälle jetzt noch einmal seine Adresse: [...]

Ach, liebe Gaya, in Deinem Brief gibt es viele halbe Worte, die ich gut verstehe und auf die ich Dir doch nicht richtig antworten kann, ich meine, in einem Brief nicht. Meinst Du vielleicht, ich hätte nicht geglaubt, ich könnte Dich sofort sehen, ich könnte mit den Kindern bei Dir sitzen, wie in alten Zeiten? Ich habe auch gehofft, das Leben würde einfacher und leichter werden. Rodi hat geglaubt, er könnte einfach, wann er Lust hat, hierher fahren, dort Urlaub nehmen und ohne mit seinen Freunden und Schülern dort ganz abzubrechen, auch wieder dort arbeiten, wie es ihm gut scheint. Vor allem haben wir geglaubt, wir könnten mit den Kindern zusammen sein, wie und wann wir wollten. So ist es aber nicht geworden. Rodi ist noch immer festgehakt – mit Papierhaken, verstehst Du? Du hast doch selbst solche Sachen in alten Zeiten sehr gut verstanden, manchmal besser als meine Schwägerin Lili, usw. usw. Ich bin immer schon ganz erschöpft, *bevor* ich eine Reise antrete, nachdem ich die Reise durch alle Ämter und Papiere gemacht hab'. Nachdem ich in Konstanz und bei Lili war im Sommer, kam ich so erschöpft und ausgehungert hier an, dass eine alte Bekannte von mir, vor deren Schwelle ich sozusagen liegenblieb, mich zunächst einmal mit Eimern von Kaffee aufpäppelte, bis ich ihr überhaupt etwas erzählen konnte. Jetzt, im Schreiben, muss ich drüber lachen. Aber wenn Du mal herkämst, würdest Du schon sehen, wie das mittendrin nicht lustig sein kann, besonders, wenn man ganz allein ist. Ich habe nicht geahnt, dass das eine solche Schwierigkeit ist, – von einer Zone in die andere zu kommen. Es ist es auch nicht für alle Leute. Ich habe ausserdem auch kein Auto, usw. usw. usw.

Die Kinder schreiben nicht nur Dir nicht. Mir schreibt hauptsächlich Ruth. Der Rodi schreibt mir aus Mexico (!) ausgerechnet an mich verzweifelte Briefe, warum er nichts von den Kindern hört. Das ist verrückt, aber es ist so. Unser Zusammensein jetzt war aber das wunderbarste, was Du Dir vorstellen kannst. Wir verstehen jeden Unsinn und jede ernste Sache voneinander. Ich werde auch rasend, wenn der Peter ewig lang nicht schreibt; dort kann ich es plötzlich verstehen. Mit Ruth aber, bei ihr noch mehr als bei Peter, ist noch etwas anderes dabei. Das Kind hat die letzten sieben Jahre so viele und so wahnsinnige Dinge erlebt, dass sie das äusserlich zwar gut verdaut hat und dabei ein grosses Mädel geworden ist, aber innerlich ist das nicht so einfach durchgegangen. Und manche Dinge, habe ich das Gefühl, stösst sie einfach innerlich von sich ab. Wie soll ich es Dir sagen? Sie wehrt sich innerlich mit

Händen und Füßen. Zum Beispiel war sie um keinen Preis dazu zu bewegen, mit mir nach Bellevue herauszufahren, und zu sehen, was jetzt in unserer alten Wohnung los ist. Sie war auch nicht dazu zu bringen, Frau Bohl in ihrem Altersheim zu besuchen. Nicht aus Härte, oh nein, die arme Ruth muss auch jetzt oft leicht weinen, sie ist für mein Gefühl an irgend einer Stelle beängstigend empfindlich, ja melancholisch. Ich habe das Gefühl, dass sie richtig Angst hat, unsere alte Wohnung in Bellevue wiederzusehen. Das darfst Du ihr nie sagen, wenn Du ihr zufällig begegnest. Denn dann wird sie erst recht patzig und böse. Der Peter ist kälter und spöttischer, der ist einfach ein fauler Hund, wenn er einem nicht schreibt. Für Ruth ist einfach alles zuviel gewesen.

Die Kinder haben sich wunderbar und tapfer betragen, z. B. wenn sie an mich geklammert im Korn lagen und die Tiefflieger kamen auf uns herunter und es bummerte, oder im KZ auf der Insel Martinique, wenn das kleine Biest unter einem Tropenhelm durch die glühende Sonne an die im Freien aufgestellte Küche lief und bei den Negersoldaten unsere Ration holte. Und später im Kinderkrankenhaus in Mexiko als Hilfsschwester, ja, dieses Kinderkrankenhaus ist auch nicht wie ein Krankenhaus in Deutschland. Die Krankheiten sind auch anders. Ich schreibe Dir das alles so ausführlich, weil ich weiss, wie fein und still Du solche Dinge mit empfinden kannst und weil ich glaube, dass Du Dich in all der Zeit nicht geändert hast.

Das Zurückkommen nach Deutschland (ich weiss nicht, wie lange ich bleibe) ist auch für mich nicht ganz einfach. Die Menschen sind andere Menschen als in den romanischen Ländern und erst recht als die Indios. Durch viele Dinge werde ich nicht so leicht durchkommen. Die vielen und schroffen Umstellungen sind auch für mich nicht einfach. Es ist nicht einfach Vergesslichkeit, auch keine Trägheit, wenn ich manchmal viel zu kaputt bin, um zu schreiben. Gerade wie ich es in diesem Brief getan habe, was mir auf dem Herzen liegt. Ich glaube gar nicht, dass der Mund überläuft, wenn das Herz voll ist. Der Mund verschliesst sich dann manchmal erst recht. Viel Leid, viel Verzweiflung (womit wir nicht allein sind), viel Dummheit und viel Gemeinheit haben wir aus diesem Land erfahren, auch viel wunderbare Dinge und grossartige Menschen. Mein Freund Philipp Schaeffer, den Du, glaube ich, kanntest, war hier nicht aufzufinden. Er war guillotiniert. Es gab also ihn in diesem Land und die, die das mit ihm taten. Ich spreche gar nicht von meiner Mutter. Ich spreche auch nicht von der Barbarei des Faschismus allein, die wird in jedem Land grausam und wild sein.

Liebste Gaya, ich glaube, ich habe Dir einen Brief geschrieben, an dem Du den ganzen Winter herumwursteln wirst. Du wirst denken: erst schreibt sie gar nicht, dann schreibt sie einen ganzen Riegel. Liebste Gaya, wir haben Dir (das wir ist nämlich eine Freundin, die in der Nähe wohnt und mir bei solchen Sachen hilft) ein schönes Paket zu Weihnachten geschickt, nämlich, das kommt indirekt vom Rodi, der diese Pakete an mich geschickt hat, mehr, als ich für mich brauche.

Wegen der Bücher habe ich eben dem Weller geschrieben. Die Bücher werde ich jetzt noch einmal und noch einmal dem Aufbau-Verlag sagen und ausserdem werde ich Dir von mir was schicken, immer durch dieselbe Freundin Ina Albrecht, die sich dieser Postgänge, wie Du siehst, erbarmt.

Ich wohne zur Zeit in einer Pension, esse zu ihrer Suppe aus meinen Paketen. Es ist aber so praktischer, weil ich bald wieder verreise. Liebe Gaya, schreib' bald. Sei nie bös' auf

Deine hundsmüde, kaputtne, alte
Netty

130 Anna Seghers an Lisa Zakowski-Triebel

Berlin, 16. Dezember 1947

Meine liebe Lisa,
ich habe mich schrecklich mit Deinem Brief gefreut. Ich habe ihn gestern vorgefunden bei meiner Rückkehr aus Paris. Ich habe Dich immer erreichen wollen und nicht recht gewusst wie. Darüber später. Zuerst ein Bericht anderer Art: Meine beiden Kinder studieren in Paris. Ich glaube, Du weisst nicht, dass wir noch im Krieg dort waren, noch die Gestapo dort erlebten, gesucht und nicht gefunden wurden. Durch französische Freunde schwarz über die Linie gingen, uns und den Rodi aus dem Lager durch die Hilfe amerikanischer Schriftsteller, die auch die Reise zahlten, aus dem Land retteten. Ich lasse kleine Zwischenstationen aus, wie die Internierung auf der Insel Martinique, zur Abwechslung war dort alles schwarz (zum Glück ist es überflüssig hinzuzufügen, dass ich die Menschen dort schrecklich gern hatte – wenigstens die Schwarzen.) Der Rodi wurde zuletzt Universitätsprofessor in Mexiko. Er liebt von ganzem Herzen seinen Beruf als Lehrer und als Soziologe. Er kann durch und durch spanisch, er ist ganz auf seine Arbeit eingestellt. Er hat mir eigentlich nach drei Monaten nachkommen wollen, ist aber aus äusseren Visengründen verhindert worden. Auch da brauche ich Dir nicht alle Einzelheiten zu erzählen.

Wir hatten keine Ahnung, wie schwierig es ist, zueinander zu kommen und zu den Kindern, wie wir wollen. Wir dachten mindestens für Nichtdeutsche wäre das viel einfacher. Das ist es nicht, wie Du weisst. Es hat weiter keinen Zweck, sich darüber auszulassen.

Ich war nicht auf der Tagung, bei der ich als Hauptreferentin erwartet wurde; ich geriet gerade in einen Streik. Ich kann Dich nicht belügen und behaupten, dass ich durch den verlängerten Aufenthalt in Verzweiflung geraten bin. Ich sehe die Lage vielleicht nicht ganz genau wie Du, aber in einem kommt es mir vor, sehen wir sie ähnlich oder gleich: dass dieses Volk entsetzlich vom Faschismus zerstört wurde, moralisch und intellektuell in allen seinen Fähigkeiten und Eigenschaften. Das ist ein Brief an Dich, verstehst Du? Ein Brief, der mir spontan kommt wie eine Äusserung, gerade wenn ich aus einem anderen Volk komme. Schlechte und Teuflische gibt es überall, aber eine so gleichmässige Senkung nicht nur des moralischen, des politischen usw. Niveaus, sondern des gesamten Intellekts, ist wirklich ein Phänomen. Ich glaube nur, dass man diese Sache nicht sich selbst überlassen kann, dass etwas geschieht oder nicht geschieht in der Richtung, in der man selbst handelt oder nicht handelt. Du bist ja eigentlich nicht sehr weit von Berlin entfernt oder kommst Du niemals hierher?

Liebe Lisa, unsere arme, alte, liebe Gaya hat mir auch gerade geschrieben. Sie ist traurig, übrigens mit Recht, weil ihr Rodi und die Kinder nie schreiben. Ich versuchte ihr einigermassen zu erklären, dass es fast unmöglich ist zu schreiben, wenn zwischen der Vergangenheit und der Gegenwart solche Dinge passiert sind, solche Wahnsinne über den Köpfen von Kindern. Und dabei konnte ich ihr, wie ja auch Dir, nur ganz winzige Sachen andeuten. Das ist ja übrigens mehr oder weniger jedem so gegangen.

Liebe Lisa, ich möchte Dir ganz, ganz andere Sachen von mir schicken, die ich geschrieben habe, aus ganz anderen Stellen im Menschen und in der Welt. Ich bin oft zu meinen eigenen Sachen ein wenig treulos.

Ich will jetzt nichts über Josef schreiben; das ist Dir klar, bitte, schreibe bald wieder

Deiner Netty

## 131 Anna Seghers an Kiki

Berlin, 16. Dezember 1947

Liebe Kiki,
ich hatte schreckliche Freude an Ihrem Brief. Der Hans Schwalm (Jan) und ich, wir haben uns oft den Kopf zerbrochen: Was ist nur aus der Kiki geworden? Ich hätte Ihnen längst auf den Brief geantwortet. Er kam nur ausgerechnet eine Stunde, bevor ich zu meinen Kindern nach Paris fuhr. Ich bin zwar im Augenblick hier, da ich aber keine Reichsdeutsche bin, kann ich zum Glück oft meine Familie sehen. Ich erzähle Ihnen zuerst alle äusseren Sachen: Der Rodi hat eine Professur an der Universität von Mexiko. Er hängt schrecklich an seinen Schülern. Er wird aber hoffentlich bald für längere Zeit herkommen. Seine Reise sollte schon früher sein, wurde aber durch irgendwelche äusseren Schwierigkeiten verhindert. Peter studiert Physik und Mathematik, Ruth Medizin. Sie sind grossartige Spitzbuben und Kameraden geworden. Ich war sehr froh, dass ich hier alte liebe Freunde wiedergefunden habe. Umso trauriger für die, die ich nicht wiedergefunden habe.

Zu Walter: Liebe Kiki, da hast Du daneben geraten. Ich habe ihn allerdings jahrelang nicht gesehen. Ich glaube, niemand unserer näheren Bekannten hat ihn in der letzten Zeit mehr gesehen. Ich weiss aber, dass es ihm gut geht, sogar sehr gut. Er hat eine ausgezeichnete Stelle in New York. Ich werde nachher dem Jan Peters Ihre Adresse geben, damit er Ihnen ausführlich über alles schreibt. Jetzt muss ich noch etwas über Mexiko erzählen:

Nicht nur der Rodi, ich selbst habe das Land, das mir eine Art Adoptivmutter geworden war, von Herzen lieb gewonnen. Man kann es nicht beschreiben. Es ist wie ein anderer Stern, es hat nichts mit hier zu tun, wenig mit Europa. Ökonomisch gesehen ist es halb-kolonial;

ich denke hier oft an die vollgestopften Waggons in Mexiko, an die zahllosen Menschen mit Bündeln und Kindern, wie man sie auch hier sieht. Wie die Menschen dort Hunger und Leid mit jahrhundertelangem Schweigen und Stolz ertragen – oder nicht ertragen, in Ausbrüchen von verzweifeltem Stolz. Ich war quer durch Mexiko bis an der Pazifischen Küste: Urwald, Platanenhaine, dazwischen kann man tagelang gehen oder reiten oder Autofahren durch völlig unbebaute und unbewohnte Mondgebirgslandschaften. Ich werde Ihnen nächstens einen kleinen Artikel über mexikanische Freskenmalerei schicken, den ich geschrieben habe. Der Artikel gibt Ihnen vielleicht ein besseres Bild als meine paar dummen Worte. Ihre »gefiederte Schlange« habe ich auch mal vor langem gelesen. Es gibt zwei, drei Bücher von Lawrence, die ich gern habe. Aber in diesem Buch hat er Land und Menschen wie ein »gringo« gesehen, wie ein amerikanischer Tourist, dem ein paar Sachen auffallen, die er für charakteristisch hält und die ihm extravagant erscheinen und aus denen er eine Novelle macht. In Wirklichkeit ist es ein bisschen anders.

Liebe Kiki, schreib, ob Du noch immer da bist, wo Du warst und den Brief bekommen hast.

Viele Grüsse

## 132 Anna Seghers an Dolf Sternberger

Berlin, 16. Dezember 1947

Lieber und geehrter Herr Sternberger:
Ich finde Ihren Brief vom 27. Oktober nach einer langen Auslandsreise hier vor. Vor meiner Abfahrt bat ich die Mrs. Weller und Reifenberg (der sagt, Sie seien sein Freund), die Sachen mit Ihnen zu ordnen.

Weller gibt meinen Roman »Transit« heraus und die Novelle »Das Ende« in Zwei-Sprachen-Ausgabe. Ich kenne ihn gut seit vielen Jahren. Ich war im Sommer kurz unten und liess ihm einige Novellen, bzw. Artikel für dortige Zeitschriften. Ich möchte selbst lieber mich mit Ihnen direkt einigen. Auch damit ich weiss, wieviel Schreibmaschinenseiten das Material haben kann, das ich Ihnen zur Verfügung stellen soll. Ich finde Post, die abgeschickt wird, kommt doch meistens an. Da ich selbst furchtbar lange auf Post aus Mexico warten muss, finde ich Berlin – Heidelberg nicht so beunruhigend.

Ich glaube, dass Weller die Sachen, die ich ihm liess, schon lange vergeben hat. Er ist aber zuverlässig und kennt sich aus. Ich will Ihnen zum Schluss einen ganz kurzen Überblick über ein paar Arbeiten geben, die mich selbst zu einem gewissen Grad interessieren. Ich arbeite drei verschiedene Biographien in Europa fast unbekannter Männer unter dem vorläufigen Titel »Drei grosse Unbekannte«. Diese Arbeit ist allerdings bereits an »Ost und West« versprochen, die die erste Biographie »Miranda« bereits abgedruckt hat und die folgenden im nächsten Vierteljahr bringen wird. Da die in Betracht kommenden Männer alle vor hundertzwanzig Jahren gestorben sind, wäre zonenmässig nichts gegen sie einzuwenden und ich hätte es gerne, solche Biographien könnten auch bei Ihnen erscheinen. Allerdings hat es nur Sinn, wenn sie nacheinander alle drei erschienen. Miranda, ein Vorkämpfer für die Freiheit Lateinamerikas, Toussaint Louverture – ein Neger gegen Napoleon, und Moralos – ein Landpfarrer aus Mexiko.

Hier in einer kleinen, nicht sehr gelesenen, ich glaube englisch lizensierten Zeitschrift »Athena« erschien ein Artikel »Mexikanische Freskenmalerei«, den ich gern habe. Ich schrieb vor kurzem eine lange Novelle, die noch unveröffentlicht ist, und wahrscheinlich »Die Hochzeit von Haiti« heisst. (Sie spielt in der Zeit von Toussaint

Louverture und steht ideologisch gegen Kleists »Die Hochzeit von San Domingo«.) Ich fürchte, diese Novelle ist für Sie zu lang. Ich fürchte auch vor allem, sie könnte allzusehr an einen höchst beschränkten Leserkreis gebunden werden. Bitte schreiben Sie mir ein paar Worte über Ihre Meinung.

Es grüsst Sie bestens
Anna Seghers

## 133 Anna Seghers an Lenelore Wolf

Berlin, 16. Dezember 1947

Liebe Lene, (Lore will mir nicht über die Zunge und nicht über die Schreibmaschine), ich war jetzt wochenlang bei meinen Kindern. Es waren grossartige Wochen, ich glaube, wir haben nie darüber geschrieben, wie ich Land und Menschen trotz allem Schweren und durch alles Schwere und mit allem Schweren lieben gelernt habe. Es ist sogar in mir eine sonderbare schwere Gegenbewegung zu all meinen Gefühlen, zu hier und zu dort, entstanden. Liebe Lene-Lore, ich habe Dir und der Tochter Bücher geschickt und ein Paket auf Weihnachten. Das heisst, ich hoffe, meine Freundin, die mich in diesen Sachen betreut, hat das alles so für mich besorgt. Ich musste wieder zurück und es war mir kein Vergnügen. Danach wird man ja nicht sehr gefragt.

Übrigens war einer der Gründe, nicht Dein Brief, den ich kurz vor der Abreise bekam (um Gotteswillen, hab' jetzt keine solche Idee, ich glaube, ich habe Dir damals furchtbar kurz und ruppig geschrieben), also nicht gerade Dein Brief, aber die darin erwähnte Andeutung meines Umzugs, also ich sage nochmal: dass es mit Deinem eigenen Brief natürlich nichts zu tun hat, dass ich aber zurück musste, damit die Leute nicht spinnen.

Ich war bei den Kindern gerade in einer ziemlich schwierigen Zeit, was den Aufenthalt noch reizvoller machte. Ich habe sicher unrecht, aber bei jeder Rückkehr bin ich für die Reise dadurch bestraft, dass ich die Menschen hier noch stumpfer, noch unentwickelter, noch träger finde. Ich spreche dabei nicht einmal von politischen Anschauungen, ich habe das Gefühl, dass sogar die Schweinehunde dort intelligenter und quicker waren. Das ist kein Vorteil – ja doch ein Vorteil. Er macht die Situation schärfer, er macht akute, keine schleppenden Krankheiten.

Liebe Lene-Lore, liebe Lore-Lene, sei nicht bös, wenn ich manchmal wie wild und manchmal überhaupt nicht schreibe. Ich hätte es vielleicht nötiger gehabt, mit Dir zu sprechen als Du mit mir. Wenn auch nicht aus Zweifel oder äusseren Schwierigkeiten. Es hätte gut getan, einmal alles wegzureden, was mir durch den Kopf geht. Hoffentlich hast Du meinen letzten Brief bekommen und verstanden, dass ich nicht herumschwirren kann wie ich will, und dass ich selbstverständlich meine Kraft und meine Zeit und meine Schlauheit und meine Papiermöglichkeiten in erster Linie für meine zwei Kinder reserviere. Ich wünsche Euch, soweit es Euch möglich ist, gute Weihnachten. Ich hätte Dir gern ein Taschentuch gekauft, das ich mit einem Spruch bedruckt in einem Geschäft am Rivoli sah. Es hiess auf Deutsch: »Das Glück in sich selbst zu finden ist schwer, woanders unmöglich«. Das hätte ich gerne mir selbst gekauft, Du brauchst es vielleicht gar nicht so, aber in diesem Fall zum Glück ist dort alles grauslich teuer und ich wollte nicht ein paar hundert Francs für ein Taschentuch ausgeben.

Ich umarme Dich und Deine Tochter, und – was, glaube ich in Deutschland verboten ist – Deinen mir unbekannten Mann

Eure Netty

## 134 Anna Seghers an Alix Guillain

[Berlin,] 16. Dezember 1947

Liebe Alix:
ich muss Dir deutsch schreiben, denn ich muss diesen Brief schnell diktieren (Du wirst gleich sehen warum) und kann es der Freundin in keiner anderen Sprache. Es liegt mir besonders am Herzen, Dir über Jeanne-Beppo so schnell wie möglich zu schreiben. Jeanne holte mich an der Bahn ab. Ich war sofort ein paar Stunden bei ihnen. Wir sprachen über alles mögliche. Obwohl ich das den beiden natürlich nicht sagte, fand ich Beppo schlecht aussehend (die arme Jeanne natürlich aus anderen Gründen auch). Sie haben bis jetzt noch keine Möglichkeit, den Beppo irgendwohin zu schicken. Das ist aber meines Erachtens dringend nötig. Zum Unglück ist während meiner Abwesenheit auch dieser befreundete Arzt, der seit Jahren für sie und uns sorgte, unangenehm krank geworden. Hier ist nun einmal eine Atmosphäre, wo nicht ganz robuste Menschen oder solche, die nicht einen ganz festen nervlichen oder seelischen oder physischen Rückhalt haben, leicht irgendwie krank werden und kaputt gehen.

Also was mit Beppo tun? Beppo geht dieser Tage zur neuen Untersuchung. Er wird dann die neuen Befunde und Röntgenaufnahmen an Dich schicken. Darüber wird Dir Jeanne auch geschrieben haben. Man muss sich ausdenken, wie man das Geld aufbringt, falls er nur nach Frankreich zu dem Dir bekannten Arzt könnte. Wir versuchen alles mit der Schweiz, haben bis jetzt noch nichts erreicht. Ich fürchte, die von uns überlegte Erholung in einem noch weiter entlegenen Land wäre für diese armen Kinder eine schreckliche Nervenbelastung. Ich will jedenfalls dieser Tage auch darüber mit den betreffenden Freunden sprechen. Ganz davon abgesehen: Wenn diese Trennung gerade in einen kritischen Moment fiele, könnte sie die unangenehmsten Konsequenzen haben für die Rückkehr in Jeannes Heimat.

Was ich jetzt noch schnell schreiben will, hat auch seinen Zusammenhang mit der ganzen finanziellen Situation der Familie. Jeanne möchte sehr gern übersetzen (ich natürlich auch), sie hat die nächsten paar Wochen mit der Übersetzung von Abusch zu tun. Bis man sich etwas klarer geworden ist, was bei wem erscheinen könnte, wird sie ja schon wieder frei für die Arbeit sein. Ich habe Angst, sie hat das Geld für die Abusch-Übersetzung, die zum Glück vorbezahlt wurde, schon ziemlich aufgegessen. Ich zerbreche mir nun den Kopf, wie man erreichen könnte, dass sie irgendeine Übersetzung meiner Novellen vorbezahlt bekäme. Ich selbst habe jetzt leider keine Francs mehr; ich kann es nicht so machen, wie ich es in alten Zeiten in solchen Fällen manchmal hätte machen können. Es ist also ein Risiko für die Jeanne, wenn auch ein ziemlich sicheres, wenn sie übersetzt, ohne ganz sicher zu sein, ob sie lange auf Bezahlung warten muss. Ich habe nun, wie Du weisst, für die Novelle »Die Saboteure« mit Cassou ausgemacht. Die haben aber wahrscheinlich auch nicht genug Geld, um vorzulegen für die Jeanne? Und wie ist es mit »La Licorne«? Ich habe das Gefühl nach Deiner Explikation, dass die dazu imstande wären? Ob Jeanne ein paar Seiten Probe-Übersetzungen machen soll und vielleicht für Pierre Seghers die Reportage mit diesem Dorf, auf deutsch hiess sie: »Vorher – während – nachher«. Und den Brillanthändler von Toussaint für »Les temps modernes«? Ich habe Dir schon erklärt, warum ich auf alle Fälle gerne Seghers' Wunsch entgegenkommen will und muss. Da Jeanne ja nur eine Sache nach der anderen übersetzen kann, müsste sich jemand, der ihre Lage kennt und sie lieb hat, genau überlegen, was für Jeanne wichtig wäre zuerst durchzuarbeiten. Sie hat Dir wahrscheinlich beinahe dasselbe schon selbst geschrieben. Sie könnte Dir natürlich von allem noch einmal die Originale schicken, aber ich weiss nicht, ob das unübersetzt überhaupt einen Zweck hat. Hier spielt es keine Rolle, die Sachen abzuschreiben und abzuschicken. Meine Freundin, die Zeit hat und Geld braucht, tut das gern und schnell. Ich möchte nur verhindern, dass Jeanne unnütz oder auf zu lange Frist arbeitet.

Zu dem Kapitel Jeanne-Beppo möchte ich noch sagen: Es wäre sehr gut, Du könntest einen reizenden Brief an Germaine schreiben, in dem Du ihr erklärst, ich hätte Beppo mit tiefer Besorgnis wiedergesehen und ich hätte Angst für sein Leben, wenn man nicht schnell Hilfe fände.

Ich selbst kenne Richards höchstens in USA. Wenn Germaine dazu beiträgt und es langt nicht, will ich mich in Gottes Namen, wenn auch nicht mit spontanster Begeisterung, an diese Ausbeutung heranmachen. Wenn Du irgend etwas gehört hast, schreibst Du vielleicht ein Wort an Jeanne, verrate ihr aber nicht, dass ich Beppo schlecht aussehend fand.

Du willst sicher wissen, wie es mir inzwischen ergangen ist. Ich hatte im Schlafwagen durch Zufall eine reizende copine vom polnischen Militärservice, auf der Durchreise nach Warschau. Wir stellten, halbtot vor Müdigkeit in tiefer Dunkelheit, ohne unsere Gesichter gesehen zu haben, unsere gemeinsamen Bekannten fest, darunter ein alter Arzt, der – wie wir einschlafend uns gegenseitig beriechend, feststellten – schon mit Felix Dzerschinski zusammen gesessen hat. Hier traf ich alle meine Bekannten mit manchen körperlichen und nicht körperlichen Leiden behaftet vor, noch mehr wie ich sie verlassen habe. Wir waren alle froh, dass wir uns wiedersehen konnten. Ich kam mir vor wie eine Marsbewohnerin, die unverhofft durch ein neuerfundenes Raketenflugzeug gelandet war. Da draussen wo ich wohne, sieht man auf Bäume und wenn es schneit, ist der Winter besser, wenigstens für die, die so glücklich sind wie ich und einen Ofen haben. Ich wäre sehr viel ruhiger, Du, Alix, wärst schon irgendwo, wo es warm ist. Wie ich mich sonst fühle? Nun, auch wie die Marsbewohnerin, die sich freut, dass sich ihre Freunde über die Landung freuen, aber sicher mit Sehnsucht und Schmerz an den Mars zurückdenkt, wo sie nun mal Kinder geboren hat für den Mars. Und wo sie Freunde hat und Häuser und Pflanzen und überhaupt viele Sachen, an die es überhaupt im Augenblick keinen Sinn hat sich zu erinnern. Trotzdem das Gefühl, dass es bei dieser Spannung natürlich richtig war, herzukommen. Bitte, liebe Alix, bitte, liebe, gute Marsfrau Alix, bevor Du weggehst, schick meinen Kindern ein pneu, dass sie noch einmal zu Dir hineinkriechen können. Ich denke immer traurig und unruhig an die zwei Kinder. Traurig, weil ich nicht bei ihnen bin. Aber das ist auch ein Gedanke, der im Augenblick keinen Sinn hat. Ich grüble auch nach, ob die Laboratoriumssache mit Pierre geklappt hat. Ich konnte nicht leiden, dass er noch nicht richtig in Arbeit war. Er muss noch viel mehr verstehen (obwohl er behauptet, er verstünde es), dass er überhaupt einen grösseren Dienst leisten kann, wenn er seine eigene Spezialarbeit ausgezeichnet macht, als wenn er nur all die Arbeiten, die viele machen können, einigermassen gut macht. Und wenn ich an Ruth denke, dann grüble ich nach, ob wirklich Medizin das richtige für sie ist, ob sie nicht – je länger sie dabei ist – erst recht Scheu haben wird, etwas zu lassen, an das sie schon viel Kraft und Zeit gegeben hat. Ich denke dabei natürlich auch an Deinen Vorschlag, mit dem Sprachstudium, obwohl ich dabei selbst fürchte, es könnte ein trockneres, entmenschlichteres Studium sein als das was sie jetzt macht. Sie muss auch noch mehr fühlen, dass überhaupt alles nur das ist, was man daraus macht. Dass alles etwas Grossartiges und Lebendiges sein kann, wenn man es hereinsteckt. Aber das ist ja etwas, was man einem anderen nicht beibringen kann. Auf Dich wird sie hören, weil sie Dich lieb hat.

Es umarmt Dich
Deine

## 135 Bruno Frei an Anna Seghers

Wien, 18. Dezember 1947

Liebe Anna!
Dein Brief vom 9. 10. hat uns viel Freude bereitet. Wir haben mit Berlin nur sehr wenig Kontakt. Einmal ein Brief von Rudolf Neumann, einmal einer von Magda, aber das ist auch alles. Und nun Dein Brief. Du kennst meine alte Liebe für Dich und ich bin glücklich, dass Du auch unter den schwierigen Bedingungen von heute unsere alte Freundschaft nicht einschlafen lässt; das ist gut so.

Ich war vor kurzem in Westdeutschland, Düsseldorf und Ruhrgebiet, und habe mit vielen Freunden gesprochen, die mir eine Idee von dem vermitteln konnten, was Berlin heute ist. Vielleicht komme ich auch einmal auf Besuch zu Euch. Ich habe immer noch das Gefühl, dass die Luft etwas leichter zu atmen ist, als die hiesige. Ich habe den Schriftstellerkongress mit Staunen und Achtung verfolgt. Hier wäre so etwas nicht möglich. Wie Du weisst, mache ich das »Österreichische Tagebuch«, und es ist eine harte Arbeit.

Unser Leben ist jetzt schon so weit normalisiert, wie es eben sein kann. Wir haben eine Wohnung, einige wenige Freunde, nehmen teil an allem Wichtigen, tun jeder in seinem Feld sein Bestes. Elena hat sich einen interessanten Wirkungskreis geschaffen, sie gibt Sprachkurse in mehreren Volkshochschulen und hält vielbesuchte Vorträge in der Urania (natürlich in spanischer

Sprache). Sie hat auch interessante Privatschüler und gilt als eine Spezialistin in Fragen Spaniens und Lateinamerikas.

Lisa – Gesundheit wie immer – arbeitet mit großem Fleiss an der Kindergärtnerinnenschule, die zwei Jahre dauert und die ihr das geben soll, wonach sie sich immer gesehnt hat: eine wirkliche Qualifikation als Kinderpflegerin. Sie muss um 6 Uhr früh aufstehen, da sie einen weiten Schulweg hat, kommt spät nach Hause, aber sie beisst die Zähne zusammen und hält sehr brav durch.

Foschts sehen wir selten, dagegen Mitzi und Marcell häufiger. Rosi Foscht studiert an der Universität und arbeitet nebenbei im belgischen Konsulat. Marcell hat sich eine sehr gute Position geschaffen, als Komponist und als Musikkritiker. Mitzi arbeitet als Ärztin in der Krankenkasse und ist sehr glücklich mit ihren Kindern und mit ihrem Enkelkind. Hans schreibt mir mit großer Regelmässigkeit, er steht jetzt vor dem master of science, voll Energie und Optimismus, sicherlich das Beste, was ich in meinem Leben hervorgebracht habe. Aus Mexiko hören wir hie und da die letzten Neuigkeiten, teils durch Elenas Verwandte, teils durch Leo Katz. Dort hat sich manches verändert, wie Du wohl weisst; so war es auch zu erwarten. Würdest Du nicht einmal eine kleine Arbeit, die Du ohnehin fertig hast, für das »Österreichische Tagebuch« schicken? Das wäre eine feine Sache.

Möge das Neue Jahr die Wendung zum Guten bringen, die wir erwarten. Wenn Du an Deine Kinder schreibst, grüsse sie von mir. Auch an Rodi viele schöne Grüsse!

In alter Herzlichkeit
Dein Bruno

[Am Briefrand befindet sich ein handschriftlicher Weihnachts- und Neujahrsgruß von Elena Frei auf Spanisch.]

## 136 Anna Seghers an Gisl und Egon Erwin Kisch

[Berlin,] 22. Dezember 1947

Liebe Gisl, lieber Egon,
Ich war wochenlang in Paris. Da hörte ich schon (durch Rosi Wien-Ruth), dass der Egon krank ist. Nun sprach ich hier Gertrud. Offen gesagt: Ich bin wütend. Erstens: Weil der Egon krank ist, was verkehrt und dumm ist, zweitens: weil ich mir gut vorstellen kann, was für Sorgen und Arbeit, Du Gisl mit so einem Kranken hast. Drittens: Weil Egon nicht hier ist, wo ich Gisl Last abnehmen und dem Egon zahllose Geschichten erzählen könnte. Immer eine verrückter als die andere, bis er ganz haarig wird.

Ich muss zudem welche schreiben. Brecht, den ich in Paris traf, hat mich nach Leibeskräften überredet, meinem Kontrakt und meinem eigenen Vorsatz treu zu bleiben, und ungefähr hundert Geschichten, eine nach der anderen zu erzählen, bunt durcheinander, Liebesgeschichten und politische und Kriminalgeschichten und Märchen usw. Ich könnte dem A-loch Egon welche schicken, aber ich habe die einzige Weisheit behalten, die ich je von ihm hörte. Dass er prinzipiell nie eben geschriebene Sachen liest, damit man gar nicht sein Urteil hören will.

Nach meiner Rückkehr von den Kindern kommt es mir hier noch viel sonderbarer vor wie am Anfang. Es ist unglaublich, was der Faschismus aus diesem Land gemacht hat. Nicht bloss moralisch. Das war zu erwarten. Auch dieser merkwürdige intellektuelle Bruch. Dazwischen gibt es einige grossartige Lichtblicke, die umso heller sind, je düsterer es rund herum aussieht. Ich habe einige Menschen wiedergesehen, an die ich kaum mehr dachte. Andere sind mir abhanden gekommen wie ein guter Studienfreund, auf den ich hoffte – er wurde im letzten Kriegsjahr guillotiniert. Andre sehe ich nur durch Zufall, so weit, so schwer überwindbar sind die Wege. Wie in der Hölle, wo man plötzlich nach 10 000 Jahren ein Seelchen schwirren sieht und sich wundert, dass der Kerl auch da ist.

Ich habe zum Glück ziemlich schnell Kontakt mit ein paar Menschen, für die ich ja auch arbeite, gefunden, die menschlicher sind als man gewöhnlich welche kennt, und klüger und schlauer und gütiger, was es zusammen selten gibt. Ich habe von ihnen viel gelernt und mein Leben kommt mir dadurch leichter vor.

Sonst ist diese Stadt mit den Sektoren, mit allen Fremden (es gibt sogar eine chinesische Militärmission plus Zeitschrift), mit ihren bizarren Trümmern, krank vor Hunger und aller Art Wahnsinn, so etwas wie Rom gewesen sein muss bei der Völkerwanderung. Dann plötzlich eine andere Welt in einer Schule in der Zone, oder bisweilen in einem Dorf, wo wirklich toll gearbeitet wird.

In Paris waren ausser Brechts auch auf einmal Ellie Winter mit Stuart, ihrem Mann. Ich traf auch am letzten Tag meinen Namensvetter Pierre Seghers, der in Berlin war, wie ich in Paris eintrudelte. Im Schriftsteller-Foyer der alte Leonhard, der lange hier war. »Notre bon allemand«, sagen sie von ihm. Er ist von einem rührenden Elan, von einer Begeisterungsfähigkeit, der man nie gram sein kann. Ich war gerade in einer äusserst schweren und kritischen Zeit bei den Kindern. Aber was auch dort ist oder noch geschieht – dem lieben Gott ist entschieden dieses Volk besser geglückt.

Ich hoffe, der Rodi wird bald seine Reiseschwierigkeiten überwinden. Die Kinder waren lieber denn je. Ich mag nicht von ihnen erzählen, weil ich sonst zu sehr Heimweh kriege.

Jetzt hab ich genug gequatscht. Gisl muss alles fragen, was Egon wissen will. Ich fürchte, ich habe die letzten

Monate ungefähr alle, aber alle Leute gesprochen. Keiner ist mir erspart geblieben. Biographien, Liebesgeschichten, Verwicklungen, die mir vollständig gleichgültig sind, musste ich aus irgend einem Grund von Schweden bis Spanien, von Manzanillo bis Sibirien verfolgen.

Lieber Egon, bitte sei nicht krank. Mach blöde Witze. Bitte, sei ganz gesund, Du siehst, wie schlecht ich für Kranke Briefe schreiben kann. Ich erzähle so dummes Zeug von mir. Garnicht die Sachen, die Du brauchst, um still zu liegen. Du kannst die Menschen viel besser aufrappeln als ich, also rapple Dich auf und hilf uns allen.

Dieser Tage sagte gerade Dymschitz, was das für ein modernes Buch ist, Dein »Paradies Amerika«. Und Du, der Du immer gemeckert hast, dass sie Dich ge

[Schluß des Briefes fehlt]

## 137 Anna Seghers an Irene With

Berlin, 30. Dezember 1947

Liebe Irene:

Ich beantworte Deinen Brief vom 11. November erst jetzt, weil ich wochenlang bei den Kindern war. Ich geriet dort in den Streik herein. Wenn nicht alles etwas schwierig und verdreht wäre, hätte ich irgendwie versucht, mit Dir zusammenzukommen. Ich sprach darüber mit den Kindern, es war aber aussichtslos, noch dazu Post- und Bahnstreik. Es war dort grossartig, mit den Kindern und mit meinen Freunden. Ich kann nicht einmal sagen, dass ich mich hier schlecht fühle. Ich bin nur nach ein paar Tagen ganz sonderbar müd und kaputt. Es ist wie eine Art Zauberberg oder Venusberg oder was weiss ich, nur ohne die Reize.

Ich danke Dir für die Auskunft. Jetzt muss ich warten, bis diese Frau aus der Zone wieder zurückkommt, um sie ihr zu geben. Der Nico hat das »Siebte Kreuz« übersetzt. Vor meiner Abreise »sprach« ich gerade brieflich mit ihm. Ich schrieb ihm schnell ein hoffentlich einigermassen brauchbares Vorwort, an das ich mich nicht mehr erinnre. Ich war froh über das, was Du von Deinen Jungens schriebst. Ich bin immer ganz froh und stolz darüber wie über meine eigenen. Ich war ganz beunruhigt, weil mir irgendjemand erzählte, der Junge sollte zum Militär, usw. usw.

Irene, jetzt ist zwischen Weihnachten und Neujahr. Ich musste vor Weihnachten (Militärzug gesetzter Termin) nach hier zurückfahren und jetzt kommt nicht mal dieser Brief zum neuen Jahr bei Dir an. Mir geht es umgekehrt wie Dir. Wenn Dir die x Reisen zu den Papieren fehlen, fehlen mir die Papiere zu den Reisen. Mein Roman »Transit«, der auf englisch schlecht übersetzt ist, erscheint zum Glück bald auf Deutsch in Konstanz. Peter behauptet, der Roman hätte mich selbst völlig verrückt gemacht, denn ich verbringe überall meine Aufenthalte mit ewigen Herumrasen nach fehlenden Stempeln.

Das ist auch kein vernünftiger Brief. Ich schrieb Euch nur schnell, damit Du nicht ohne Nachricht bist. Auch um Dir zu sagen, dass diese Woche ein sehr verspätetes Päckchen (ich muss erst fragen, wieviel erlaubt ist) an Euch abgehen wird, aber Ihr nehmt sicher auch noch ein Januar- oder Februar-Weihnachtsmännchen auf.

Es umarmt Euch<br>
Eure

Bitte, liebe Irene, schreibe mir gleich Bescheid über Folgendes: Was hast Du von Ess-Sachen besonders nötig (z. B. in Büchsen: Margarine, Kakao, Tee, Pflanzenfett, Confiture). Es ist sonderbar, dass ich das aus dem ausgemergelten Berlin frage. Ich habe aber manchmal solche

Sachen durch Rodi, der etwas mehr, auch für Freunde an mich schickt und durch andere Bekannte. Da ich allein bin in einem Hotelzimmer und selbst oft zu Freunden zum Essen laufe, kann ich öfters etwas schicken. Nichts Aufregendes, aber Nützliches. Bitte, sag' es. Ich weiss nicht, ob es bei Euch schon alles gibt und zu welchen Bedingungen. Ich könnte natürlich von hier den Jungens ausgezeichnete Bücher schicken, aber nur in deutscher Sprache. Lizenzausgaben. Wie Du weisst, haben wir ja in dieser verrückten Stadt alle Sektoren zur Hand.

## 138 Paul Röder an Anna Seghers

Unterthingau (Allgäu), 30. Dezember 1947

Sehr verehrte gnädige Frau!
Entschuldigen Sie die Frechheit, die sich ein Ihnen vielleicht gänzlich Unbekannter nimmt, Sie mit einer Bitte bekannt zu machen, deren Erfüllung in Ihren Händen liegt. Mein Name wird Ihnen nicht unbekannt sein und so ging es mir auch, als mir dieser Tage eine Illustrierte in die Hände fiel und die Fortsetzung eines Romans begann: Paul Röder.

Es ist etwas seltsam, sein Schicksal zu lesen und es ist nicht mein Leben oder hat man ein Doppelleben! So hab ich mir Gedanken gemacht, wie kamen Sie zu meinem Namen oder lebte dieser Paul Röder nicht nur in Ihnen. So geht dieser PR mit mir und beschäftigt mich. Aber ich möchte Sie weiter nicht stören. Wenn der Roman als Buch erscheint, möchte ich Sie bitten mir ein Exemplar davon zu gewähren. Ich werde Ihnen dann eine Arbeit meiner Hände geben. Ich sitze mit meiner Frau im Allgäu am Rande des Kemptener Waldes, wo wir uns ein kleines Haus bauten.

Sollte Sie der Weg in unsere Gegend führen, sind Sie herzlich eingeladen, unser Gast zu sein.

Für das Neue Jahr wünsche ich Ihnen ein herzliches

»Glück auf«
Ihr ergebener
Paul Röder

# Anhang

# Anmerkungen

## Abkürzungen

| | |
|---|---|
| A. S. | Anna Seghers |
| ASA | Anna-Seghers-Archiv in der Stiftung Archiv der Akademie der Künste |
| ms. | maschinenschriftlich |
| hs. | handschriftlich |
| D. | Durchschlag |

1 Anna Seghers an Lenelore Wolf. 6. 12. [1946] (ms.)
*Mexiko* – Einer der letzten in Mexiko geschriebenen Briefe von A. S.
*Lenelore Wolf* – (1900–1996); enge Freundin von A. S. Seit ihrer Jugend politisch engagiert. Vor 1933 Arbeitssuche in USA und Sowjetunion, nach 1933 Eintritt in die KPD und illegale Arbeit. Lernte A. S. im Exil in Frankreich kennen, fertigte für sie das Typoskript von »Das siebte Kreuz« an. 1940 in Paris von der Gestapo verhaftet, zu zwölf Jahren wegen Hochverrats verurteilt. Befreiung aus dem Zuchthaus am 25. 5. 1945, auch Mann und Tochter haben überlebt.
*meine Kinder* – Peter Radvanyi (geb.1926); studierte 1947 in Paris Physik; Ruth Radvanyi (geb.1928); studierte 1947 in Paris Medizin.
*meine engere Heimat* – Mainz und Umgebung.
*auch Dich bald zu sehen* – Lenelore Wolf lebte 1947 in Frankfurt/Main.
*mit einer belgischen Freundin* – Germaine Vinziner.
*Clara Porset* – Clara Porset-Guerrero (geb. 1900); Innenarchitektin, Freundin von A. S. in Mexiko, stammt aus einer kubanischen Großgrundbesitzerfamilie, studierte in USA und Paris Architektur, wird Mitglied der Kom-

munistischen Partei Kubas. Seit 1935 Arbeit in Mexiko oder den USA. Verheiratet mit Xavier Guerrero, mexikanischer Graphiker und Maler.

2 Fritz Landshoff an Anna Seghers. 3. 1. 1947. (ms.)
*Fritz Landshoff* – (1901–1988); Verleger. 1927–1933 Teilhaber und Mitdirektor des Kiepenheuer Verlags. Im holländischen Exil Mitbegründer des Querido Verlags.
*Zwischenfall* – Möglicherweise veränderte Vertragsklausel. Im ASA befinden sich mehrere (teils undatierte) Fassungen von Verträgen zwischen A. S. und Fritz Landshoff über die Publikation von »Das siebte Kreuz« und »Transit«.
*ihren Mann, der ... hier eintrifft* – Laszlo Radvanyi (1900 bis 1978); später Johann-Lorenz Schmidt. Philosoph und Wirtschaftswissenschaftler. Stammt aus einer ungarisch-jüdischen Kleinbürgerfamilie, lernte A. S. während seines Studiums in Heidelberg kennen, wohin er nach dem Ende der ungarischen Räterepublik exiliert war. 1925 Heirat und Übersiedlung nach Berlin. 1927–1933 Leiter der MASCH. 1933 Emigration nach Frankreich, Leiter der »Freien Deutschen Hochschule« und Chefredakteur der »Zeitschrift für Freie Deutsche Forschung«. 1940 Internierung in Le Vernet und Les Milles. 1941 bis 1952 Exil in Mexiko, Lehrstuhl an der National-Universität und Professor an der Arbeiter-Universität in Mexiko. In der DDR Professor für Wirtschaftswissenschaften an der Humboldt-Universtät Berlin, später auch an der Akademie der Wissenschaften. – Von einem Aufenthalt Laszlo Radvanyis in dieser Zeit in Amsterdam bzw. New York ist nichts bekannt.

3 Lene Thiele und Anna Seghers an F. C. Weiskopf und Alex Wedding. 2. 2. 1947 (ms.)
*Lene Thiele* – Helene Thiele (1903–1950); Schwester von F. C. Weiskopf.
*Schriftstellerkongreß damals* – Weiskopf nahm 1927 und 1930 an der I. bzw. II. Internationalen Konferenz proletarisch-revolutionärer Schriftsteller in Moskau bzw. Charkow teil, 1934 am I. Allunionskongreß der Sowjetschrift-

steller, 1939 am Kongreß der League of American Writers in New York. Welcher Schriftstellerkongreß gemeint ist, konnte nicht ermittelt werden.
*»Dagens Nyheter«* – Große schwedische Tageszeitung.
*so schön wie bei Euch* – Das Schriftstellerehepaar Franz Carl Weiskopf und Alex Wedding lebte 1947 im Exil in New York. A. S. hatte sie auf ihrer Rückfahrt aus Mexiko besucht.
*Grete* – (1905–1966) Grete Weiskopf, Pseudonym Alex Wedding.
*Viva Villa* – Vermutlich ein Buch nach dem 1933 gedrehten Hollywood-Film. Der Film spielt in Mexiko und darin sollen Bilder aus dem von Sergej Eisenstein in Mexiko gedrehten Dokumentarfilm verwendet worden sein.
*Nikoros* – vermutlich Nico Rost.
*»Demokratische Post«* – ab August 1943 in Mexiko herausgegebene Zeitung für deutschsprachige Leser in Mittelamerika.
*Sulzbacher* – Ernst Sulzbach (1887–1954); Verleger und Lektor, emigrierte 1938 nach Schweden, wo er bis zu seinem Tode blieb.
*Maxim Lieber* – Maxim Lieber (1883–1993); Literaturagent von A. S. in den USA.
*Wieland* – Wieland Herzfelde (1896–1988).
*Munchausstellung* – Edvard Munch (1863–1944); norwegischer Maler.
*Karl XII.* – Carl XII. (1682–1718); schwedischer König; führte den Großen Nordischen Krieg zunächst siegreich, erlitt aber 1709 eine vernichtende Niederlage bei Poltawa; Verlust der schwedischen Vorherrschaft im Ostseeraum.

4 Anna Seghers an Johannes R. Becher. 11. 2. 1947 (ms.)
*Kurt* – Vermutlich Kurt Stern (1907–1989); enger Freund von A. S. Studium der Literatur, Philosophie und Geschichte in Berlin und Paris. 1933 Emigration nach Frankreich. Teilnahme am spanischen Bürgerkrieg; Exil in Mexiko, 1942–46 Redakteur der Monatszeitschrift »Freies Deutschland« und Sekretär des »Heinrich-Heine-Clubs« in Mexiko. 1946 Rückkehr nach Deutschland, Tätigkeit

im Kulturbund und freie publizistische sowie literarische Arbeit, u. a. Filmdrehbücher.
*»Transit«, das sie für Aragon übersetzt hat* – Der Roman »Transit« erschien in der Übersetzung von Jeanne Stern bei La Bibliothèque Française 1947.
*Novelle, die »Sabotage« heißt* – Endgültig: »Die Saboeure«.
*von den Novellen …, die im »Aurora« erscheinen* – »Der Ausflug der toten Mädchen und andere Erzählungen«, New York 1946. Enthält noch: »Post ins gelobte Land«, »Das Ende«. Am 14. Mai 1948 bestätigte der Aufbau-Verlag die Übernahme des gesamten Aurora-Programms als »Aurora-Bücherei« im Aufbau-Verlag. (Vgl.: Carsten Wurm: »Der frühe Aufbau-Verlag. 1945–1961«, Wiesbaden 1996).
*den Roman, an dem ich zuletzt arbeitete* – »Die Toten bleiben jung«. A. S. hatte eine erste Fassung bereits auf der Überfahrt nach Deutschland im Gepäck. In Deutschland sollte die »endgültige Fassung« mit den Freunden besprochen und eventuell »revidiert« werden, wie sie Johannes R. Becher am 6. 4. 1946 schrieb. Genaueres über die Arbeit am Buch: Sigrid Bock: »Der Roman ›Die Toten bleiben jung‹. Entstehung – Intention – Wirkung« In: »Argonautenschiff« 7/1998 S. 153 ff.
*der Roman »Rettung«* – »Die Rettung« erschien 1947 im Aufbau-Verlag, zuerst Querido Verlag, Amsterdam 1937.
*von den Novellen* – 1948 erschien bei Aufbau: »Der Ausflug der toten Mädchen und andere Erzählungen«. Der Band enthält noch: »Post ins gelobte Land«, »Das Obdach«, »Die Saboteure«, »Das Ende«.
Johannes R. Becher gab diesen Brief am 10. 3. 1947 an Anton Ackermann weiter mit der Bitte, sich dieser Angelegenheit anzunehmen.
Antwort von A. S.: Siehe Brief 6.

5 Fritz H. Landshoff an Anna Seghers. 25. 2. 1947 (ms.)
*Lieber* – Maxim Lieber.
*Ich habe eine vage Vorstellung, als ob Sie über Rußland nach Deutschland gehen wollen* – Die Stationen der Heimreise von Anna Seghers waren: New York, Stockholm, Paris, Berlin.

*Die Büchergilde-Angelegenheit* – Die Büchergilde Zürich hatte sich, obwohl sie »Das siebte Kreuz« unter Vertrag hatte, entschieden, wie sie Landshoff mitteilte: »auf die Herausgabe des ›Siebten Kreuzes‹ von Anna Seghers zu verzichten. Eigentümlicherweise sind unsere Mitglieder gegenwärtig nicht mehr gut auf Kriegsliteratur zu sprechen.« Nach Unterredung zwischen Landshoff und der Büchergilde Gutenberg in Zürich stimmte die zuständige Kommission letztlich für die Veröffentlichung des Buches und zwar zu den Bedingungen, die Landshoff festgelegt hatte (Brief von Landshoff an Laszlo Radvanyi vom 25. 2. 1947). »Das siebte Kreuz« erschien 1949 bei der Büchergilde Gutenberg, Zürich.
*unter dem Querido Imprint* – Es gibt keine »Transit«-Ausgabe unter dem Querido-Imprint. »Transit« erschien zum ersten Mal auf deutsch 1948 bei Curt Weller & Co., Konstanz. Der Briefwechsel zwischen A. S. und Curt Weller ist erst ab 1948 teilweise vorhanden, obwohl die Kontakte schon vor 1947 wieder geknüpft worden waren.
*daß Kiepenheuer in Weimar den »Aufstand der Fischer« ankündigt* – Gustav Kiepenheuer verlegte 1947 unter der Ankündigung »Neu-Auflagen des früheren Verlages« den »Aufstand der Fischer von St. Barbara«. Inwieweit es dazu Absprachen mit A. S. gab, konnte bisher nicht ermittelt werden. (Vgl.: Sabine Röttig: »›Ich muß Dir gestehen, daß ich recht ahnungslos bin, was die Verlagsverhältnisse drüben angeht.‹ Anna Seghers' Verlagsbeziehungen nach ihrer Rückkehr 1947 – Der Gustav Kiepenheuer Verlag«, in: »Argonautenschiff« 7/1998, S. 278–284.)

6 Johannes R. Becher an Anna Seghers. 7. 3. 1947 (ms. D.)
*»Deutschland ruft«* – Der Gedichtband Bechers war zuerst 1942 im Moskauer Verlag für fremdsprachige Literatur, 1944 im Neuen Verlag in Stockholm erschienen.

7 Anna Seghers an F. C. Weiskopf. 9. 3. 1947 (ms.)
*die Sachen mit der Büchergilde* – Siehe zweite Anm. zum Brief 5.
Antwort von F. C. Weiskopf: Siehe Brief 8.

8 F. C. Weiskopf an Anna Seghers. 22. 3. 1947 (ms. D.)
*Abusch* – Alexander Abusch (1902–1982); Kulturpolitiker und Publizist, kehrte bereits im Juli 1946 aus der Emigration in Mexiko nach Berlin zurück.
*in absehbarer Zeit nach Europa* – Weiskopf weilte am 26. 10. 1947 auf der Durchreise vom amerikanischen Exil nach Prag in Berlin.
*Bodo* – Bodo Uhse (1904–1963); Schriftsteller, Emigration in Frankreich und Mexiko. Uhse traf erst im September 1948 in Berlin ein.
*Bodo hat schnell noch ein Stück geschrieben* – »Preis des Lebens«, eine Episode aus dem deutschen Widerstand, wurde am 20. 3. 1947 von deutschen Emigranten (Regie: Steffie Spira) in Mexiko uraufgeführt.

9 Otto Neumann an Aufbau-Verlag. 31. 3. 1947 (ms.)
*Hübner* – Erhard Hübener (1881–1958); 1946–1949 Ministerpräsident des Landes Sachsen.
Antwort von A. S.: Siehe Brief 45.

10 Anna Seghers an Erika Friedländer. [O. D.] (hs.)
Aufgrund der genauen Zeitangabe – »Sonntag« – muß der undatierte Brief kurz vor dem 20. 4. geschrieben sein.
*Erika Friedländer* – (1903–1967); A. S. lernte Erika Friedländer vermutlich während ihres Zwischenaufenthaltes 1947 in Stockholm kennen. Erika Friedländer war 1936 mit ihrer Familie ins schwedische Exil gegangen, arbeitete dort – mit Unterbrechungen – als medizinisch-technische Assistentin und war in der KPD engagiert. Erika Friedländer kehrte im Sommer 1948 nach Deutschland (Berlin Ost) zurück.
*Branting* – Georg Branting (1887–1965); schwedischer sozialdemokratischer Reichstagsabgeordneter, engagierte sich für die antifaschistischen Emigranten.
*in Tegel ankommen* – A. S. traf laut Zeitungsmeldung (»Tägliche Rundschau« vom 24. 4. 1947) am Dienstag, den 22. 4., in Berlin ein.
*Jeanne und ihr Mann* – Jeanne (1908–1998) und Kurt Stern (1907–1989), enge Freunde von A. S. Jeanne Stern stammt aus Südfrankreich, studierte Germanistik in Ber-

lin und Paris, 1937 Korrespondentin aus dem spanischen Bürgerkrieg. 1938/39 journalistische Tätigkeit in Frankreich, 1942–1946 Exil in Mexiko. Nach ihrer Rückkehr nach Berlin schrieb sie gemeinsam mit Kurt Stern Drehbücher für Filme und Reportagen. Jeanne Stern war maßgeblich beteiligt, A. S. und deren Kinder 1940 in den unbesetzten Teil Frankreichs zu bringen. Von den Werken von A. S. übersetzte sie unter anderem ins Französische: »Der Weg durch den Februar« und »Transit«.
*Peter* – Peter Radvanyi.
*für den Mann, um den sich Hilde Neumann ... sorgten* – Nicht ermittelt.

11 Redaktion »die neue schule« an Anna Seghers. 20. 4. 1947 (ms.)
*»die neue schule«* – Blätter für demokratische Erneuerung in Unterricht und Erziehung, Berlin/Leipzig, 1946 bis 1954.
*Interview, das Sie der Täglichen Rundschau gaben* – »Tägliche Rundschau«: Erste nach Kriegsende in Deutschland herausgegebene Tageszeitung, gegründet von der SMAD am 15. 5. 1945, bestand bis 1955. – In der Ausgabe vom 24. 4. 1947 wurde ein Artikel veröffentlicht: »Gespräch mit Anna Seghers. Die Dichterin des ›Siebten Kreuzes‹ in Berlin eingetroffen«.
*die Stelle, in der Sie von der Erziehung unserer Jugend sprechen* – »Mir scheint, es kommt darauf an, nicht nur umzuerziehen, sondern vor allem die Kinder gleich richtig zu erziehen, damit später nicht wieder eine Umerziehung notwendig wird. Vor allem muß man die deutsche Jugend wegbringen von zwei Gefühlen, die offenbar bei allen Deutschen immer noch und immer wieder die große Attraktion sind, die Gefühle Gehorchen und Befehlen. Aus dieser Wurzel erwuchs die deutsche Aggression.«
*Neulehrer* – Nach 1945 in Schnellkursen ausgebildete Lehrer ohne Berufserfahrung.
A. S. bedankt sich am 5. 6. 1947 für den Brief, bittet um weitere Nummern der Zeitung, sagt aber keinen Beitrag zu, da sie sehr viel Arbeit habe.

12 Angelika und Theodor Bartram an Anna Seghers. 30. 4. 1947 (hs.)
*Aufsatz über Ihr Schaffen* – Die »Berliner Zeitung« veröffentlichte am 24. 4. 1947 einen Artikel »Der Wahrheit entgegen! Ein Begrüßungsgespräch mit der Dichterin Anna Seghers«, darin: »Was sie aus dem in materieller Beziehung unvergleichlich besseren Leben in Mexiko zu uns zurückgetrieben hat, war das Gefühl, daß sie als deutsche Schriftstellerin die unabweisliche Pflicht habe, am deutschen und europäischen Wiederaufbau mitzuarbeiten und darüber hinaus die zwingende innere Notwendigkeit, sich über die heutige deutsche Wirklichkeit Klarheit zu verschaffen, die ›deutsche Wahrheit‹ mit eigenen Augen zu sehen. Sie sagte uns ein Wort von Josef Conrad, das sie auf ihrer Fahrt über den Ozean begleitet hat und das man als Motto über ihr ganzes Schaffen setzen könnte: ›Zeile um Zeile, Seemeile um Seemeile, dem einzigen Ziel entgegen, das allen Menschen gemeinsam ist: der Wahrheit!‹«
Im Brief waren Kartenbeigaben mit Gedichten von Theodor Bartram enthalten.
Antwort von A. S.: Siehe Brief 42.

13 Christfriede Gebhardt an Anna Seghers. 30. 4. 1947 (hs.)
*einen Artikel im »Neuen Deutschland«* – »Begegnung mit Anna Seghers« in »Neues Deutschland« vom 25. 4. 1947, darin: »Im Augenblick arbeitet sie noch an einem Roman, der die Zeit vom Ende des ersten Weltkrieges bis zum Ende des zweiten behandelt. Dann will sie im Auftrage lateinamerikanischer und amerikanischer Zeitungen über die Jugend in kriegsbetroffenen Ländern schreiben. Eine Aufgabe, für die Anna Seghers berufen ist, denn immer stand sie dort, wo es galt, die brennenden sozialen Probleme zu lösen. Für ihre Menschlichkeit und Bescheidenheit spricht in ganz starkem Maße, daß sie es ablehnt, nach den ersten Stunden des Hierseins etwas über ihren Eindruck auszusagen. Doch eine tiefe Beziehung zu Deutschland und Besorgnis um das Schicksal des Volkes klingt ständig durch all ihre Fragen.«
Antwort von A. S.: Siehe Brief 40.

14 Elisabeth Klonki an Anna Seghers. 2. 5. 1947 (ms.)
A. S. antwortet am 5. 6. 1947 und vertröstet auf späteren Termin. Daraufhin verbindet Elisabeth Klonki am 21. 7. ihren Glückwunsch zum Georg-Büchner-Preis noch einmal mit der Bitte um ein Interview. Hieraufantwortet Anna Seghers am 31. 7. mit folgender Ablehnung: »Ich glaube nicht, daß ich für Ihr Buch über ›Gespräche mit Berliner Künstlerinnen‹ auch nur im geringsten geeignet bin. Ich habe von meinem langen Leben nur ganz wenige Jahre in Berlin verbracht, kann also durch meinen jetzigen, auch nur kurz befristeten Aufenthalt, nicht zu den Berliner Künstlerinnen gerechnet werden.«

15 Hilma Thal an Anna Seghers. 2. 5. 1947 (hs.)
Antwort von A. S.: Siehe Brief 43.

16 Lenelore Wolf an Anna Seghers. 3. 5. 1947 (ms.)
Antwort von A. S.: Siehe Brief 20.

17 Münchner Volkshochschule an Anna Seghers. 6. 5. 1947 (ms.)
*»Süddeutsche Zeitung«* – Artikel vom 6. 5. 1947 in der »Süddeutschen Zeitung«: Hans-Joachim Schreiber: »Anna Seghers in Deutschland. Eine Unterredung mit der Dichterin«. Darin folgende Passage: »Auf die Frage, ob sie in Berlin zu bleiben beabsichtige oder auch einmal München einen Besuch abstatten werde, meinte die Dichterin: ›Ich habe die Absicht, mich weitgehend dem Volksbildungswesen und den Universitäten zur Verfügung zu stellen, um die Eindrücke und Studien, die ich in Amerika sammeln und mir erarbeiten konnte, den Deutschen zu vermitteln. Ich würde es aus diesem Grunde sehr begrüßen, wenn man mich nach München einladen würde, zumal die Münchner Universität im Ausland einen besonders guten Namen hat. Man hat ganz besonders in Amerika nicht übersehen, daß es in München eine Reihe mutiger und unerschrockener deutscher Studenten und Professoren gab, die es wagten, während der Nazizeit offen ihre Meinung zu äußern, und man hat drüben nicht vergessen, daß einige von ihnen diese Haltung mit dem Tod bezahlen

mußten. Berichten Sie in Ihrer Münchner Zeitung‹, so sagte Frau Anna Seghers abschließend, ›daß ich gern bereit wäre, einige Gastvorlesungen über Lateinamerika zu halten. Wenn man mich einlädt, werde ich kommen!‹«

18 DEFA an Anna Seghers. 6. 5. 1947 (ms.)
*DEFA* – Deutsche Film AG, im Mai 1946 in Potsdam-Babelsberg gegründet.
*Studentenzeitschrift »Der Ruf«* – Dietrich Warnesius: »Zwei Anekdoten aus unserer Zeit. Die beiden Gräber« in: »Der Ruf. Unabhängige Blätter der jungen Generation« hg. von Alfred Andersch und Hans Werner Richter, München, S. 8.

19 Juda Ari Wohlgemuth an Anna Seghers. 7. 5. 1947 (hs.)
Über Juda Ari Wohlgemuth konnte bisher – bis auf seinen Artikel im »Weg« (siehe zweite Anm. zu Brief 41) – nichts ermittelt werden.
*UNRRA* – United Nations Relief and Rehabilitation Administration, 1943 gegründete, 1945 durch die UNO übernommene Hilfsorganisation zur Unterstützung von Flüchtlingen und Verschleppten (displaced persons) in den von den Alliierten besetzten Gebieten.

20 Anna Seghers an Lenelore Wolf. 8. 5. 1947 (hs.)
*Deinen Brief* – Brief 16.
*in einem Hotel einlogiert* – Hotel am Wannsee: Am Sandwerder 5 (heute »Literarisches Colloquium«).
*weil ich ein Buch fertig mache* – »Die Toten bleiben jung«, siehe vierte Anm. zu Brief 4.
*Vielleicht können wir wieder was zusammen machen* – Lenelore Wolf hatte das Manuskript vom »Siebten Kreuz« abgeschrieben und dabei Änderungsvorschläge gemacht.

21 Doris Schreiber an Anna Seghers. 8. 5. 1947 (hs.)
Antwort von A. S.: Brief 34.

22 Kulturliga an Anna Seghers. 8. 5. 1947 (ms.)
*Kulturliga* – Auf dem Briefkopf der Kulturliga steht in den vier Sprachen der Besatzungsmächte: »Freie demo-

kratische Vereinigung für kulturelle Erneuerung«. Im Brief vom 15. 7. 1947 mit gleichem Briefkopf ist mit Schreibmaschine hinzugefügt: »Zentralbüro der süddeutschen Kulturbünde«.
*den hiesigen Zeitungen* – Interview in der »Süddeutschen Zeitung« vom 6. 5. 1947. Siehe Anm. zu Brief 17.
A. S.antwortet am 23. 5., daß sie gern käme, der Termin aber noch nicht bestimmbar sei. Die Kulturliga soll im Juni noch einmal nachfragen.

23 Dolf Sternberger an Anna Seghers. 9. 5. 1947 (ms. D.)
*»Das siebte Kreuz«* – Aufbau-Verlag 1946.
*»Wandlung«* – Die Zeitschrift »Die Wandlung« erschien von November 1945 bis April 1948, hg. von Dolf Sternberger unter Mitwirkung von Karl Jaspers, Alfred Weber und Werner Krauss.
Antwort von A. S.: Siehe Brief 36.

24 Kulturbund Magdeburg an Anna Seghers. 9. 5. 1947 (ms.)
*Kulturbund* – Kulturbund zur demokratischen Erneuerung Deutschlands, gegründet am 3. 7. 1945 in Berlin auf Initiative von KPD und SPD sowie von antifaschistischen Intellektuellen und Künstlern.
A. S. antwortet am 23. 5. und bittet um nochmaliges Anschreiben, da sie »in den nächsten Wochen noch nichts annehmen kann«. Daraufhin erfolgt am 7. 1. 1948 eine weitere Anfrage mit der Bitte, am 24. 3. 1948 in Magdeburg zu lesen. Dies lehnt A. S. am 27. 1. 1948 ab, »da sie in dieser Zeit wahrscheinlich nicht in Deutschland sein wird«.

25 Lisa Tetzner-Kläber an Anna Seghers. 9. 5. 1947 (hs.)
*Lisa Tetzner Kläber* – (1894–1963); Kinderbuchautorin, war mit A. S. seit deren Berliner Zeit (1925–1933) befreundet. 1933 ging sie ins Exil nach Carona bei Lugano (Schweiz), wo sie bis zu ihrem Tod blieb.
*Märchensammlung* – Teile einer solchen Märchensammlung erschienen in den folgenden Jahren im Kiepenheuer Verlag.
Antwort von A. S.: Siehe Brief 35.

26 FDJ Prenzlauer Berg Berlin an Anna Seghers. [o. D.] (ms.)
*FDJ* – Freie Deutsche Jugend – Jugendorganisation, am 7.3.1946 gegründet.
*eines ihrer Werke, das dem Scheiterhaufen ... entgangen ist* – »Die Gefährten«.
Antwort von A. S.: Siehe Brief 29.

27 Anna Seghers an Unbekannt. [o. D.] (ms. D.)
*meine Freundin N.* – Vermutlich Berta Waterstradt.
*Der Freund, den ich verzweifelt suchte* – Philipp Schaeffer (1894–1943); A. S. und er waren seit der Studienzeit (1920 bis 1925) befreundet. Der Sinologe und Kunsthistoriker war ab 1933 Mitglied der illegalen Bezirksleitung der KPD in Berlin, erste Verhaftung 1935, zweite Verhaftung im Zusammenhang mit der »Roten Kapelle«1942. Am 13.5.1943 auf der Guillotine in Plötzensee enthauptet.
*Komplott vom 20. Juli* – Verschwörung vor allem von Offizieren der Wehrmacht (u. a. Oberst Graf Schenk von Stauffenberg), Angehörigen des Adels (Kreisauer Kreis um H. J. Graf von Moltke) und anderer Widerstandsgruppen gegen Adolf Hitler, die im mißglückten Attentat auf Hitler am 20. Juli 1944 gipfelte.
Aus dem im ASA befindlichen Text geht nicht eindeutig hervor, daß es sich um einen Brief handelt. Es könnte der im Brief 47 erwähnte »Artikel, d. h. ein längerer Brief an einen gemeinsamen Freund« sein. Dieser Text ist nach Seghers »vor einer Woche« – also Anfang Juni – geschrieben. Die von mir vorgenommene Datierung – Mitte Mai – richtet sich nach der im Text enthaltenen Zeitangabe »genau vor drei Wochen in B.« – Das Manuskript ist ein Durchschlag in teilweise sehr schlechter Qualität. Die Überlappung von Passagen macht einzelne Stellen unleserlich.

28 Anna Seghers an Katharina Schulz. 17.5.1947 (ms.)
*Gaya* – (Manchmal auch Gaja), Katharina Schulz (1897 bis 1992); Kinderfrau von Peter und Ruth Radvanyi. Lebte seit der Berliner Zeit (1925–1933) in der Familie von A. S., begleitete die Familie ins Exil nach Paris. Kehrte 1937 oder 1938 nach Deutschland, in ihren Heimatort Lindelbach, zurück.

*dort mit unseren zwei zusammen zu sein* – Die Kinder Peter und Ruth Radvanyi studierten in Paris.
*in dem Haus* – Von September 1933 bis Juni 1940 wohnte A. S. mit ihrer Familie in Meudon-Bellevue (26, avenue du 11. novembre-et-O) in der Nähe von Paris.
*nicht mehr ins Unbesetzte zunächst konnten* – Auf der Flucht vor der deutschen Wehrmacht verließ A. S. 1940 mit den Kindern Paris, wurde jedoch von der Wehrmacht eingeholt und kehrte nach Paris zurück. Eine zweite Flucht in das von den Deutschen unbesetzte Gebiet gelang mit Hilfe von Jeanne Stern.
*für Deinen Bruder* – Klaus Schulz.

29 Anna Seghers an FDJ Prenzlauer Berg. 17. 5. 1947 (ms. D.)
Antwort auf Brief 26
*an eine Zeitung* – Die »Tribüne« (Zeitung des Gewerkschaftsbundes) brachte den Roman »Die Gefährten« ab 4. 1. 1949 in Fortsetzung. Am 31. 12. 1948 druckte sie hierfür ein »Geleitwort«, das identisch mit dem Vorwort zur zweiten Auflage, Aufbau-Verlag Berlin 1948, ist. Darin schreibt Anna Seghers: »Ich könnte dieses Buch beinahe mit denselben Worten vor die Leser legen wie letztes Jahr ›Die Rettung‹, denn beide Bücher sind mir beinahe so unbekannt wie ihnen. ›Die Gefährten‹ sind zum ersten- und letztenmal ungefähr ein Jahr vor Beginn der Hitlerdiktatur erschienen. Ich bekam sie erst wieder vor Augen, als sie mir junge Leute in Berlin schenkten – kurz nach meiner Rückkehr nach Deutschland, am 10. Mai, dem Tag des verbrannten Buches.«
*Kulturklub* – 1945 wurde das Haus in der Berliner Jägerstraße 1–2 von der SMA dem »Bund der Kulturschaffenden« (Vorläufer des Kulturbundes) übertragen, als »Club der Kulturschaffenden« am 26. 8. 1946 offiziell eröffnet. Vormals »Herrenclub«.

30 Anna Seghers an den Berliner Rundfunk. 17. 5. 1947 (ms. D.)
Antwort auf ein Briefformular mit Honorarabrechnung vom 30. 4. 1947, auf dem unter der Rubrik »Nur für besondere Fälle« der Vermerk »Wegen Erstauftretens nach langjähriger Exilzeit« steht.

31 Aenne Lekisch an Anna Seghers. 17. 5. 1947 (hs.)
*(Kaiserstr. 42)* – Die Eltern von Anna Seghers wohnten während der Kindheit Nettys in der Kaiserstraße 34 1/10, 1933 zogen sie an den Fischtorplatz 23/Ecke Uferstraße. Nach der Progromnacht im November 1939 mußten die Juden ihre Wohnungen verlassen und wurden in sogenannten »Judenhäusern« interniert. Hedwig Reiling und Isidor Reiling wohnten dann in der Kaiserstraße 35, Hedwig Reiling seit dem 1. 11. 1941 in der Taunusstraße 31. Hermann und Flora Reiling – Onkel und Tante von Anna Seghers – wohnten in der Kaiserstraße 53, danach in der Kaiserstraße 32. Im März 1940, in letzter Minute, verkaufte Hermann Reiling das Haus Flachsmarktstraße 2/4, in der sich die Antiquitätenhandlung der Brüder befunden hatte. Zwei Tage nach dem Verkauf starb Isidor Reiling. Genaueres dazu: Friedrich Schütz: »Die Familie Seghers-Reiling und das jüdische Mainz«, in: »Argonautenschiff« 2/1993, S. 151 ff.
*»Hanna Sichel«* – (1897–1942); Lehrerin von A. S., war als Jüdin 1919 zum katholischen Glauben übergetreten, bekannte sich in der Zeit der Verfolgung zum Judentum. Ging – obwohl sie sich hätte retten können – 1942 unter anderem mit Hedwig Reiling, der Mutter von A. S., auf Transport nach Piaski. Von ihr kommt im Oktober 1942 ein letztes Lebenszeichen. – In der Erzählung »Der Ausflug der toten Mädchen« heißt die Lehrerin der Mädchen »Fräulein Sichel«.
*den Film* – 1944 wurde »Das siebte Kreuz« in Hollywood durch Fred Zinnemann verfilmt.

32 Otto Rannefeld an Anna Seghers. 18. 5. 1947 (hs.)
*Otto Rannefeld* – Hausmeister des Berliner Wohnhauses der Familie Radvanyi 1932–1933 in der Straße am Fischtal 56. Im Adreßbuch Berlin 1930 verzeichnet unter: Am Fischthal 82, Posthelfer.
*bei Ihrer Verhaftung* – Anna Seghers wurde – nach ihrer Aussage – 1933 für kurze Zeit verhaftet. Der Brief von Otto Rannefeld ist gewissermaßen eine Bestätigung dessen.

33 Radio Bremen an Anna Seghers. 20. 5. 1947 (ms.)

34 Anna Seghers an Doris Schreiber. 22. 5. 1947 (ms. D.)
Antwort auf Brief 21
*»Auge Gottes«* – heute Multiple-Kino, früher ein Hotel-, Café- und Restaurant-Unternehmen, beliebter Künstlertreff insbesondere der Linken. Standort: Nußdorferstraße im 9. Wiener Gemeindebezirk.
*Schwiegervater* – Imre (Emmerich Joseph) Radvanyi (1870–1940), in Budapest gestorben.
*Georg Thomas* – Bruder von Laszlo Radvanyi.
*Lili und ihr Mann und ihre zwei Kinder* – Lily Szondi (1902–1986); Schwägerin von A. S., Schwester von Laszlo Radvanyi, durfte 1944, in den letzten Monaten der deutschen Besetzung von Ungarn, mit Mann Leopold (1893 bis 1986) und den Kindern Vera (1928) und Peter (1929 bis 1971) zusammen mit Hunderten von jüdischen Familien in die Schweiz emigrieren. Sie wurden Schweizer Staatsbürger und lebten in Zürich.
*Belsenbergen* – Bergen-Belsen.
*ein Buch schreibe* – »Die Toten bleiben jung«. Siehe fünfte Anm. zum Brief 4.

35 Anna Seghers an Lisa Tetzner-Kläber. 22. 5. 1947 (ms. D.)
Antwort auf Brief 25
*eine kurze Einleitung* – Dazu ist es offenbar nicht gekommen.
*Eugen Dietrichs* – »Märchen aus Mexiko«, hrs. und übersetzt von Felix Karlinger und Maria Antonia Espadinha, Sammlung Eugen Diederichs, Düsseldorf, erschienen 1978.

36 Anna Seghers an Dolf Sternberger. 22. 5. 1947 (ms.)
Antwort auf Brief 23
*eine Seite Kafka* – A. S. hatte von Dolf Sternberger u. a. Heft 12/1946 der »Wandlung« erhalten. Darin befindet sich Franz Kafkas Text »Der Schlag ans Hoftor« und der Aufsatz von Hannah Arendt »Franz Kafka, von neuem gewürdigt«.
*sein Doktordiplom* – Laszlo Radvanyis Doktorarbeit lautete: »Der Chiliasmus. Ein Versuch zur Erkenntnis der

chiliastischen Idee und des chiliastischen Handelns«, Anfang 1923 eingereicht, von Karl Jaspers mit »summa cum laude« eingeschätzt. Laszlo Radvanyi war nach 1945 der Ansicht, daß der Text verschollen sei. Nachdem die Arbeit wiedergefunden worden war, wurde sie 1985 von Eva Gabor bei MTA Filosfiai Intezet, mit einem Vorwort versehen, wieder herausgegeben. – Die erbetenen Unterlagen konnten besorgt werden.

37 Anna Seghers an Otto Rannefeld. 23. 5. 1947 (ms. D.)
Antwort auf Brief 32

38 Hanna Wohlgemuth an Anna Seghers. 28. 5. 1947 (hs.)
Bezug zu Brief 20

39 Sella Hasse an Anna Seghers. 30. 5. 1947 (ms.)
*Sella Hasse* – (1878–1963); Graphikerin und Malerin.
*Holzschnitt, kleine Zeichnung* – Dazu ist es offenbar nicht gekommen. Es gibt keine Erwähnung einer solchen Arbeit im Werkverzeichnis von Sella Hasse. Die weiteren Briefe (5. 6. 1947; 24. 6. 1947; 10. 7. 1947) des Bestandes im ASA weisen aus, daß Anna Seghers schwer Zeit (möglicherweise keine?) für einen Sitzungstermin fand.
*Jägerstr. 1–2* – Siehe zweite Anm. zu Brief 29.
*K. K.* – Käthe Kollwitz (1867–1945), Graphikerin und Bildhauerin.
*Ausstellung* – Sella Hasse hatte 1947 im Landesmuseum Schwerin eine Einzelausstellung.

40 Anna Seghers an Christfriede Gebhardt. 5. 6. 1947 (ms. D.)
Antwort auf Brief 13

41 Anna Seghers an Juda Ari Wohlgemuth. 5. 6. 1947 (ms. D.)
Antwort auf Brief 19
*meine Freundin* – Ursula Amann (1909–1989).
*Ihr Artikel in »Der Weg«* – In »Der Weg, Zeitschrift für Fragen des Judentums«, Berlin Menorah, Nr. 13 vom 28. 3. 1947 veröffentlichte Juda Ari Wohlgemuth den Artikel »Dem lebendigen Geist«. Er beginnt: »Als für das neue Gebäude der Universität Heidelberg, dessen Bauten

im wesentlichen durch Spenden bestritten wurden, die Deutsch-Amerikaner (darunter viele jüdischer Herkunft) aufgebracht hatten, eine Inschrift gewählt werden sollte, entschied sich eine der Koryphäen dieser berühmten Hochschule, der bedeutendste Literaturhistoriker der Nachkriegszeit, der Sproß einer jüdischen Familie, Friedrich Gundolf (eigentlich Gundelfinger) für die drei Worte, die diesen Zeilen als Überschrift vorangestellt sind.«
*in Mexiko ein Freund* – Vermutlich der österreichische Judaist und Historiker Dr. Leo Katz (1892–1954).
Hanna Wohlgemuth antwortet am 15. 6. 1947 kurz, daß Ari Wohlgemuth im Sanatorium sei. Damit brach offenbar der Kontakt zu Wohlgemuth ab.

42 Anna Seghers an Angelika Bartram. 5. 6. 1947 (ms. D.)
Antwort auf Brief 12

43 Anna Seghers an Hilma Thal. 5. 6. 1947 (ms. D.)
Antwort auf Brief 15

44 Anna Seghers an Aenne Lekisch. 5. 6. 1947 (ms. D.)
Antwort auf Brief 31
Antwort von Aenne Lekisch: Siehe Brief 66.

45 Anna Seghers an Otto Neumann. 6. 6. 1947 (ms. D.)
Antwort auf Brief 9

46 Volkshochschule Zehlendorf an Anna Seghers. 6. 6. 1947 (ms.)
A. S. antwortet am 16. 6. 1947, daß sie wahrscheinlich zum angegebenen Termin nicht da sei.

47 Anna Seghers und Magda Stern an Kurt Stavenhagen. 12. 6. 1947 (ms. D.)
*Kurt Stavenhagen* – (1899–1984); Kunstsammler und Geschäftsmann, Mexiko-Emigrant, der nicht nach Deutschland zurückgekehrt ist.
*Magda* – Magda Stern (1899–1969); Mexiko-Emigrantin, arbeitete 1947 bei A. S. als Sekretärin. A. S. diktierte ihr diesen Brief.

*ein längerer Brief an einen Freund* – Eventuell undatierter Brief 27.
*eine Lehrerin erzählt* – Diese Geschichte findet sich wieder in »Passagiere der Luftbrücke«, Aufbau 9/1948, sowie – als eine von drei kurzen Erzählungen, stilistisch verändert – unter dem Titel »Die Kinder des zweiten Weltkrieges« in: Anna Seghers: »Frieden der Welt, Ansprachen und Aufsätze 1947–1954«.
*Camp für displaced persons* – UNRRA-Lager. Siehe zweite Anm. zu Brief 19.
*die Lenka* – Lenka Reinerová (geb. 1916); Schriftstellerin, war mit ihrem Mann Theodor Balk nach dem mexikanischen Exil in dessen Heimat nach Jugoslawien gegangen. Ihre Tochter Anna wurde 1946 geboren. Ab 1948 lebte sie in Prag.

48 Anna Seghers an Karl Kleinschmidt. 12. 6. 1947 (ms. D.)
*Karl Kleinschmidt* – (1902–1978); Pfarrer und Publizist, 1935–1967 Domprediger in Schwerin, unterbrochen durch Disziplinarverfahren wegen widerständiger Haltung und Wehrmachtseinsatz. Von 1947–1949 Vizepräsident des Kulturbundes.
*»Ihr Stoff«* – Es handelt sich um Meldungen der »Landeszeitung« Schwerin vom 17. 6. 1947 und 21. 6. 1947: »Das Massengrab in Sülstorf«. Darin wurde von einem jetzt erst gefundenen Massengrab von 53 weiblichen KZ-Häftlingen berichtet, die aus einem Transport eines Güterzuges im April 1945 stammen. Der Güterzug hielt damals zwei Tage lang in der Nähe des mecklenburgischen Dorfes. Häftlinge mußten ein großes Loch schaufeln, in das die ermordeten und dem Hungertod preisgegebenen Frauen hineingestoßen wurden. Nun – im Juni 1947 – wurden die Leichen ausgegraben und umgebettet. Am 23. Juni 1947 fand eine Feierstunde (es wurde zu diesem Zweck extra ein Sonderzug von Schwerin aus eingesetzt) für die beigesetzten Opfer statt, in der unter anderem der Ministerpräsident von Mecklenburg-Vorpommern Wilhelm Höcker sprach. Aus den Erinnerungen Sergej Tulpanows geht hervor, daß er A. S. in seinem Auto nach Schwerin mitgenommen hat. A. S. schrieb zu diesem Fall

die Reportage »Vorher – während – nachher« (auch: »Ein Dorf in Mecklenburg«). Genaueres dazu: A. S.: »Vorher – während – nachher«. In: »Argonautenschiff« 7/1998, S. 31 ff. – Im ASA befindet sich außerdem ein Briefwechsel von Anna Seghers mit Jungen Pionieren aus Sülstorf aus dem Jahr 1968, der an diesen Vorfall erinnert. Daraus geht auch hervor, daß am Tag der Befreiung 1967 ein Vertreter der Jüdischen Landesgemeinde am mittlerweile dort errichteten Denkmal gesprochen hat.
*Telegramm* – Dem Briefbestand liegt ein Telegrammaustausch bei, der den Termin (einmal den 23. Juni und dann den 27. Juni) des Besuchs von Anna Seghers in Schwerin angibt und bestätigt.
*Präsidialsitzung* – A. S. und Karl Kleinschmidt waren 1947 Vizepräsidenten des Kulturbundes und damit Teilnehmer der Präsidialsitzungen.

49 Anna Seghers an Sally David Cramer. 16. 6. 1947 (ms. D.)
*Sally David Cramer* – (1893–1977); Vetter von A. S., Kaufmann. Arbeitete im Telefonbauunternehmen seines Onkels Harry Fuld, leitete ab 1933 die Londoner Filiale, gründete später hier ein eigenes Unternehmen.
*Lieber Honny* – Mit Honny (oder auch Hony) redete sowohl A. S. ihren Vetter als auch dieser A. S. an. Das bezieht sich auf den gemeinsamen Spaß an der Art der Verleihung des Hosenbandordens durch die Briten.
*Tutz, Klem* – Spitznamen für Clementine Cramer (1873 bis 1962); Mutter von Sally David Cramer und Tante von A. S. Lebte 1947 in New York.
*Lilly* – Caroline Lilly Drey (1894–1966); Schwester von Sally David Cramer, lebte 1947 in New York.
*Thuri* – Spitzname fur Arthur Drey (1890–1965); Ehemann von Caroline Lilly Drey, lebte 1947 in New York.
*Anna Seckbach* – Nahe Bekannte oder Verwandte, lebte in Santiago de Chile.
Antwort von Sally David Cramer: Siehe Brief 64.

50 Anna Seghers an Erika Friedländer. 16. 6. 1947 (ms.)
*Ruth* – Ruth Peters (1903–1984); Pädagogin und Redakteurin, war im schwedischen Exil.

*die Kinder stecken beide in Examen* – Ruth Radvanyi studierte in Paris Medizin, Peter (Pierre) Radvanyi Physik.
*Cordelia Hoffmann* – Später verheiratet Cordelia Edvardson (geb. 1929); schwedische Schriftstellerin, Tochter von Elisabeth Langgässer, beschrieb ihr Schicksal in: »Gebranntes Kind sucht das Feuer« (in deutscher Übersetzung Berlin 1988).
*die liebe Frau Berendtsohn* – Frau von Walter Berendsohn, in Schweden im Exil.
*die schönste Utlänningskommission* – schwedische Ausländerbehörde.
Antwort von Erika Friedländer: Siehe Brief 65.
*Helbich* – Karl Helbig (1897–1951); Bildhauer und Maler. Exil in Schweden, wo er bis zu seinem Tode blieb.
*Inke* – Erste Frau von Rudi Wetzel. Worum es sich bei der Frage im Detail dreht, konnte nicht ermittelt werden.

51 Volkshochschule Schöneberg an Anna Seghers. 17. 6. 1947 (ms.)
*Veranstaltung »Tag des freien Buches«* – Am 10. 5. 1947 fand zum Gedenken an die Bücherverbrennung vom 10. 5. 1933 vor der Berliner Universität eine Kundgebung zum »Tag des freien Buches« statt. Außerdem gab es aus diesem Anlaß eine Veranstaltung im Haus der sowjetischen Kultur mit Sergej Tulpanow, Alexander Dymschiz, Alfred Kantorowicz und A. S.
A. S. erklärt im Brief vom 24. 6. 47 ihre Bereitschaft zu einem Vortrag und bittet um Klärung des Termins im Juli.

52 Anna Seghers an Clara Porset-Guerrero. 22. 6. 1947 (ms. D.)
*Clara Porset-Guerrero* – Siehe letzte Anm. zu Brief 1.
*Javier* – Xavier Guerrero (1896–1974); Ehemann von Clara Porset-Guerrero, mexik. Maler und Graphiker.
*Pedro* – Nicht ermittelt.
*wie die Leiter Jakobs* – Jakobs Traum von der Himmelsleiter, 1. Buch Mose, 28. Kapitel, Vers 12. »Und ihm träumte; und siehe, eine Leiter stand auf der Erde, die rührte mit der Spitze an den Himmel, und siehe, die Engel Gottes stiegen daran auf und nieder.«

*Diego* – Diego Rivera (1886–1957); mexik. Maler und Graphiker.
*die Sache mit Martin* – Könnte sich auf das plötzliche Verschwinden von Martin van Beijeren, dem Mann der Freundin von A. S., Ursula Amann, beziehen.
*ein deutscher Schriftsteller* – Wilhelm Hauff in seinem Märchen »Das kalte Herz«.
*ein alter und lieber Freund von mir* – Philipp Schaeffer. Viele der im Brief enthaltenen Namen und Fakten konnten nicht geklärt werden. – Der Nachlaß von Clara Porset-Guerrero ist nicht ermittelt worden.

53 Oberbürgermeister Ferdinand Friedensburg an Anna Seghers. 26. 6. 1947 (ms.)
*Ferdinand Friedensburg* – (1886–1972); 1946–1951 stellvertretender Oberbürgermeister von Berlin.

54 Kulturbund an Anna Seghers. 4. 7. 1947 (ms.)
*Ferienaufenthalt in Ahrenshoop* – In Ahrenshoop/Darß hatte der Kulturbund das Schulungsheim »Charlottenburg« sowie andere Möglichkeiten, Mitglieder während des Urlaubs unterzubringen.

55 Der Kulturattaché Frankreichs an den Bürgermeister von Berlin-Reinickendorf. 4. 7. 1947 (ms.)
*Antrag* – Es ging um die Genehmigung für eine Reise von Berlin in die französische Zone.

56 Anna Seghers an Sally David Cramer. 9. 7. 1947 (ms. D.)
*Clem* – Mutter Sally David Cramers, siehe Brief 49.
*Papa Luz* – David Lutz Cramer (1862–1946); Vater von David Sally Cramer.
*Jürgen Kuczynski* – (1904–1997); Wirtschaftshistoriker, Exil in England. A. S. kannte ihn seit der Arbeit Laszlo Radvanyis an der MASCH, 1925–1933. Die enge Verbindung zwischen ihm und A. S. 1947 ergab sich aus der Arbeit in der »Gesellschaft zum Studium der Kultur der Sowjetunion«, in der Kuczynski Präsident und A. S. Vizepräsidentin waren.
Antwort von Sally David Cramer: Siehe Brief 63.

57 Anna Seghers an Maj Bredel. 10. 7. 1947 (ms. D.)
*Maj Bredel* – (geb. 1914); Ehefrau des Schriftstellers Willi Bredel. Lebte 1947 in Schwerin.
*Ich war aber viel kürzer da* – Es handelt sich vermutlich um die Reise nach Schwerin, die in Brief 48 an Karl Kleinschmidt vorbereitet wurde.

58 Curt Roeseler an Anna Seghers. 10. 7. 1947 (hs.)
*Flüchtlingszeitung »Deutsche Nachrichten«* – Die Wochenzeitung »Deutsche Nachrichten. Zeitung für deutsche Flüchtlinge in Dänemark« erschien seit 1945 in einer Auflage von 20000 Exemplaren. Im Impressum wurde als Herausgeber genannt: »Herausgegeben von der dänischen Flüchtlingsadministration in Zusammenarbeit mit deutschen Antinazisten in Dänemark.« Dazu: Klaus Schulte: »Zur politischen und publizistischen Arbeit antifaschistischer Emigranten in deutschen Flüchtlingslagern in Dänemark 1945/46«, in: Einhart Lorenz (Hg.): »Ein sehr trübes Kapitel? Hitlerflüchtlinge im nordeuropäischen Exil 1933 bis 1950«, Hamburg 1998.
*einen ausführlichen Artikel über Ihre Erlebnisse* – »Eine Kämpferin für das wahre Deutschland. Anna Seghers aus der Emigration zurückgekehrt«, in: »Deutsche Nachrichten«, Nr. 25 vom 30. 6. 1947, S. 5. Ausschnitte aus dem Roman »Das siebte Kreuz« veröffentlichten die »Deutschen Nachrichten« am 6. 1. 1947 und am 15. 12. 1947.
Antwort von A. S.: Siehe Brief 81.
*hinter Stacheldraht interniert* – Curt Roeseler war in einem Zivillager in Aalborg/Dänemark. Das waren Internierungslager für Deutsche aus den Ostgebieten, die von der deutschen Kriegsmarine in den letzten Monaten vor der Kapitulation vor dem Vordringen der Roten Armee über die Ostsee nach Dänemark evakuiert worden waren. Nach anfänglicher Verstreuung auf mehr als 1000 Notunterkünfte lebten diese Flüchtlinge seit Herbst 1945 interniert und streng isoliert von der dänischen Bevölkerung in großen, bis zu 35000 Personen beherbergenden Barackenlagern. Erst nach langwierigen Verhandlungen zwischen Dänemark und den Alliierten konnten sie nach Deutschland ausreisen. Die letzten von ihnen verließen Dänemark

im Februar 1949. Vergleiche dazu: Havrehed, Henrik: »Die deutschen Flüchtlinge in Dänemark 1945–1949«, Heide/Holstein 1989.

59 Anna Seghers an die Pressestelle beim Regierungspräsidenten Darmstadt. 15. 7. 1947 (ms. Telegramm)
*Büchner-Preis* – Ursprünglich Kunstpreis des Landes Hessen, wurde zwischen 1923 und 1932 jährlich an zwei Künstler vergeben. 1946 wurde der Preis erstmals nach dem Krieg gemeinsam von der Stadt Darmstadt und dem Darmstädter Regierungspräsidenten Prof. Ludwig Bergsträsser verliehen. – 1947 bekamen den Preis – rückwirkend für 1945 – Hans Schiebelhuth und Anna Seghers. Genaueres dazu: Hans-Willi Ohl: »Anna Seghers, Darmstadt und der Georg-Büchner-Preis 1947«, in: »Argonautenschiff« 7/1998 S. 54 ff.

60 Kulturliga an Anna Seghers 15. 7. 1947 (ms.)
*Kulturliga* – Siehe erste Anm. zu Brief 22.
*Bundeskonferenz* – 1. Bundeskongreß des Kulturbundes vom 20. bis 21. Mai 1947.
A. S. antwortet am 31. 7., daß sie derzeit keine Termine festlegen könne. Sie warte auf ihren Mann, der im Spätsommer oder Herbst nach Deutschland kommen und Vorlesungen halten wird.

61 Kläre Scheidt an Anna Seghers. 15. 7. 1947 (ms. Abschrift)
*Artikel »Für Wahrheit und Verständigung«* – »Tägliche Rundschau« vom 2. 7. 1947, bezog sich auf die Gründung der Gesellschaft zum Studium der Kultur der Sowjetunion am 30. 6. 1947. Präsident der Gesellschaft: Prof. Jürgen Kuczynski, Vizepräsidentin: Anna Seghers. In dem Artikel heißt es unter anderem: »Dem deutschen Volk, das infolge der jahrelangen Abschließung von der Außenwelt nur mangelhafte Vorstellungen von den kulturellen Grundlagen der Sowjetdemokratie besitzt, Kenntnis und ernsthaftes Studium der Sowjetkultur nunmehr zu ermöglichen, ist das Ziel der Gesellschaft, die sich, ohne irgendwie parteipolitisch gebunden zu sein, in ihrer Arbeit auf einen Mitgliederkreis aus allen Schichten des

deutschen Volkes stützen will.« Weiter wird die Rede Tulpanows erwähnt, in der es hieß: »Dementsprechend könne Mitglied der Gesellschaft nur werden, wer von aller Hetze und Zurückhaltung gegenüber der Sowjetunion deutlichen, klaren Abstand halte.«
Antwort von A. S.: Siehe Brief 79.

62 Lelli Vetter an Anna Seghers. 20. 7. 1947 (ms.)
A. S. antwortet am 6. 8. 1947 und bittet um Verschiebung der Anfrage auf den Herbst.

63 Sally David Cramer an Anna Seghers. 21. 7. 1947 (ms.)
*Peter* – Peter Radvanyi.
*The addressee has left present address unknown* – (engl.) Adressat verzogen. Gegenwärtige Adresse unbekannt.
*Mutter* – Clementine Cramer.
*SDC* – Sally David Cramer unterschrieb mit einem Unterschriftsschnörkel dieser drei Buchstaben.

64 Sally David Cramer an Anna Seghers. 2. 7. 1947 (ms.)
*Peter* – Peter Radvanyi.
*Laszlo* – Laszlo Radvanyi.
*Mutter* – Clementine Cramer.
*Lilo und ihr Mann* – Liselotte Polacovits, verheiratet Strauß-Reich (geb. 1907); weitere Cousine von A. S. und Sally David Cramer, und ihr Ehemann William Strauß-Reich (1899–1976); lebten 1947 in Hamburg.
*Flori* – Flora Durlacher, geb. Offenstadt (1895–1982); Cousine von Sally David Cramer und A. S., emigrierte nach Buenes Aires, lebte 1947 dort.

65 Erika Friedländer an Anna Seghers. 21. 7. 1947 (ms.)
Antwort auf Brief 50
*Cordelia Hoffmann* – Siehe Brief 50 sowie dritte Anm. dazu.
*Helbich ... schenkte mir sehr schöne Fotos von Deiner Skulptur* – Karl Helbig hatte während des Aufenthalts von A. S. in Stockholm Anfang 1947 eine Skulptur von A. S. gemacht, die unter anderem 1949 in einer Personalausstellung in Stockholm gezeigt wurde.

*das Kind* – Erika Friedländers Tochter Marianne (geb. 1931).
*Peter* – Erika Friedländers Mann Paul (1895–1964).
*Chippi* – Tschibi.
*Emigrantin aus Buenos Aires* – Vermutlich Doris Dauber (1897–1952); kehrte 1947 nach Deutschland zurück, Arbeit im sächsischen Volksbildungsministerium und beim Verlag Volk und Wissen.
*Sie hat ein Buch über ihre Erlebnisse geschrieben* – Doris Dauber: »Eine Nacht – ein Leben«, 1945 Buenes Aires, 1950 Rudolstadt.
*Schwager* – Hermann Durlacher (1885–1954).
*Magda* – Magda Stern.
*Ursula* – Ursula Amann, früher Meyer, (1909–1989); Ärztin, enge Freundin von A. S., Mexiko-Emigrantin, die 1947 wieder in Berlin lebte.
Einige der im Brief erwähnten Personen und mit ihnen verbundene Ereignisse konnten nicht ermittelt werden.
Antwort von A. S.: Siehe Brief 76

66 Aenne Lekisch an Anna Seghers. 22. 7. 1947 (hs.)
Antwort auf Brief 44
*Gefängnis Klarastraße* – Klarastraße 4 in Mainz, während des Nationalsozialismus eine Art Untersuchungsgefängnis, in dem die Häftlinge nicht auf Dauer behalten wurden. Heute Peter-Cornelius-Konservatorium.
*Kaiserstr. 36, in dessen Haus ihre lb. Mutter noch wohnte* – siehe erste Anm. zum Brief 31. Offenbar irrte sich Aenne Lekisch in der Hausnummer.
A. S. antwortet am 6. 8. und verspricht, sobald sie in der Gegend ist, einen Besuch.

67 Freie Deutsche Jugend/Landesvorstand Mecklenburg-Vorpommern an Anna Seghers. 24. 7. 1947 (ms.)
A. S. gab am 14. 8. 1947 eine abschlägige Antwort, die sie mit Abwesenheit in dieser Zeit begründete.

68 Magdalena Herrmann an Anna Seghers. 27. 7. 1947 (hs.)
*Magdalena Herrmann* – (1888–1988); Englischlehrerin von A. S.

*Georg-Büchner-Preises* – Siehe Anm. zu Brief 59.
*meinen letzten Brief vom 22. 1.* – Im Bestand des ASA nicht vorhanden.
Antwort von A. S.: Siehe Brief 80.

69 FDJ Wiesbaden an Anna Seghers. 28. 7. 1947 (ms.)
*zum 7. September* – Der Tag wurde als »Friedenstag der deutschen Jugend« begangen.
A. S. sagte am 20. 8. 1947 die Einladung ab, in der Hoffnung, ihr Versprechen im Winter einzulösen.

70 Bruno Frei an Anna Seghers. 29. 7. 1947 (ms.)
*Bruno Frei* –Eigtl. Benedikt Freistadt (1897–1988); öster. Schriftsteller und Journalist, vor 1933 Korrespondent verschiedener Berliner Zeitungen, Emigration in Prag, Paris und Mexiko, dort Mitbegründer der Zeitschrift »Freies Deutschland«, aktiv im Heinrich-Heine-Klub. In seiner Autobiographie »Der Papiersäbel« (1972) berichtet er, wie er im französischen Internierungslager von A. S. einen verschlüsselten Brief erhielt, in dem diese ihm mitteilte, daß sein Sohn einen Bombenangriff in Paris überlebte und sich im Krankenhaus befand.
*das »Tagebuch«* – »Österreichisches Tagebuch«, Monatshefte für Kultur, Politik, Wirtschaft. Erschien von 1946 bis 1956.
*Mexikobuch* – Egon Erwin Kisch »Entdeckungen in Mexiko«.
*Elena* – Damalige Ehefrau Bruno Freis.
*Lisa* – Elisabeth Lang (geb. 1927), Tochter Bruno Freis aus erster Ehe.
Antwort von A. S.: Siehe Brief 107.

71 Anna Seghers an Sally David Cramer. 31. 7. 1947 (ms. D.)
Antwort auf Brief 63
*Ruth* – Ruth Radvanyi.
*Magda* – Magda Stern.
*Rotkäppchen* – Spitzname für William Strauß-Reich.
*Peter* – Peter Radvanyi.
*Greta Garbo* – (1905–1990); schwedische Schauspielerin.
*»eine Frau allein«* – Titel eines Buches von Agnes Smedley, deutsch 1929.

*Grete* – Ehefrau von Sally David Cramer (1898–1977).
*mon vieux* – (franz.) mein Alter.
*Tutz* – Spitzname für Clementine Cramer.

72 Anna Seghers an Wilhelm Koenen und Frau. 31. 7. 1947 (ms. D.)
Bezug zu Brief 61
*Gesellschaft zum Studium der Sowjetkultur* – Siehe Anm. zu Brief 61.

73 Marieluise Fleißer an Anna Seghers. 31. 7. 1947 (ms.)
A. S. antwortet am 15. 8. 1947, läßt »Das siebte Kreuz« bzw. »Transit« schicken. Der Schlußsatz lautet: »Ich hoffe sehr, Sie bald hier in Berlin kennenzulernen.«
Antwort von Marieluise Fleißer: Siehe Brief 96.

74 Rat der Stadt Brandenburg an Anna Seghers. 31. 7. 1947 (ms.)
Absage von A. S. am 15. 8. 1947 wegen vermutlicher Abwesenheit zum Termin.

75 Anna Seghers an Jürgen Kuczynski. [o. D.] (ms.)
Die hier vorgenommene terminliche Einordnung geht davon aus, daß dieser Brief nach der Reise von Anna Seghers nach Schwerin (zwischen 23. und 27. 6. 1947) und dem Schreiben der Reportage »Vorher – während – nachher« erfolgt sein muß.
*ein paar Seiten* – Offenbar Anna Seghers' Reportage »Vorher – während – nachher«. Im Nachlaß von Jürgen Kuczynski war der Brief gemeinsam mit dem Manuskript dieser Reportage aufbewahrt. Vergleiche dazu zweite Anm. zu Brief 48.
*ein paar Seiten in französische und amerikanische Presse zu bekommen* – Dies wird bestätigt durch Brief 135 sowie einen Brief an Fernand Delmas (vom 9. 7. 1947), der in diese Sammlung nicht aufgenommen wurde. In diesem Brief schreibt A. S.: »Ich bitte Sie, was Ihnen zugehen wird, an meinen Mann zu schicken, denn er muss es auch für die ›Quadernos Americanos‹ und dergl. kopieren lassen. Wenn die ganze Sache nicht überhaupt ›verspätet‹

ist und ganz zwecklos und aus verschiedenen Gründen besser im Grabe bleibt, wie ich es am Anfang meiner Erzählung angedeutet habe, dann wäre es natürlich am schönsten, es käme in einer möglichst konservativen, sehr gut bürgerlichen Zeitschrift heraus. Ich fände es sonst sogar sinnlos, in diesem Fall.« Sowohl in amerikanischer als auch französischer Presse wurden weder dieser Text noch andere Reportagen über Deutschland gefunden.
*Deutsche Rundschau* – Monatsschrift, erschien – nach Verbot in der NS-Zeit – seit 1946 unter dem Herausgeber Rudolf Pechel. A. S. ist nicht unter den Autoren der Zeitschrift.
*dieses Pfarrers, der immerhin von Hamburg nach hier kam* – Vermutlich Pfarrer Hellwig aus Sülstorf. In der Mappe 379 (ASA) befindet sich auch ein handgeschriebener Zettel, der den Weg nach Sülstorf beschreibt. Weiter ist dort notiert: »Wohnung dort bei Pfarrer Helwig«.

76 Anna Seghers an Erika Friedländer und Laszlo Radvanyi. 3. 8. 1947 (ms.)
Antwort auf Brief 65
Der Brief ist vermutlich von A. S. selbst auf der Maschine geschrieben.
*von französischer Seite die besten Möglichkeiten* – Vergl. Brief 55.
*an den Bodensee zu meinem Verleger* – Curt Weller in Konstanz.
*Vaterstadt* – Mainz, Isidor Reiling entstammte einer Mainzer Familie.
*Büchner-Preis* – Siehe Anm. zu Brief 59.
*in W.* – in Washington.
*Magda* – Magda Stern.
*Ursula* – Ursula Amann.
*amerikanische Freundin, die leider abgereist ist* – Vermutlich Ella Winter (1898–1980).
*Jürgen K.* – Jürgen Kuczynski.
*Rodile* – Koseform von Rodi.
*Lisa* – Lisa Zakowski-Triebel.
*Jeanne* – Jeanne Stern.

77 Alfred Islar an Anna Seghers. 4. 8. 1947 (ms.)
*Flori Offenstadt* – Flora Durlacher, geborene Offenstadt (1895–1982); Cousine von A. S.
*bin ich … über das Schicksal ihrer Angehörigen … unterrichtet* – Einiges davon entspricht nicht ganz der Wahrheit: Clementine Cramer lebte in New York. Der Vater von A. S. Isidor Reiling starb 1940 in Mainz, die Mutter Hedwig Reiling kam 1942 im Lager Piaski bei Lublin um.
*Frau Mina* – Minna Offenstadt (1875–1944 Tel Aviv); Tante von A. S.
*Clem Kramer* – Clementine Cramer, emigrierte erst nach Frankreich, dann in die USA.
*ihr Mann* – David Lutz Cramer (1862–1946 New York).
*Reuss* – Hermann Reuss (1876–1947); dritter Mann von Minna Offenstadt, lebte in Frankfurt (Main).
*Hermann Durlacher* – (1885–1954); Ehemann von Flora Durlacher.
*Thomas* – Thomas Durlacher (geb. 1919); Sohn von Flora und Hermann Durlacher.
*Ulla* – Ulla Luise Durlacher (1923–1982); Tochter von Flora und Hermann Durlacher.
*Mischehe* – Gemäß nationalsozialistischer Rassengesetze eine Ehe zwischen einem »Arier« und einem »Nichtarier«.
*Leo Offenstadt und seine Frau Agnes* – Leo Offenstadt (1870–1943);erster Mann von Minna Offenstadt, Vater von Flora Durlacher. Nach der Scheidung heiratete er Agnes Dreyer.
*für einen Vortrag in der KPD nach Hamburg kommen* – Fand damals nicht statt.
Dem Brief liegt der handschriftliche Vermerk von A. S. »unbeantwortet« bei.

78 Anna Seghers an Heinz Willmann/Kulturbund. 6. 8. 1947 (ms. D.)
*Heinz Willmann* – (1906–1991); 1945–1950 General- bzw. Bundessekretär des Kulturbundes.
*Oskar Albrecht* – (1895–1953); Maler und Graphiker, Ehemann der damaligen Sekretärin von A. S., Ina Albrecht.
*Klub der Kulturschaffenden* – Dort konnten Mitglieder unter anderem gut und preisgünstig essen.

*O. d. F.* – Opfer des Faschismus, im Juni 1945 Hauptausschuß gebildet sowie erste Arbeitstagung, die den Geltungsbereich klärte.

79 Anna Seghers an Kläre Scheid. 6. 8. 1947 (ms. D.)
Antwort auf Brief 61
*Gesellschaft zum Studium der Sowjetkultur* – Siehe Anm. zum Brief 61.
*»Tägliche Rundschau«* – Siehe zweite Anm. zu Brief 11.
*Bekannten aus Dresden* – Wihelm Koenen und Frau. Vgl. Brief 72.

80 Anna Seghers an Magdalena Herrmann. 6. 8. 1947 (ms. D.)
Antwort auf Brief 68

81 Anna Seghers an Curt Roeseler. 6. 8. 1947 (ms. D.)
Antwort auf Brief 58
*derartigen Lagern* – Curt Roeseler schrieb aus einem Zivillager in Dänemark. Siehe dritte Anm. zu Brief 58.
Antwort von Curt Roeseler: Siehe Brief 112.

82 Anna Seghers an Erika Friedländer und Laszlo Radvanyi. 6. 8. 1947 (ms.)
*Ruth* – Ruth Radvanyi.
*Ursula* – Ursula Amann.
*Peter* – Peter Radvanyi.
*Lilli* – Lilly Becher (1901–1978); Ehefrau von Johannes R. Becher.
*Hans* – Johannes R. Becher.
*Dieses Institut gehört nicht einmal zum Sektor, ..., sondern ... zur Zone* – Berlin war in die 4 Sektoren der Alliierten aufgeteilt, parallel zu den 4 Zonen im ganzen Land.
*Miss E.* – Vermutlich Ella Winter.
*J'en ai mare* – (franz.) Ich habe es satt.
*Jürgen* – Jürgen Kuczynski.
*eine Frau ..., die mir gewöhnlich in allen praktischen Sachen hilft* – Ina Albrecht.

83 Anna Seghers an Irene With. 7. 8. 1947 (ms. D.)
*Irene With* – (1890–1966); Freundin von A. S., die sie ver-

mutlich seit ihrer Kölner Studentenzeit 1921 kannte. Irene With war damals mit dem Kölner Kunsthistoriker Dr. Karl With verheiratet, der sich 1933 von ihr trennte. Irene With ging 1938 mit ihren beiden Kindern nach Holland, wo sie bis zu ihrem Tode lebte.
*Erika* – Erika Friedländer.
*den Jungens* – die Söhne Irene Withs Jo und André.

84 Kreisvorstand der FDJ Dresden an Anna Seghers. 8. 8. 1947 (ms.)
A. S. antwortete am 15. 8. 1947 abschlägig, begründet mit Abwesenheit.

85 Gisl Kisch an Anna Seghers. 11. 8. 1947 (ms.)
*Gisl Kisch* – (1895–1962); Ehefrau von Egon Erwin Kisch, Mexiko-Emigrantin.
*Ruthi* – Ruth Radvanyi.
*Festivalleitung* – Im Juli 1947 fanden die I. Weltfestspiele der Jugend und Studenten in Prag statt, organisiert vom Weltbund der demokratischen Jugend für Jugendorganisationen aller Länder.
*Ilse* – vermutlich Ilse Katz.
*Egonek* – Spitz- und Kosename von Egon Erwin Kisch.
Antwort von A. S.: Siehe Brief 106.

86 Stephan Hermlin an Anna Seghers. 11. 8. 1947 (ms.)
*Lore Wolf* – Lenelore Wolf.
*Tschesno* – Michael Tschesno-Hell (1902–1980); nach 1945 in Berlin Mitbegründer und zeitweilig Leiter des Verlags Volk und Welt.
*Volk und Welt bringt ... Verschiedenes heraus* – 1947 erschienen von Stephan Hermlin beim Verlag Volk und Welt »Zweiundzwanzig Balladen« sowie »Ansichten uber einige Bücher und Schriftsteller« (zusammen mit Hans Mayer), ebenfalls Nachdichtungen von Paul Eluards Gedichten.
*Kongreß* – 1. Deutscher Schriftstellerkongreß vom 4. bis 8. 10. 1947 (war ursprünglich zu einem früheren Datum geplant).
Antwort von A. S.: Siehe Brief 91.

87 Magistrat von Groß-Berlin, Abteilung Volksbildung, an Anna Seghers. 16. 8. 1947 (ms.)
*»Gedenkstunde für das verbrannte Buch«* – Siehe erste Anm. zu Brief 51.
A. S. entschuldigt sich am 9. 10., den Brief nach längerer Abwesenheit erst beantworten zu können und bietet, da das Studententreffen vorüber ist, allgemein ihre Hilfe an.

88 Heinz Willmann/Kulturbund an Anna Seghers. 16. 8. 1947 (ms.)
*2. Pädagogischer Kongreß* – Vom 8. bis 10. 9. in Leipzig. Hauptreferat Paul Wandel. A. S. sagte die Einladung am 20. 8. 1947 ab, da sie zur Zeit des Kongresses bei Curt Weller ist.

89 Christel Rogowski an Anna Seghers. 18. 8. 1947 (hs.)
*Christel Rogowski* – (geb. 1926); Lehrerin. Ihr Briefwechsel mit A. S. währte mit Unterbrechungen bis zum Jahr 1964.
A. S. hatte an diesem Tag an der Parteischule Liebenwalde, wo Christel Rogowski zu einem Sonderlehrgang war, vor FDJ-Funktionären gelesen. Nach der Lesung legte Christel Rogowski den Brief mit einem Wiesenblumenstrauß in das Auto, mit dem A. S. gefahren wurde.
Antwort von A. S.: Siehe Brief 90.

90 Anna Seghers an Christel Rogowski. 20. 8. 1947 (ms.)
Antwort auf Brief 89

91 Anna Seghers an Stephan Hermlin. 20. 8. 1947 (ms. D.)
Antwort auf Brief 86
*Lore* – Lenelore Wolf.

92 Sally David Cramer an Anna Seghers. 25. 8. 1947 (ms.)
*as per enclosed* – (engl.) wie beiliegend.
Antwort von A. S.: Brief 98.

93 Paul Terpe an Anna Seghers. 25. 8. 1947 (hs.)

94 Erika Friedländer an Anna Seghers. 31. 8. 1947 (hs.)
Antwort auf Brief 76 und 82
*Prof. J. K.* – Jürgen Kuczynski.
*Ursula* – Ursula Amann.
*nach M.* – nach Mexiko.
*die Frau aus Buenes Aires* – Edith Dauber, siehe sechste Anm. zu Brief 65.
Antwort von A. S.: Brief 97.

95 Nico Rost an Anna Seghers. 4. 9. 1947 (hs.)
*Nico Rost* – (1896–1967); Journalist und Schriftsteller, seit den Berliner Jahren von A. S. (1925–1933), da er als Korrespondent für holländische Zeitungen arbeitete, befreundet mit A. S.
*wenn man im Lager war* – Nico Rost war 1933 kurze Zeit Häftling in Sachsenhausen, seit 1944 Häftling in Dachau gewesen.
*»Brief an meinen Übersetzer«* – A. S. erfüllte die Bitte. Siehe Brief 105.
*Carow* – »Lachbühne« am Berliner Weinbergsweg, ein volkstümliches Varieté, das Nico Rost und Anna Seghers vor 1933 gemeinsam besucht hatten.
*Edith* – Edith Rost (1892–1978); Nico Rosts Frau.
*Tyli* – Tochter von Nico Rost.
*»Goethe in Dachau«* – Buch Nico Rosts über seine Erlebnisse in Dachau. Erschien 1948 bei Volk und Welt. A. S. schrieb das Vorwort.
*Tschechno* – Michael Tschesno-Hell, leitete damals den Verlag Volk und Welt.
*SDS Kongreß* – Laut Teilnehmerliste war Nico Rost nicht beim 1. Deutschen Schriftstellerkongreß anwesend.
*Bruno* Bruno Kaiser.
Antwort von A. S.: Brief 105.

96 Marieluise Fleißer an Anna Seghers. 9. 9. 1947 (ms.)
*Wegen des Kongresses* – Siehe vierte Anm. zu Brief 86.
A. S. antwortet am 24. 9. 1947 und verweist bezüglich der Organisation des 1. Schriftstellerkongresses auf Alfred Kantorowicz.

97 Anna Seghers an Erika Friedländer und Laszlo Radvanyi. 22. 9. 1947 (ms.)
Antwort auf Brief 94
*vom Bodensee* – A. S. war einige Tage bei ihrem Verleger Curt Weller in Horn gewesen.
*in B.* – In Berlin.
*meine Freunde (und eigentlich mein Gefühl) rät genau zu dem Gegenteil wie Du* – Vgl. Brief 94, da empfiehlt Erika Friedländer, nach Mexiko zu schreiben, daß man nicht eher abfahren soll, bis die Visen dort geklärt sind.
*für B.* – Für Berlin.
*Zone vom Sektor* – Siehe sechste Anmerkung zu Brief 82. Für die einzelnen Zonen sowie für die Sektoren von Berlin gab es jeweils verschiedene Reise- und Einreisebedingungen.
*Schwägerin Lili* – Lily Szondi, lebte 1947 in Zürich.
*zu meinem Roman* – »Die Toten bleiben jung«, vgl. vierte Anm. zu Brief 4.

98 Anna Seghers an Sally David Cramer. 24. 9. 1947 (ms. D.)
Antwort auf Brief 92
*Lilo* – Liselotte Strauß-Reich, Cousine von A. S. und S. D. Cramer, lebte 1947 in Hamburg.
Antwort von A. S.: Brief 102.

99 Anna Seghers an Irene With. 24. 9 1947 (ms. D.)
*eine sehr liebe Frau* – Ilse Schaeffer (1899–1972); Bildhauerin, ab 1931 KPD, zwischen 1933 und 1940 mehrmals verhaftet, 1942 Verhaftung gemeinsam mit ihrem Ehemann Philipp Schaeffer im Zusammenhang mit der »Roten Kapelle«.
*Nico* – Nico Rost.
Antwort von Irene With: Siehe Brief 121.

100 Kulturbund Leipzig an Anna Seghers. 24. 9. 1947 (ms.)
A. S. bittet am 9. 10. 1947, sich später noch einmal mit ihr in Verbindung zu setzen.

101 SED-Kreisleitung Berlin Mitte an Anna Seghers. 1.10. 1947 (ms.)
A. S. sagt am 8.10.1947 mit der Begründung ab, bereits eine andere Verpflichtung übernommen zu haben, sollte sie überhaupt in Berlin sein.

102 Sally David Cramer an Anna Seghers. 6.10.1947 (ms.)
Antwort auf Brief 98
*Mutter* – Clementine Cramer.

103 Anna Seghers an Gordon Schaffer. 9.10.1947 (ms.)
*Einladung* – Am Vorabend der Londoner Außenministerkonferenz, die ab 25.11.1947 stattfand, hatte der »Britische Rat für deutsche Demokratie« eine Konferenz zum Thema: Wie kann die deutsche Frage gelöst werden? einberufen. Initiatoren waren unter anderem Gordon Schaffer und Jimmy Hammond vom Bergarbeiterverband. Anna Seghers war zu diesem Kongreß eingeladen. Die Meldung darüber ging durch die Zeitungen, vgl. u. a.: »Sonntag« Nr. 42/1947.
*dass ich mexikanische Staatsbürgerschaft und Papiere habe* – Durch die Anstellung Laszlo Radvanyis als Professor an der mexikanischen Universität hatte die gesamte Familie Radvanyi die mexikanische Staatsbürgerschaft erhalten. Erst in den 50er Jahren ließ A. S. diese Papiere nicht mehr verlängern.

104 Anna Seghers an Erich Wendt/Aufbau-Verlag. 9.10.1947 (ms.)
*Erich Wendt* – (1902–1965), 1947–1954 Leiter des Aufbau-Verlages.
*»Das siebte Kreuz«* – Aufbau-Verlag 1946.
*»Die Rettung«* – Aufbau-Verlag Berlin 1947.
*»Die Toten Mädchen* – »›Der Ausflug der toten Mädchen‹ und andere Erzählungen« – Aufbau-Verlag, Berlin 1948.
*BDM* – Bund deutscher Mädel, Mädchen-Organisation während des Nationalsozialismus.
*Der Max* – Max Schroeder (1900–1958); von 1947–1956 Cheflektor des Aufbau-Verlages.
Antwort von Erich Wendt: Siehe Brief 108.

105 Anna Seghers an Nico Rost. 9. 10. 1947 (ms. D.)
Antwort auf Brief 95
*Wir haben mexikanische Staatsangehörigkeit* – Siehe zweite Anm. zu Brief 103.
*meine eigene Mutter, durch den Hitlerfaschismus verloren* – Hedwig Reiling (1880–1942). Nachdem Hedwig Reiling seit 1941 in einem »Judenhaus« in Mainz zwangsquartiert war und die Bemühungen um Ausreise nicht glückten, wurde sie 1942 auf Transport nach Piaski, Distrikt Lublin, geschickt. Das ist die letzte Nachricht, die A. S. über ihre Mutter erhielt. Näheres dazu bei: Frank Wagner: »Deportation nach Piaski. Letzte Stationen der Passion von Hedwig Reiling.« In: »Argonautenschiff« 3/1994, S. 117–126.
*Meine Freundin* – Lenelore Wolf.
*Ich erfuhr erst nach meiner Ankunft in Amerika* – Zu der Geschichte des Manuskripts von »Das siebte Kreuz« gibt es verschiedene Versionen, dazu Alexander Stephan: »Anna Seghers. ›Das siebte Kreuz‹. Welt und Wirkung eines Romans.« Aufbau Taschenbuch Verlag, Berlin 1997, S. 16 ff.
*ein guter Freund in Paris es nicht nur in seinem Garten vergraben, sondern ... übersetzt* – Fernand Delmas (1884 bis 1968); Professor für deutsche Sprache am Lycée Condorcet in Paris.
*jetzt bei Gallimard* – »La septième croix«, Gallimard, Paris 1947.
*Holland, ein Land, ... in dem ich die glücklichsten Stunden meiner Jugend verbrachte* – A. S. war sowohl mit ihren Eltern als auch später mit Laszlo Radvanyi mehrmals in Holland im Urlaub.

106 Anna Seghers an Egon Erwin und Gisl Kisch. 9. 10. 1947 (ms. D.)
Antwort auf Brief 85
*Ruth* – Ruth Radvanyi.
*schrieb enthusiastisch über Jugoslawien* – Ruth Radvanyi war im Sommer 1947 mit einer Jugendbrigade aus Frankreich in Jugoslawien, in der Nähe Sarajevos, um beim Wiederaufbau zu helfen.

*Es war zum Schluß ganz turbulent* – A. S. spielt damit auf die Auseinandersetzungen während des I. Schriftstellerkongresses an, die das Auftreten von Melvin J. Lasky auslöste, als er die aktuelle Lage der sowjetischen Schriftsteller als unfrei bezeichnete und von der dortigen Zensur sprach.

107 Anna Seghers an Bruno Frei. 9. 10. 1947 (ms. D.)
Antwort auf Brief 70
*Elena* – Bruno Freis Ehefrau. Bruno Frei hatte die Spanierin in Mexiko kennengelernt.
*Anna Grün* – (1889–1954); war in Frankreich mit A. S. befreundet, leitete während der französischen Emigration ein Kinderheim in Südfrankreich.
*Rosi* – Rosi Foscht (geb.1926); Tochter von Frieda und Josef Foscht, österreichischen Mexiko-Emigranten, mit Ruth Radvanyi befreundet.
*hija prodiga* – (span.) verlorene Tochter.
*Clarita* – Clara Porset-Guerrero.
*Lisa* – Lisa Frei (geb. 1927); Tochter von Bruno Frei aus erster Ehe.
*der Junge* – Hans Frei (geb. 1925); Sohn von Bruno Frei aus erster Ehe.
Antwort von A. S.: Siehe Brief 135.

108 Erich Wendt/Aufbau-Verlag an Anna Seghers. 11. 10. 1947 (ms.)
Antwort auf Brief 104
*die Sache mit den »Mädchen«* – Kritik von A. S. am Entwurf der Umschlaggestaltung des Buches »Der Ausflug der toten Mädchen«. Das Buch erschien schließlich in ähnlich schlichter Aufmachung wie »Das siebte Kreuz« und »Die Rettung«. Umschlagentwurf: Hermann Kusch.

109 Radio München an Anna Seghers. 13. 10. 1947 (ms.)
*Ihre neueren Arbeiten im Verlag Curt Weller* – »Transit« 1948 und »Das Ende« (zweisprachige Ausgabe, dt. u. franz.) 1948.

110 Anna Seghers an den Kongreß zur Lösung der deutschen Frage in London. [o. D.] (ms.)
*Kongress* – Siehe erste Anm. zu Brief 103.

111 Kulturbund Berlin an Anna Seghers. 16. 10. 1947 (ms.)
*Situation des Kulturbundes in Berlin* – Am 8. 10. 1947 hatte die US-Militärregierung dem Kulturbund einstweilen jede Tätigkeit im amerikanischen Sektor verboten und das Präsidium aufgefordert, bis zum 31. 10. einen Antrag auf Anerkennung durch die Militärregierung zu stellen.

112 Curt Roeseler an Anna Seghers. 20. 10. 1947 (hs.)
Antwort auf Brief 81
*Großlager* – Curt Roeseler war in einem Zivillager in Aalborg/Dänemark. Siehe erste Anm. zu Brief 58.
*»Stalingrad«* – Roman von Theodor Plivier.
*»Die letzten Tage«* – »Die letzten Tage der Menschheit«, Drama von Karl Kraus.
A. S. antwortet am 16. Dezember 1947. Sie will neue Bücher schicken und bittet, ihr zu erzählen, »was Sie damit taten«.

113 Kulturbund an Anna Seghers. 20. 10. 1947 (ms.)

114 Aufbau-Verlag an Anna Seghers. 21. 10. 1947 (ms.)

115 Anna Seghers an Egon Erwin Kisch. 23. 10. 1947 (ms. D.)

116 Anna Seghers an Helene Weigel. 23. 10. 1947 (ms. D.)
*kein Brecht, keine Helli* – Bertolt Brecht und Helene Weigel lebten nach ihrem Exil in den USA zunächst in Zürich. Sie kehrten im Oktober 1948 nach Deutschland (Ostberlin) zurück.
*Novelle, die auf Haiti spielt* – »Die Hochzeit von Haiti«.

117 Dolf Sternberger an Anna Seghers. 27. 10. 1947 (ms.)
*»Sagen von Artemis«* – Erschien zum ersten Mal in: »Internationale Literatur«, Moskau 1938, September-Heft. Die erste Veröffentlichung in Deutschland, um die es Dolf Sternberger geht, erfolgte in: »Die Gegenwart« (Halbmonatsschrift. Hrsg. von Bernhard Guttmann, Robert Haerdter, Albert Oeser, Benno Reifenberg; Freiburg im Breisgau), 2. Jg. Heft 44/45, 31. 10. 1947.
Antwort von A. S.: Siehe Brief 132.

118 Anna Seghers an Aufbau-Verlag (Erich Wendt, Max Schroeder). 31. 10. 1947 (ms. D.)
*Magda* – Magda Stern
*den Roman zu schreiben* – »Die Toten bleiben jung«, siehe vierte Anm. zu Brief 4.

119 Anna Seghers an Lenelore Wolf. 1. 11. 1947 (ms.)
*Deinen Brief* – Brief nicht ermittelt.
*Da ich keine Deutsche bin* – Anna Seghers hatte die mexikanische Staatsbürgerschaft. Siehe zweite Anm. zu Brief 103.
*Gespinne ... von Wegreisen und Änderungen* – Der Weggang Intellektueller aus der SBZ – ein besonders bekannter Fall war der von Theodor Plivier – war alltägliche Erfahrung und Gegenstand der Gerüchteküche.
*Bellevue* – Siehe dritte Anm. zu Brief 28.

120 Volkshochschule Cottbus an Anna Seghers. 11. 11. 1947 (ms.)
*18. März 1947* – Offenbar ist März 1948 gemeint.
A. S. antwortet am 16. 12. 1947 unbestimmt und bittet, sich Ende des Winters noch einmal an sie zu wenden.

121 Irene With an Anna Seghers. 11. 11. 1947 (hs.)
Antwort auf Brief 99
*Rod* – Laszlo Radvanyi.
*Jo* – Jo With (1926–1998); Sohn von Irene With.
*Andre* – André With (1928–1985); Sohn von Irene With.
*Josepha Volkmann* – Siehe Brief 99.
*»Siebte Kreuz« in Holländisch* – 1946 bereits in deutscher Sprache in Amsterdam (bei Querido) erschienen, wurde 1948 auf holländisch verlegt mit einem Brief von Anna Seghers an den Übersetzer Nico Rost. Siehe Brief 105.

122 Demokratischer Frauenbund Deutschlands an Anna Seghers. 11. 11. 1947 (ms.)
A. S. war Anfang Dezember 1947 in Paris, nahm somit an der Frauenkonferenz, auf der ihr Auftreten angekündigt war, nicht teil.

123 Anna Seghers an Erika Friedländer. 17. 11. 1947 (hs.)
*Paris* – A. S. besuchte ihre Kinder in Paris.
*Deinen Brief* – Brief nicht ermittelt.
*am Bodensee bei einem Freund* – Curt Weller.
*ob ich mit Plivier sei* – Siehe dritte Anm. zum Brief 119. Theodor Plivier war 1947 aus Thüringen in die westlichen Besatzungszonen gegangen.
*Ruth* – Ruth Peters.

124 Lotte Bergtel an Anna Seghers. 19. 11. 1947 (ms.)
*Lotte Bergtel* – (1903–1965); 1944 im Zusammenhang mit der »Roten Kapelle« verhaftet, nach 1945 im Bibliothekswesen Berlin tätig.

125 Lisa Zakowski-Triebel an Anna Seghers. 23. 11. 1947 (ms.)
*Lisa Zakowski-Triebel* – Freundin der Familie Radvanyi seit der Heidelberger Studienzeit 1920.
*dass dort Frau »Anna Seghers« das Hauptreferat halten wird* – A. S. war zur Tagung in Berlin nicht anwesend, da sich wegen eines Streiks in Frankreich ihre Rückkehr aus Paris verzögerte.
*Rodi-Wlass* – Laszlo Radvanyi.
*Gaja* – Katharina Schulz.
*Josef* – Lebensgefährte von Lisa Zakowski-Triebel.
Antwort von A. S.: Siehe Brief 130.

126 Katharina Schulz an Anna Seghers. 26. 11. 1947 (hs.)
*Brief vom 20. 11. aus Paris* – nicht ermittelt.
*mein Bruder* – Klaus Schulz.
*Mutter* – Maria Magdalena Schulz (1870–1961).
*Geschäft* – Kleiner Laden mit Lebensmitteln und Sachen des täglichen Bedarfs.
*Lindelbach ist doch noch Lindelbach* – Spielt auf die konservative Atmosphäre des Ortes an. So durften die Bewohner des Ortes während der Nazizeit nicht wissen, daß Katharina Schulz mit der Familie Radvanyi in Frankreich war.
*Tschibusch* – Koseform für Tschibi.
Antwort von A. S.: Brief 129.

127 Hannelore Wolf an Anna Seghers. 27. 11. 1947 (ms.)
*Hannelore Wolf* – (geb.1925); Tochter von Lenelore Wolf.

*Wohnort: USA* – Offenbar ein Irrtum der Zeitung, A. S. wohnte nie in den USA.
*das Schicksal meiner Mutter war uns nicht bekannt* – Die Großeltern hatten Hannelore Wolf nach der Verhaftung von Lenelore Wolf 1940 in Paris bei sich in Deutschland aufgenommen.
*Gefühl eines Geburtshelfers* – Siehe vierte Anm. zu Brief 20.
*den Wunsch gehegt* – A. S. erfüllte diesen Wunsch.

128 Anna Seghers an Erika Friedländer und Laszlo Radvanyi. [o. D.] (ms.)
A. S. kehrte laut Brief an Katharina Schulz am 15. 12. 1947 aus Paris zurück. Die Einordnung dieses undatierten Briefes geht davon aus, daß dies einer der ersten Briefe nach ihrer Rückkehr aus Paris ist.
*Pierre* – Peter Radvanyi.
*»Die Toten Mädchen«* – »Der Ausflug der toten Mädchen«.
*Du kämst her* – Erika Friedländer kehrte im Sommer 1948 nach Deutschland zurück.
*Ruth* – Ruth Peters.
*Brandin* – Georg Branting.

129 Anna Seghers an Katharina Schulz. 16. 12. 1947 (ms. D.)
Antwort auf Brief 126
*Brief von Curt Weller* – Nicht ermittelt. Die ersten Briefe der Korrespondenz mit Curt Weller, die sich im ASA befinden, sind aus dem Jahre 1948.
*Rodis Schwester Lili* – Lily Szondi.
*Lili und ihr Mann und ihre Kinder waren im Lager Bergen-Belsen* – Siehe fünfte Anm. zu Brief 34.
*Frau Bohl* – Vermieterin in Paris.
*Ich spreche gar nicht von meiner Mutter* – Siehe zweite Anm. zu Brief 105.
*alte Wohnung in Bellevue* – Siehe dritte Anm. zu Brief 28.

130 Anna Seghers an Lisa Zakowski-Triebel. 16. 12. 1947 (ms. D.)
Antwort auf Brief 125
*auf der Tagung* – Frauenkonferenz vom 3. bis 4. 12. 1947.
*Gaya* – Katharina Schulz.

*Josef* – Lebensgefährte von Lisa Zakowski-Triebel. Siehe Brief 125.

131 Anna Seghers an Kiki. 16. 12. 1947 (ms. D.)
*Kiki* – Spitzname der Freundin von Walter Schönstedt, die A. S. aus der Arbeit im Bund proletarisch-revolutionärer Schriftsteller kannte. In Erinnerungsbüchern wird sie unter diesem Namen genannt. Ihren wirklichen Namen und ihr Schicksal konnte nicht ermittelt werden.
*Freude an Ihrem Brief* – Brief nicht ermittelt.
*Hans Schwalm (Jan)* – Jan Petersen/Hans Schwalm (1906 bis 1969), in diesem Brief auch: Jan Peters; Schriftsteller, 1931–1933 organisatorischer Leiter des Bundes proletarisch-revolutionärer Schriftsteller, von 1933–1935 Leiter des Bundes in der Illegalität. Exil in Frankreich, der Schweiz und England. 1946 Rückkehr nach Deutschland.
*Walter* – Walter Schönstedt (1909–1951); Schriftsteller, Mitglied im Bund proletarisch-revolutionärer Schriftsteller. Er hatte eine Amerikanerin geheiratet und diente ab 1941 als Leutnant der US-Armee im Kriegsgefangenenlager Fort Keary, nach Kriegsende im Rang eines Captains, blieb Militärangehöriger. Seit einer Europareise 1951 verschollen.
*Artikel über mexikanische Freskenmalerei* – »Die gemalte Zeit« erschien in Deutschland in der Zeitschrift »Athena« 2/2. Jg. (November 1947).
*Ihre »gefiederte Schlange«* – »Die gefiederte Schlange«, Roman von David Herbert Lawrence.

132 Anna Seghers an Dolf Sternberger. 16. 12. 1947 (ms.)
Antwort auf Brief 117
*»Transit«* – »Transit«, Konstanz, 1948.
*die Novelle »Das Ende«* – »Das Ende« (dt. u. franz., übersetzt von Jeanne Stern), Konstanz, 1948.
*drei verschiedene Biographien* – »Miranda«, »Ein Neger gegen Napoleon«, zu der dritten Arbeit kam es nicht.
*»Ost und West«* – Zeitschrift von 1947–1949, hrg. von Alfred Kantorowicz, erschien von 1947–1949 mit sowjetischer Lizenz – »Miranda« in Nr. 2/1947, S. 7–21; »Ein Neger gegen Napoleon« in Nr. 3/1948, S. 51–64.

*»Athena«* – Monatszeitschrift seit 1946, Minerva-Verlag, Britische Lizenz.
*»Mexikanische Freskenmalerei«* – »Die gemalte Zeit« in »Athena« 2. Jg./Nr. 2.
*»Die Hochzeit von Haiti«* – Erschien zuerst 1949 im Aufbau-Verlag (zusammen mit »Wiedereinführung der Sklaverei in Guadeloupe«).

133 Anna Seghers an Lenelore Wolf. 16. 12. 1947 (ms.)
*der Tochter* – Hannelore Wolf.
*kurz und ruppig geschrieben* – Siehe Brief 119.
*Andeutung meines Umzugs* – Siehe dritte Anm. zu Brief 119.
*Deinen mir unbekannten Mann* – Hans Wolf (1899–1963).

134 Anna Seghers an Alix Guillain. 16. 12. 1947 (ms. D.)
*Alix Guillain* – Freundin der Familie Radvanyi in Paris.
*Jeanne-Beppo* – Jeanne und Kurt Stern.
*fand ich Beppo schlecht aussehend* – Kurt Stern war an Tbc erkrankt.
*Also was mit Beppo tun?* – In der Korrespondenz 1948 finden sich weitere Briefe mit Hilfeersuchen für Kurt Stern. Nach Auskunft seiner Tochter fuhr Kurt Stern schließlich nach St. Blasien in den Schwarzwald, damals französische Besatzungszone. Dank der Bemühungen französischer Freunde wurde er dort in einem Heim für französische Staatsangehörige kuriert.
*Übersetzung von Abusch* – Alexander Abusch: »Der Irrweg einer Nation. Ein Beitrag zum Verständnis deutscher Geschichte«, übersetzt von Jeanne Stern, erschien 1950 unter dem Titel »L'Allemagne jugée par un Allemand« bei Editions Sociales, Auguste Blanqui, Paris.
*Bis man sich etwas klarer geworden ist* – Die im Brief folgenden Vorschläge wurden nicht realisiert.
*Seghers' Wunsch* – Im Verlag von Pierre Seghers erschien 1949 »Légendes d'Artemis« (»Sagen von Artemis«), übersetzt von Jeanne Stern.
*meine Freundin* – Ina Albrecht.
*pneu* – Rohrpost, wurde in Paris häufig benutzt.
*Pierre* – Peter Radvanyi.

135 Bruno Frei an Anna Seghers. 18. 12. 1947 (ms.)
Antwort auf Brief 107
*Magda* – Magda Stern.
*»Österreichisches Tagebuch«* – Siehe zweite Anm. zu Brief 70.
*Elena* – Ehefrau von Bruno Frei.
*Lisa* – Tochter von Bruno Frei aus erster Ehe.
*Hans* – Sohn von Bruno Frei aus erster Ehe.
*Mitzi* – Marie Frischauf-Pappenheim (1882–1966); Ärztin, Exil in Frankreich und Mexiko, 1947 Rückkehr nach Wien.
*Marcell* – Marcel Rubin (1905–1995); österr. Komponist, Mexiko-Emigrant.

136 Anna Seghers an Gisl und Egon Erwin Kisch. 22. 12. 1947 (ms. D.)
*Rosi Wien-Ruth* – Ruth Radvanyi war mit Rosi Foscht in Wien befreundet und hatte mit ihr Kontakt.
*dass der Egon krank ist* – Am 14. 11. erlitt Egon Erwin Kisch einen Schlaganfall.
*Gertrud* – Vermutlich Gertrud Lukács.
*ein guter Studienfreund, auf den ich hoffte* – Philipp Schaeffer.
*der alte Leonhard* – Rudolf Leonhard (1889–1953); Schriftsteller, lebte seit 1927 in Paris.
*Dymschitz* – Alexander Dymschitz (1910–1975); sowjetischer Kulturoffizier, Germanist.

137 Anna Seghers an Irene With. 30. 12. 1947 (ms. D.)
Antwort auf Brief 121
*die Auskunft* – Mitteilung über Josepha Volkmann.
*Nico* – Nico Rost.
*einigermaßen brauchbares Vorwort* – Siehe Brief 105.
*Mein Roman »Transit«, der auf englisch schlecht übersetzt ist* – »Transit«, Boston: Little, Brown and Co, 1944. Englischer Übersetzer: James Austin Galston.
*bald auf Deutsch* – »Transit« erschien 1948 bei Curt Weller.

138 Paul Röder an Anna Seghers. 30. 12. 1947 (hs.)
*Paul Röder* – Eine Figur in »Das siebte Kreuz« trägt diesen Namen.

# Zeittafel 1947

## Januar 1947

5. 1. – Anna Seghers beginnt die Rückreise aus dem mexikanischen Exil mit der Bahn von Mexiko nach New York. Sie fährt mit mexikanischem Paß
7. 1. – Anna Seghers überschreitet die mexikanisch-amerikanische Grenze bei Laredo. Im Fragebogen gibt sie an, »Deutscher Rasse« (German race) zu sein. In New York hat sie engen Kontakt zu F. C. Weiskopf und seiner Frau Grete (Alex Wedding)
27. 1. – Ankunft in Stockholm mit der »Gripsholm«
*Kälteeinbruch in Berlin: Minus 20 Grad Celsius. Im Winter 1946/1947 erfrieren und verhungern 1142 Bürger Berlins*

## Februar 1947

Anna Seghers in Stockholm: Enge Kontakte zu Erika Friedländer, auch zu Ernst Sulzbach, Familie Thiele, Walter Berendsohn. Anna Seghers hat Visumprobleme
Karl Helbig fertigt eine Skulptur von ihr an
*20. 2. – Die Stadtverordnetenversammlung Berlins verabschiedet eine Jugendamnestie, gültig für alle nach dem 31. 12. 1916 geborenen Personen, die nationalsozialistischen Organisationen angehörten*
*22.–23. 2. – Gründung der »Vereinigung der Verfolgten des Naziregimes« (VVN) für das Gebiet der SBZ*

## März 1947

9. 3. – Letzter Brief von Anna Seghers aus Stockholm
März/April – Besuch der Kinder in Paris
*7.–9. 3. – Demokratischer Frauenbund Deutschlands (DFD) gegründet. Tagung des interzonalen Deutschen Frauenkongresses*

*10. 3.–24. 4. – Außenministerkonferenz der Alliierten in Moskau. Sie endet aufgrund von Differenzen über die Reparationen und den Staatsaufbau Deutschlands ohne Einigung*

## April 1947

22. 4. – Ankunft von Anna Seghers in Berlin (Tegel). Diverse Presse-Artikel berichten über die Ankunft, auch Interviews in verschiedenen Zeitungen, Abdruck von Passagen aus »Das siebte Kreuz«. In ihrem Gruß an die Berliner Bevölkerung heißt es: »Ich hab mich in der Emigration nach der deutschen Sprache gesehnt. Jetzt, auf den Trümmern dieser Stadt, hör ich die Menschen auf deutsch wieder streiten und loben, schimpfen und fluchen. Ich kann am ersten Tag meiner Ankunft noch nicht genau wissen, was sie loben und was sie verfluchen. Nur kann ich sicher in deutscher Sprache am besten mithelfen, ein anderes Leben in einer neuen Stadt aufzubauen.« (In: »Die Aussprache« Heft 3/Mai 1947)
Anna Seghers wohnt im Hotel Adlon, Unter den Linden
30. 4. – Empfang für Anna Seghers im Club der Kulturschaffenden, Jägerstraße (Sprecher: Dr. Friedensburg, stellvertretender Oberbürgermeister – Begrüßung, Kurt Stern – für Kommission Literatur, Greta Kuckhoff – für die deutschen Frauen, Günther Weisenborn – für die deutschen Dichter)
*14. 4. – Beginn eines Enttrümmerungsprogramms in Berlin, an dem sich die Bevölkerung zu beteiligen hat*

## Mai 1947

Anna Seghers wohnt im Hotel am Wannsee, Am Sandwerder 5
9. 5. – Anna Seghers liest im Rundfunk aus »Das Obdach« und »Transit«
10. 5. – Tag des Freien Buches. Auftritt mit Alfred Kantorowicz u. a. vor der Humboldt-Universität, Veranstaltung im Haus der sowjetischen Kultur mit Sergej Tulpanow, Alexander Dymschitz, Alfred Kantorowicz
*20.–21. 5. – 1. Bundeskongreß des Kulturbunds zur demokratischen Erneuerung Deutschlands. Johannes R. Becher wird als Präsident wiedergewählt. Anna Seghers wird ins Präsidium gewählt*
In dieser Woche treffen die Koffer von Anna Seghers in Berlin ein
*23.–26. 5. – II. Parlament der FDJ in Meißen. Beschlüsse unter*

*anderem zum Hochschulprogramm, zu Grundsätzen und Zielen der Kindervereinigung, Entschließung zu Problemen der Landjugend. Ein Appell an die Kulturschaffenden Deutschlands wird verabschiedet. Anna Seghers ist anwesend*

*31. 5. – Konstituierende Sitzung des neugewählten Präsidiums des Kulturbunds unter Vorsitz des Präsidenten Johannes R. Becher, zu Vizepräsidenten werden gewählt: Prof. Dr. Johannes Stroux, Dr. Ferdinand Friedensburg, Anna Seghers, Karl Kleinschmidt*

Presseveröffentlichungen von Anna Seghers:

»Ihr Haß ehrte uns«, in: »Tägliche Rundschau«, 10. 5. 1947

»Pariser Brief. Quartier Latin«, in: »Demokratische Post«, Mexiko, 15. 5. 1947

»Das Ende«, in: »Tägliche Rundschau«, in Fortsetzung vom 18. 5. 1947–3. 6. 1947

## Juni 1947

Reisen von Anna Seghers in die sowjetische Zone: Sachsen, Mecklenburg

24. 6. – Empfang des Schutzverbands Deutscher Autoren für Rudolf Leonhard im »Club der Kulturschaffenden« (Anwesenheit von Anna Seghers nicht verbürgt)

26. 6. – Empfang für Martin Andersen Nexö anläßlich seines 78. Geburtstags im Kulturbund (Anwesenheit von Anna Seghers nicht verbürgt, aber wahrscheinlich)

27. 6. – Anna Seghers fährt nach Schwerin zu Karl Kleinschmidt, mitgenommen im Auto von Sergej Iwanowitsch Tulpanow für die Reportage »Vorher – während – nachher« (auch »Dorf S. in Mecklenburg«)

*30. 6. – Gründung der »Gesellschaft zum Studium der Kultur der Sowjetunion«, Präsident: Jürgen Kuczynski, Vizepräsidentin: Anna Seghers*

*Konferenz der Ministerpräsidenten aller Besatzungszonen in München. Die Teilnehmer aus der SBZ reisen vorzeitig ab, nachdem ihr Wunsch auf Erweiterung der Tagesordnung nicht berücksichtigt wurde*

Presseveröffentlichungen von Anna Seghers:

»Hardy. Es ist nichts so fein gesponnen.«, in: »Demokratische Post« Mexiko, 15. 6. 1947

## Juli 1947

1. 7. – Schriftstellertagung in Weimar, Anna Seghers laut »Sonntag« anwesend

*5. 7. – US-Außenminister Marshall verkündet Wiederaufbauprogramm für Europa (Marshallplan)*

21. 7. – Anna Seghers und Hans Schiebelhuth erhalten den Georg-Büchner-Preis von Stadt und Regierungsbezirk Darmstadt. Festrede: Kurt Heydt. Anna Seghers ist nicht anwesend. Viele Zeitungen berichten über die Verleihung des Preises, stellen Anna Seghers und ihr Werk vor

Ende Juni – Diskussion im Berliner Kulturbund mit Studenten zum Thema »Zeittheater«, Einleitung: Wolfgang Langhoff, in der Diskussion spricht Anna Seghers

## August 1947

18. 8. – Anna Seghers liest in der Parteischule Liebenwalde

Presse- und Medienveröffentlichungen von Anna Seghers:

»Große Unbekannte. Miranda«, in: »Ost und West« 2/47

»Transit« in Fortsetzung, in: »Berliner Zeitung«, 3. 8. – 7. 11. 1947

»Transit«-Lesung im Rundfunk, Sender Frankfurt/Main, 10. 8. 1947

## September 1947

Aufenthalt von Anna Seghers bei ihrem Verleger Curt Weller am Bodensee. Dort Treffen mit der Schwägerin Lily Szondi.

21. 9. – Rückkehr nach Berlin. Besuch der Cousine Lilo Strauß-Reich aus Hamburg

Neue Adresse: Berlin-Zehlendorf-West, Argentinische Allee 3, bei Frau Obigt

*20.–24. 9. – II. Parteitag der SED. Referate von Otto Grotewohl, Walter Ulbricht und Oberst Tulpanow, der die Partei auffordert, »Westdeutschland von den verderblichen Kräften des amerikanischen Monopolkapitalismus zu befreien«. Wilhelm Pieck und Otto Grotewohl werden zu Vorsitzenden der Partei gewählt*

Presseveröffentlichungen von Anna Seghers:

»Das Dorf S. in Mecklenburg«, in: »Rhein-Neckar-Zeitung«, Heidelberg, 13. 9. 1947

## Oktober 1947

4.–8. 10. – Erster Deutscher Schriftstellerkongreß mit 265 Teilnehmern. Diskussionsbeitrag von Anna Seghers: »Der Schriftsteller und die geistige Freiheit«
8. 10. – Vortrag von Anna Seghers im Schöneberger Rathaus
26. 10. – F. C. Weiskopf auf der Durchreise nach Prag in Berlin. Treffen mit Anna Seghers nicht verbürgt
Anna Seghers schreibt an einer Novelle – »Die Hochzeit von Haiti«
*25. 10. – General Clay beginnt eine Informationskampagne gegen Kommunismus und für amerikanische Vorstellungen von Demokratie und Politik als Reaktion auf Oberst Tulpanows Rede vom 20. 9.*
Presseveröffentlichungen von Anna Seghers:
»Sagen von Artemis«, in: »Die Gegenwart« Nr. 44/45, 1947
»Kulturelle Brücken zu anderen Völkern«, in; »Die Aussprache«, Heft 8/9, 1947, angekündigt als Rundfunkvortrag der Stimme des Kulturbunds im Sender Berlin

## November 1947

*1. 11. – Das für den amerikanischen Sektor von Berlin ausgesprochene Verbot des Kulturbunds tritt in Kraft. Wenige Tage später folgen die anderen westlichen Sektoren*
Anna Seghers fährt zu den Kindern nach Paris. Treffen mit Bertolt Brecht und Helene Weigel, Ella Winter, Pierre Seghers und Rudolf Leonhard. Anna Seghers bleibt länger als geplant wegen eines Eisenbahnerstreiks
*24. 11. – Am Vorabend der Londoner Außenministerkonferenz (25. 11.) hat der »Britische Rat für Deutsche Demokratie« eine Konferenz zum Thema »Wie kann die deutsche Frage gelost werden« einberufen. Veranstalter u. a. Gordon Schaffer, Jimmy Hammond (Bergarbeiterverband).*
Anna Seghers war eingeladen, sie nahm nicht teil, sandte einen Text
*25. 11. – 5. Alliierte Außenministerkonferenz beginnt in London, sie wird am 5. 12. ohne Verständigung unter den vier Mächten abgebrochen*

*26. 11. – Der Parteivorstand der SED verkündet den Zusammentritt eines »Deutschen Volkskongresses für Einheit und gerechten Frieden« und ruft das deutsche Volk zur Selbstbestimmung und nationalen Entscheidung auf.*
Presseveröffentlichungen von Anna Seghers:
»Die gemalte Zeit. Mexikanische Fresken«, in: »Athena«, 2/1947
»Künstler und Wirklichkeit«, in: »Tägliche Rundschau«, 7. 11. 1947 (anläßlich des 30. Jahrestages der Oktoberrevolution)

## Dezember 1947

*3.–4. 12. – Die vom DFD organisierte »Tagung deutscher Frauen aller Zonen« findet ohne Beteiligung von Frauenverbänden aus den westlichen Zonen statt. Die als Hauptrednerin angekündigte Anna Seghers kann wegen eines Eisenbahnerstreiks Paris nicht rechtzeitig verlassen*
*6.–8. 12. – Der »I. Deutsche Volkskongreß für Einheit und gerechten Frieden« verabschiedet eine an die Londoner Außenministerkonferenz gerichtete Resolution zur Wiederherstellung der deutschen Einheit; eine Delegation nach London erhält keine Einreisegenehmigung*
15. 12. – Anna Seghers kehrt verspätet nach Berlin zurück
Weitere Texte von Anna Seghers, datiert mit 1947:
»Die Kinder des zweiten Weltkrieges«, 1954 in »Frieden der Welt«
»Boys und Girls in Berlin«, 1998 in »Argonautenschiff« 7/1998
Vorwort zu: »Die Rettung«, Berlin, Aufbau-Verlag 1947

# Nachwort

Anna Seghers, im mexikanischen Exil durch den Erfolg des Romans »Das siebte Kreuz« weltberühmt geworden, kehrte im Frühjahr 1947 über New York, Stockholm und Paris nach Deutschland (Berlin) zurück. Sie war 46 Jahre alt, von einer schweren Verwundung durch einen Verkehrsunfall in Mexiko (Juni 1943) genesen. Sie kam allein – die Kinder Peter und Ruth hatten in Paris zu studieren begonnen, Laszlo Radvanyi (Rodi), der Ehemann, war vorerst in Mexiko geblieben, wo er an der Universität lehrte. Er wollte nachkommen.

Anna Seghers hatte zwar in Mexiko vorübergehend Heimstatt und ein Betätigungsfeld gefunden. Aber die Sehnsucht nach Hause war riesengroß: »Es gab nur noch eine einzige Unternehmung, die mich anspornen konnte: die Heimfahrt.« In diesem Fall darf man den Satz aus ihrer Erzählung »Der Ausflug der toten Mädchen« ganz auf sie selbst beziehen. Sie hoffte in Deutschland auf das Zusammensein mit alten Freunden, sie freute sich darauf, wieder deutsch sprechen zu können und täglich die Muttersprache zu hören. Und sie wollte schreiben, denn das war ihre Profession und Berufung, die sie nach den Erfahrungen ihres Lebens auch mit politischen Zielen verband. Sie war überzeugt, ihre Landsleute brauchten nach dem Zusammenbruch des Hitlerreiches nicht nur Lebensmittel, warme Decken oder ein Dach über den Kopf. Es mußte ihnen auch gesagt werden, wie es zu all dem gekommen war und wie man da wieder raus kam. Und es mußte so gesagt werden, daß es Einsichten bewirkte.

Was Anna Seghers dann in Deutschland vorfand, wie sie es empfand, wie sich ihre Vorstellungen und Vorhaben verwirklichten oder auch nicht – kann man in den hier erstmals veröffentlichten Briefen aus dem Jahr 1947 nachlesen.

Die 138 Briefe stellen eine Auswahl aus etwa 200 Briefen dar, die bisher für das Jahr 1947 ermittelt werden konnten. Die meisten befinden sich im Anna-Seghers-Archiv der Stiftung Archiv der Akademie der Künste, Berlin. (Leider waren Versuche wenig erfolgreich, vermutliche Bestände – etwa die Briefe von Anna Seghers an Clara Porset-Guerrero in Mexiko oder Ernst Sulzbach in Stockholm – wiederzufinden.) Die hier edierten Briefe sind ein Bruchteil des gesamten Briefbestands des Anna-Seghers-Archivs. Meine Entscheidung, ausgerechnet die Briefe dieses Jahres veröffentlichen zu wollen, hat mehrere Gründe.

1947, das Jahr der Rückkehr, war eine Zeit des Sich-Entscheidens, des Neuanfangs, der Suche und beginnender neuer weltpolitischer Konstellationen. Diese generelle Umbruchsituation äußert sich auf eigene Weise in den verschiedenen Briefen, vor allem in denen an Anna Seghers. Aber auch von ihr erfahren wir: Noch nichts ist so fest, wie es später scheint, selbst ihre Rückkehr erklärt sie zeitweise als eine vorläufige.

Für Anna Seghers ist die ausgewählte Zeit vor allem Erlebnis einer krisenhaften Situation, in der man einen Menschen bekanntlich besser kennenlernt als in »normalen« Zeiten. Innerhalb der verschiedenen Lebenskrisen, die sie erlebte (ich erinnere nur an die Zeit, da sie allein mit den Kindern im besetzten Paris war oder mit ihnen auf der Flucht), ist die von 1947/1948 diejenige, da die meisten Briefe vorliegen.

Dennoch steht das Jahr auch bei Anna Seghers für Neubeginn. Während sie in Deutschland auf alte und neue Freunde stößt, sind die Bande zu den Freunden, die mit ihr in Mexiko waren, noch eng. Und sie alle sehen sich vor völlig neuen Aufgaben mit neuen Anforderungen und von immenser Dimension: Verantwortung zu übernehmen für den Aufbau von Staat und Gesellschaft und alles zu tun, daß dieses Deutschland von den anderen Völkern wieder als Partner angenommen wird.

Insgesamt ergeben die Briefe ein Zeitkolorit, wie es kaum besser nachgestellt werden könnte, über die äußeren Bedingungen wie Postverhältnisse, Reisebedingungen und Genehmigungspflichten für Stromkontingent und Vorträge. Sie spiegeln Interessen von damals und Vorstellungen, wozu man eine Schriftstellerin zu brauchen meinte. Andererseits zeigen sie eine Anna Seghers mit den verschiedenen Seiten, die sie hatte: die überaus besorgte und stolze Familienmutter und die Freundin interessanter Frauen aus aller Welt, die berühmte Schriftstellerin, die sowohl zerstreut als auch clever sein konnte, die um die Gesundheit des Freundes Bemühte und die alternde Frau, die an den Jugenderinnerungen hängt, und gleichzeitig eine überzeugte Kommunistin, die mit gutem Willen und großen Erwartungen zurückkehrt, aber tief enttäuscht wird. Sie kann (und wer könnte das?) das ihr zugefügte Leid nicht verwinden: Der Freund Philipp Schaeffer guillotiniert und die erst zweiundsechzigjährige Mutter im polnischen Lager kurz nach dem barbarischen Transport umgekommen. Und keiner der Deutschen, denen sie begegnet, will über Schuld nachdenken. Das geistig-politische Klima, das sie in den zwanziger Jahren in ihren Kreisen in Berlin kennenlernte und das auch die Exilgruppe in Mexiko prägte, gab es nicht mehr. Viele Deutsche, denen sie jetzt begegnete, hatten eng begrenzte, bornierte Interessen und Ansichten. Wer hinter Andeutungen, ja manchmal Satzfetzen zu lesen versteht, was da für Erfahrungen gemacht wurden, ahnt, was Anna Seghers schreibend verschweigt.

So fühlt sie sich allein: »Etwas allein, etwas müde und etwas traurig« – wie sie im Brief an Bruno Frei schrieb – trotz der alten Freunde am Platze: Jeanne und Kurt Stern, Magda Stern, Ursula Meyer (später Amann), den Albrechts, der Familie Kuczynski, und trotz der neuen: den Langhoffs, Tulpanow, Dymschitz, u. a. Mit den sowjetischen Kulturoffzieren verband sie offenbar viel: Hier meinte sie die größere Dimension des Denkens zu spüren. Aber auch das ersetzte nicht, was sie vermißte: Die Kinder und Rodi fehlen. Und den Spaß bei allem – die Witze unter Freunden, die Freude an der gemeinsamen schöpferischen Arbeit, am Gelingen der Sache, den Humor als Salz des Lebens – entbehrt sie schmerzlich. Noch hat sie Hoffnung, in naher Zukunft wird es sein, wie sie es sich wünscht.

Doch nicht nur in diesem Fall fallen Wunsch und Realität auseinander. Es wird noch sechs Jahre dauern, bis ihre größte Sehnsucht – die Rückkehr Rodis – in Erfüllung geht. Über sein Verbleiben in Mexiko gibt es heute die verschiedensten Deutungen, und sicherlich wird ein Bündel von Gründen dazu beigetragen haben, daß er so schnell nicht kam. In den Briefen werden Visa-Schwierigkeiten genannt und seine Lehrtätigkeit an der Universität in Mexiko, die für ihn Lebenserfüllung war. Daß in Deutschland für ihn kein gleichwertiges Beschäftigungsverhältnis gefunden wurde und daß das schon damals für einen West-Emigranten schwer war, klingt an. Es ist nicht bekannt, ob es den Ungarn überhaupt so sehr nach Deutschland zog, und über andere private und auch politische Bindungen in Mexiko wird derzeit mehr spekuliert als Genaues gewußt.

So erfahren wir Leser zwar einiges von der privaten Anna Seghers, lassen ihr aber auch das Recht auf eine Sphäre, die nur sie und ihre Familie etwas angeht. Die Briefe zwischen Anna Seghers und den Kindern in Paris und dem Ehemann in Mexiko standen hier nicht zur Verfügung.

Bei den Briefen an Anna Seghers habe ich versucht, ein möglichst breites Spektrum der damaligen Briefpartner vorzustellen, so zufällig und leider unvollständig der derzeitige Bestand auch ist. (Bei den nicht veröffentlichten vorhandenen Briefen handelt es sich meist um kurze Antwortschreiben, die im Kommentar genannt werden, bzw. um Briefe, die in Inhalt und Charakter den hier vorgestellten Briefen gleichen oder aber um Briefe mit vielen unklaren Bezügen.) Was hier am Beispiel eines Jahres demonstriert wird, wird in späteren Jahren noch verstärkt die Korrespondenz von Anna Seghers kennzeichnen: Sie hat stets versucht, alle Briefe zu beantworten, und die Briefpartner, die ihr unverstellt über sich und ihre Probleme geschrieben haben, waren ihr die liebsten. Auch wenn ihre Antworten oft kurz ausfallen, müssen die Adressaten darin das wirkliche Interesse gespürt haben, und so gibt es viele Leserbriefe, die weitaus mehr als nur Eindrücke über die Bücher der Autorin beschreiben, sie erzählen ihr Leben, fragen um Rat. Die Kunst der Seghers, Menschen zu öffnen, wird in diesem Briefbestand auf eindrucksvolle Weise deutlich.

Von den vielen offiziellen Schreiben mit Bitten um Lesung oder Vortrag habe ich die ausgewählt, die für mich – entweder aufgrund der Formulierung der jeweiligen Bitte, gar in der Anrede oder der Beschreibung der historischen Bedingungen – Zeugen authentischen Zeitgeists und Stücke vergessener oder unbekannter Kulturpolitik sind, und ich meine, selbst die wenigen Monate, die hier vorgestellt werden, deuten eine Entwicklung an: Institutionen finden zu ihrem (bürokratischen) Stil, und Anna Seghers wird zurückhaltender in ihrer Bereitschaft, die Bitten der neuen Funktionäre zu erfüllen. Auch um solche

Tendenzen nicht zu verwischen, legte ich Wert darauf, viele Briefe aus diesem Bereich zu veröffentlichen.

Ein anderer Aspekt dieses Bemühens um Breite liegt im vielfachen Wert einer Mitteilung von damals. Selbst aus kleinen Nebensätzen entnehmen wir Informationen, die dringend gebraucht werden, weil es über Leben, Werk und die Schaffensweise von Anna Seghers nicht allzu viele Quellen gibt. Anna Seghers hat über sich selbst kaum gesprochen, und auch Bemerkungen über ihre Arbeit sind selten. In den Briefen aber zeigt sich, welche Prioritäten sie nun in ihrem Leben setzte – wie wichtig ihr die Familie und die privaten Nachrichten der Freunde waren. Hier gönnt sie sich Stimmungen, Unbeherrschtheiten und verrät, wenn auch oft indirekt, wie es wirklich in ihr aussah. Sie nennt in den Briefen auch literarische Vorlieben, und möglicherweise öffnen beispielsweise bestimmte Bemerkungen aus den Briefen zur Erzählung »Die Hochzeit von Haiti« dem heutigen Leser die Augen für das Anliegen dieser Novelle und ihren literarischen Stellenwert. Ebenso interessant dürfte sein, daß die hier vorgestellte Zeit mit den vielen Reisen, Vorträgen und Verpflichtungen gleichzeitig die Überarbeitungsphase des großen Romans »Die Toten bleiben jung« war. Der Leser kann sich selbst ein Urteil bilden, wie wenig Zeit Anna Seghers dazu geblieben sein mag.

Weitere Hinweise aus den Briefen dürften der Forschung dazu dienen, u. a. in Frankreich oder Mexiko gezielt nach Texten zu suchen, die Anna Seghers damals für die Presse dieser Länder verschickte.

Natürlich hat es mich gereizt, diesen Briefband über das Jahr 1947 hinauszuführen, gibt es doch schon in den nächsten Monaten neue Akzente im Briefbestand – etwa einen ausführlichen Brief von Anna Seghers über Kinderliteratur oder einen langen Brief einer Frau anläßlich der Veröffentlichung der »Saboteure«, in dem die Schreiberin ihr erschütterndes Schicksal an der Front und später in einem sowjetischen Lager beschreibt und ihren Russenhaß nicht verhehlt. Anna Seghers hat ihr nicht geantwortet, aber auch nicht auf einen ebenso langen Brief Andrew Thorndikes aus einem sowjetischen Kriegsgefangenenlager reagiert. Und seit 1948 ist auch der Briefwechsel mit Curt Weller verfügbar, die Korrespondenz mit Fritz Landshoff wird wieder aufgenommen und auch an Georg Lukács wird geschrieben. So gäbe es immer neue Gründe weiterzumachen, aber die Arbeit brauchte eine Grenze, und die Präsentation eines Jahres – des ersten Jahres ihrer Heimkehr – endet nun einmal am 31. Dezember 1947.

Noch deutet sich in den hier vorgestellten Briefen der Kalte Krieg nur ganz vorsichtig an. Aber die Geschichte ging weiter, und was Anna Seghers seit 1945 für »Legendenbildungen« über sich ergehen lassen mußte bzw. mit zu wenig Widerspruch hinnahm, wird erst noch zu erforschen sein, auch mit Hilfe einer umfangreichen Briefedition. Als langjährige Vorsitzende des Schriftstellerverbandes der DDR repräsentierte sie diesen deutschen Staat. Ihre späten Romane (»Die Entscheidung« 1959 und »Das Vertrauen« 1968) und teilweise auch ihre Erzählungen aus diesen Jahren und danach erhielten vor allem Lob von der einen Seite, obwohl es da auch nicht nur Zustimmung gab. Die Teilrezeption bzw. Verweigerungen von westlicher Seite, ihre Bücher zu drucken, gehörten zur Block-Konfrontation. Der Streit um Parteiungen, Ideologien, Fraktionen reichte bis ins Persönliche: Die hier dokumentierte Freundschaft mit Nico Rost brach, auch der Kontakt zu Lisa Tetzner-Kläber wurde seltener.

Was sich in diesem im Buch andeutet, wird sich in der späteren Korrespondenz verstärkt zeigen: sie war oft sehr müde und manchmal äußerst hellwach, sie war vielen alten Freunden bis ans Lebensende treu und einigen wenigen nicht. Ihre Leserschaft und die Zahl ihrer Verehrer vor allem östlich der Elbe bis nach Sibirien und ins ferne Asien wuchs, sie reagierte auf wißbegierige Leserbriefe freundlich, phrasenhafte Floskeln mochte sie nicht. Sie blieb vorsichtig, sich zu heiklen Fragen schriftlich zu äußern, das machte sie – aus Erfahrung – »unter vier Augen« ab. Sie blieb offen und geheimnisvoll zugleich.

So ging sie ihren Weg und schrieb bis zuletzt verschlüsselte Botschaften, die klarer werden, wenn wir die Zusammenhänge erkennen. Die Rolle des Richters mag übernehmen, wer die Konfliktpotentiale ermessen kann, in denen sich Anna Seghers befand und die für sie Gründe und Energie für Auseinandersetzung lieferten. Dieser Band ist ein Angebot an den Leser, sich unter anderem gerade darüber ein Urteil zu bilden.

März 2000 *Christel Berger*

# Zu dieser Ausgabe

Die Mehrzahl der Briefe befindet sich im Anna-Seghers-Archiv der Stiftung Archiv der Akademie der Künste, Berlin. Die Briefe Nummer 2, 5, 49, 56, 63, 64, 71, 92, 134 sind im Besitz von Ruth Radvanyi, Berlin. Die Wiedergabe dieser Briefe folgt buchstaben- und zeichengetreu den Orginalen. Umlaute in den Schreibweisen (ae, ue, oe) wurden in ä, ü, ö geändert, die Wiedergabe von Orten, Daten und Unterschriften wurde vereinheitlicht. Offensichtliche Schreibfehler wurden stillschweigend korrigiert, während fehlerhafte Namensschreibungen sowie sich wiederholende bezeichnende Abweichungen beibehalten wurden. Unleserliche Stellen, die im Text vermerkt wurden, ergeben sich vor allem daraus, dass auf den Durchschlägen der Briefe Zeilen übereinander gerieten, bzw. verblichen sind. Die wenigen, durch [...] vermerkten Auslassungen innerhalb der Briefe betreffen Wiederholungen oder für den Zusammenhang dieses Bandes nicht relevante Äußerungen. Von den Briefschreibern hervorgehobene Wörter oder Passagen wurden kursiv gesetzt.

Alle Bemerkungen und Ergänzungen der Herausgeberin stehen in eckigen Klammern.

Den Inhabern der Rechte sei für die Erlaubnis der Publikation der Briefe und Fotos gedankt: Pierre Radvanyi, Orsay; Ruth Radvanyi, Berlin; Stiftung Archiv der Akademie der Künste, Berlin; Schiller-Nationalmuseum Deutsches Literaturarchiv, Marbach; Aufbau-Verlag, Berlin; Suhrkamp Verlag, Frankfurt a. M.; Sauerländer Verlag, Aarau; Klaus Bodek, Mexiko; Brecht-Erben; Katharina Donath; Marianne Friedländer; Klaus Gültig; Irina Hermlin; Hans Peter Islar; Sebastian Kleinschmidt; Christoph König; Thomas Kuczynski; Andreas Landshoff, USA; Klaus Landfried; Ilse Lissauer, Niederlande; Patricia Mendelson, London; Ingeborg Münz-Koenen; Michael Rothmayer, Wien; Christel Stenzel; Hannelore Steffens.

Inhaber von Rechten, die nicht gefunden wurden, werden gebeten, sich an den Aufbau-Verlag oder die Herausgeberin zu wenden.

Mein herzlicher Dank für Beratung, Hilfe und Unterstützung bei der Arbeit an diesem Briefband gilt den Erben von Anna Seghers, Ruth Radvanyi (Berlin) und Pierre Radvanyi (Orsay).

Marianne Friedländer (Berlin), Katharina Donath (Wertheim), Patricia Mendelson (London), Hannelore Steffens (Frankfurt/Main) und Thomas Durlacher (Brasilien) waren sehr hilfreich, indem sie mir Papiere, Fotos und Daten ihrer Familie zur Verfügung stellten.

Außerdem haben mir viele Freunde und Kollegen zur Seite gestanden und geholfen, ausdrücklich erwähnt und bedankt seien Jörg Armer, Marianne Berger, Dr. Margrid Bircken, Prof. Dr. Sigrid Bock, Andrée Fischer-Marum, Renate Graßnick, Dr. Rolf Harder, Klaus Haupt, Barbara Heinze, Prof. Dr. Helmut Müssener (Schweden), Barbara Prinsen-Eggert, Prof. Dr. Dietger Pforte, Mike Reinke, Undine Schneider, Prof. Dr. Klaus Schulte (Dänemark), Prof. Dr. Alexander Stephan (USA), Machtelt van Thiel (Niederlande), Prof. Dr. Frank Wagner, Prof. Arthur West (Österreich), Prof. Dr. Christiane Zehl-Romero (USA).

Ich bedanke mich ebenfalls bei Dr. Rainer Thuß, der die Übersetzung des Briefes aus dem Spanischen besorgte.

Die Anna-Seghers-Gesellschaft Berlin und Mainz und die Stifung Kulturfonds unterstützten mich im Rahmen ihrer Möglichkeiten, wofür ausdrücklich gedankt sei. Die Friedrich-Wolf-Gesellschaft, bei der ich zuletzt beschäftigt war, hat meine Arbeit zu Anna Seghers mit Wohlwollen und Interesse verfolgt. Die Stiftung Archiv der Akademie der Künste, Berlin, half, günstige Arbeitsbedingungen zu schaffen und die benötigten Materialien bereitzustellen.

Meine Familie hat die Arbeit mit Geduld, Humor, Respekt, Neugier und tätiger Hilfe begleitet.

Für die Aufklärung von Fakten, die im Buch ungelöst blieben, bin ich dankbar.

*C. B.*

# Personenverzeichnis

# Bildnachweis

Stiftung Archiv der Künste, Berlin 4

Archiv Ruth Radvanyi, Berlin 1–3, 6, 10–12

Marianne Friedländer, Berlin 8, 9

Patricia Mendelson, London 5

Hannelore Steffens, Frankfurt am Main 7

# Inhalt

## Anhang

# *Literarische Spaziergänge mit Büchern und Autoren*

Das Kundenmagazin der Aufbau-Verlage.
Kostenlos in Ihrer Buchhandlung

Aufbau-Verlag · Rütten & Loening · Aufbau Taschenbuch Verlag · Gustav Kiepenheuer · Der >Audio< Verlag

Oder direkt: Aufbau-Verlag, Postfach 193, 10105 Berlin
e-Mail: marketing@aufbau-verlag.de
www.aufbau-taschenbuch.de

Anna Seghers

Jans
muß sterben
*Erzählung*

*Mit einer Nachbemerkung von Pierre Radvanyi und einem Nachwort von Christiane Zehl Romero*

*89 Seiten*
*Leinen mit Schutzumschlag*
*ISBN 3-351-03499-7*
*Erscheint Ende September 2000*

Diese frühe, bislang unbekannte Erzählung von Anna Seghers fand ihr Sohn Pierre Radvanyi jetzt zwischen anderen Papieren, die Anna Seghers im Juni 1940 in Paris zurücklassen mußte, als sie mit ihren Kindern vor der einrückenden deutschen Wehrmacht nach Südfrankreich und von dort aus nach Mexiko floh. Sie begann, wie handschriftliche Notizen belegen, im Mai 1925 daran zu arbeiten.

Das unscheinbare, engbeschriebene Typoskript, das die Autorin – aus welchen Gründen auch immer – später unbeachtet liegenließ, birgt ein meisterhaftes Stück Literatur, die Explosion eines Talentes, das sich zur bedeutendsten deutschen Erzählerin im 20. Jahrhundert entwickeln sollte. Hier ist bereits jene suggestive, gleichzeitig knappe und poetische Sprache präsent, die das Frühwerk von Anna Seghers so faszinierend macht.

Aufbau-Verlag

Anna Seghers
Das siebte Kreuz
*Roman aus Hitlerdeutschland*

*Werkausgabe, Band I/4*
*Bandbearbeitung:*
*Bernhard Spies*
*Mit Anmerkungen und*
*Kommentaren*

*Etwa 480 Seiten*
*Leinen mit Schutzumschlag,*
*Fadenheftung, Leseband*
*ISBN 3-351-03454-7*
*Erscheint im Oktober 2000*

Sieben Gefangene sind aus dem KZ Westhofen geflohen. Sie haben die längst und eindeutig gegen sie entschiedene Machtfrage neu gestellt. Nur einem von ihnen gelingt der Ausbruch …

Mit dem populären Muster der Fluchtgeschichte rollt der Roman die Struktur des ganzen deutschen Volkes auf und zerlegt die Motive der Mitmacher, der eingeschüchterten früheren Oppositionellen, der Funktionsträger des Regimes und derjenigen, die dem Flüchtling helfen.

Die auf 21 Bände angelegte neue Werkausgabe ist eine Leseausgabe mit sorgfältig editierten Texten, die Fehler und Verschleißerscheinungen bisheriger Ausgaben beseitigt. Die Kommentare basieren auf dem neuesten Stand der Seghers-Forschung.

Aufbau-Verlag

Anna Seghers

Transit

*Roman*

*Mit einem Nachwort von Sonja Hilzinger*

*188 Seiten*
*Band 5153*
*ISBN 3-7466-5153-0*

Wenn dieser Roman zum schönsten wurde, den Anna Seghers geschrieben hat, liegt es wohl an der schrecklichen Einmaligkeit der zum Vorbild gewählten geschichtlich-politischen Situation: Marseille 1940 – was so lieblich, in unserem Sprachgebrauch fast wie ein Pfadfinderunternehmen, immer noch Frankreichfeldzug genannt wird [...], scheuchte aus Paris, aus allen Teilen Frankreichs, aus Lagern, Hotels, Pensionen, Bauernhöfen ein ganzes Volk von Emigranten auf. Sie strebten alle dem einzig möglichen Ziel Marseille zu ...

*Heinrich Böll*

AtV

Aufbau Taschenbuch Verlag

Anna Seghers
Aufstand der Fischer
von St. Barbara
*Erzählung*

*Mit einem Nachwort*
*von Sonja Hilzinger*

*128 Seiten*
*Band 5150*
*3-7466-5150-6*

Als Anna Seghers 1933 aus Deutschland fortging, hatte sie zwei Bücher geschrieben. Ihr erster Roman Aufstand der Fischer von St. Barbara war ein kleines Buch gewesen, dessen bestechende Dichte und nüchterne Schwermut, mit hoher erzählerischer Zucht verbunden, staunen machte, fesselte und die Verleihung des Kleistpreises an die Verfasserin rechtfertigte.

*Stephan Hermlin*

AtV
Aufbau Taschenbuch Verlag